21世纪公共管理系列教材

管理秘书实务

第三版

赵锁龙◎编著

中国人民大学出版社
·北京·

“21世纪公共管理系列教材”专家指导小组成员

（以姓氏笔画为序）

出版说明

现代意义上的公共行政与公共管理的研究和教育开始于20世纪初的西方。时至今日，随着公共管理职业化的发展，公共行政和公共管理的研究和教育事业在西方发达国家方兴未艾。从20世纪80年代开始，适应公共管理改革与发展和培养公共管理人才的需要，我国的公共行政与公共管理研究和教育，在经历了发展的挫折之后，开始了恢复和重建的工作。经过20多年的发展，特别是公共管理一级学科的设置和我国公共管理硕士（MPA）专业学位研究生教育的启动，以及高校公共管理本科专业的大量开设，公共管理已成为当代中国社会科学和管理科学领域教学与研究的一个充满生机活力和具有远大发展前景的学科。

为了适应新形势发展的需要，更好地研究、指导、管理高等学校公共管理的教学科研工作，2001年4月，教育部公共管理类学科教学指导委员会成立，并于2001年12月在广州召开了第一届全委会。参会委员就学科发展方向、课程设置问题进行了充分的讨论，很多委员认为应根据新形势下学科发展的需要，对目前公共管理类的课程设置进行调整，按计划年内拿出调整方案。目前，公共管理本科教育发展很快，编写反映本学科最新研究成果、与时俱进的、具有创新性的、高质量的本科教材迫在眉睫。

在教育部公共管理类学科教学指导委员会的指导、支持下，在对很多院校的公共管理类本科专业课程设置进行调研和对一些院校的课程设置情况、设置方向进行座谈的基础上，结合现有的教育部关于公共管理类本科四个方向（行政管理、公共事业管理、劳动与社会保障、土地资源管理）的课程设置情况，中国人民大学出版社组织全国著名专家，计划从2003年上半年开始，在2年内，陆续出版21世纪公共管理系列本科教材和教育部“十五”规划教材。

本套教材涉及公共基础课、专业基础课和选修课三部分的20多门课程。本套教材立足本科教学的需要，从本科教育的特点出发，从公共管理和公共行政教育的特点出发，在教材编写和内容安排上，强调基础知识、基本理论、基本技能；同时，也尽可能地体现创新性、前沿性的特点。

参加本套教材编写的有中国人民大学、北京大学、清华大学、复旦大学、中山大学、厦门大学、武汉大学、吉林大学、东北大学、西北大学等国内十几所著名大学的具有丰富教学和科研经验的教授专家，我们期望通过这种强强联合、优势互补、资源共享的方式，出版高质量的、权威性的精品教材。此外，为了保证教材的质量，更好地反映公共管理本科教学的特点，中国人民大学出版社邀请有关专家成立了21世纪公共管理系列教材专家指导小组。

公共管理的实践是不断变化和发展的，变革与发展是当代世界范围内公共管理的主题。随着公共管理实践的不断发展，公共管理学科研究的范围、主题和内容也在不断地发展和变化。这就要求公共管理教育以及相关的教材在方方面面都应该不断地更新。我们还会根据变化了的环境和要求，对教材的编写工作以及教材本身作适当调整。望广大读者不断反馈信息，对这套教材提出批评、建议，以便于我们不断修订、完善。

中国人民大学出版社

第三版前言

记得2008年进行第二版修订工作的时候，为了突出教材的实用性和可操作性，我增加了一些案例。后来教材出版后，感觉在这方面的努力还很不够。为了弥补这方面的不足，这次再版，我不仅在每章中增加了许多案例，而且在每章末均补充了本章小结、关键术语、复习思考题和实务训练题，目的是想让教师和学生在教学过程中，能够更好地巩固和消化所学的知识。这样的想法，一方面是来自在教学过程中自己的感受，觉得案例在秘书实务教学中还是挺有用的；另一方面，也是受了其他同行的影响。最近出版的几部秘书实务方面的教材，比如，林静著的《管理秘书实务精讲与实训》，黄海主编的《办公室工作实务》等，都令我大开眼界。他们编写的教材除了突出操作性之外，版式还很活泼。我也希望在这方面能有所突破，但效果究竟如何，还需要广大师生检验。

本书在编写过程中，得到了我的同事杨晓英、董自厚、周彤，我的学生闫雅萍、宣明颖、刘美蓉，以及我爱人梁立红等人的大力支持，在此表示衷心的感谢！同时，我还要感谢本书的策划编辑朱海燕女士，以及责任编辑李俊峰女士和盛浩娟女士，她们认真审稿、精心编校，才使本书顺利与大家见面。

赵锁龙

2011年6月于南京

目　录

第1章

管理秘书概论

本章简要介绍了管理秘书学的基本概念、范畴，管理秘书的素质、职业道德和能力要求，以及管理秘书的工作内容和工作方法，管理秘书的角色定位和职业管理等。旨在学习实务之前，对秘书理论有一个初步的了解。

1.1 管理秘书学的学科性质与理论体系

要搞清楚管理秘书学的学科性质，首先应搞清楚什么是管理和秘书，然后，再将这二者结合起来研究探讨。

1.1.1 管理

管理是什么？从词义上，管理通常被解释为主持或负责某项工作。在日常生活中人们对管理就是这样理解的，并且也是在这个意义上去应用管理这个词的。但自从管理进入人类的观念形态以来，几乎每一个从人类的共同劳动中思考管理问题的人，都会对管理现象作出一番描述和概括，并且坚决维护其描述和概括的正确性甚至唯一性，人类从来就不曾取得对于管理定义的一致理解。

由于管理概念本身具有多义性，它不仅有广义和狭义的区分，而且还因时代、社会制度和专业的不同而有不同的解释和理解。随着生产方式社会化程度的提高和人类认识领域的拓展，人们对管理现象的认识和理解的差别还会更为明显。

长期以来，许多中外学者从不同的研究角度出发，对管理作出了不同的解释，然而，不同学者在研究管理时出发点不同，因此，他们对管理一词所下的定义也就不同。直到目前为止，管理还没有一个统一的定义。特别是20世纪以来，各种不同的管理学派，由于理论观点的不同，对管理概念的解释更是众说纷纭。笔者初步收集了一下，发现有许多

“管理”的定义，如：

- 泰勒：确切知道要别人去做什么，并指导他们用最好、最经济的方法去做。①
- 法约尔：管理是所有的人类组织（不论是家庭、企业还是政府）都具备的一种活动，这种活动由五项要素组成：计划、组织、指挥、协调和控制。管理就是实行计划、组织、指挥、协调和控制。②
- 孔茨：管理就是设计和保持一种良好环境，使人在群体里高效率地完成既定目标。③
- 唐纳利：管理就是由一个或更多的人来协调他人活动，以便产生个人单独活动所不能产生的效果而进行的各种活动。④
- 德鲁克：归根到底，管理是一种实践，其本质不在于“知”而在于“行”；其验证不在于逻辑，而在于成果；其唯一权威就是成就。⑤

对于管理定义的不同认识，我们还可以列举很多，以上几种具有一定的代表性。综合分析上述各种不同观点，总的来说，它们各有真知灼见，也各有不足之处，但这些定义都着重从管理的现象来描述管理本身，而未揭示出管理的本质。那么，如何对管理这一复杂的概念进行比较全面和一般的概括呢？

让我们对管理活动的一般情况先作一下剖析。我们知道管理是一种行为，作为行为，首先应当有行为的发出者和承受者，即谁对谁做。其次，还应有行为的目的，即为什么做。因此，形成一种管理活动，首先要有管理主体，即说明由谁来进行管理的问题；其次要有管理客体，即说明管理的对象或管理什么的问题；最后要有管理目的，即说明为何而进行管理的问题。

有了以上三个要素，就具备了形成管理活动的基本条件。同时，我们还应想到，任何管理活动都不是孤立的活动，它必须要在一定的环境和条件下进行。

以上分析说明，任何一种管理活动都必须由以下四个基本要素构成，即：

- 管理主体，回答由谁管的问题。
- 管理客体，回答管什么的问题。
- 组织目的，回答为何而管的问题。
- 组织环境或条件，回答在什么情况下管的问题。

既然管理行为本身就是由上述这四个管理要素决定的，那么，构成管理行为的这四个管理要素当然应在管理的定义中得到体现。另外，由于要真正进行管理活动，还必须要运用能够达到管理目的的管理职能和管理方法，即解决如何进行管理的问题。这一点也应该在管理的定义中得到体现。法约尔在管理的定义中直接指出了管理就是实行计划、组织、

① 参见［美］F.泰勒：《科学管理原理》，104页，北京，团结出版社，1999。

② 参见［法］法约尔：《工业管理和一般管理》，7页，北京，团结出版社，1999。

③ 参见［美］哈罗德·孔茨、海因茨·韦里克：《管理学》，2页，北京，经济科学出版社，1998。

④ 参见［美］小詹姆斯·H·唐纳利、詹姆斯·L·吉布森、约翰·M·伊凡：《管理学基础职能·行为·模型》，18页，北京，中国人民大学出版社，1982。

⑤ 参见［美］彼得·F·德鲁克：《管理——任务、责任、实践》（上），7页，北京，中国社会科学出版社，1987。

指挥、协调和控制，如果简单地把管理理解为计划、组织、指挥、协调和控制这些活动的总称的话，那么管理就成了具体的活动而失去了它统一的实质。管理的定义应该反映客观管理活动的一般的、本质的特征，或者说，管理的定义中一定要反映管理的本质，即追求效率。

根据上述管理要素在实际管理活动中的作用和地位以及它们之间的内在逻辑联系，我们就可从一般意义上来概括管理，即一般来说，管理是在一定的环境下，为了达到组织的目的，组织内的成员从事提高组织资源效率的计划、组织、监督、协调和控制的行为。

1.1.2 秘书

秘书是什么？历来也是众说纷纭。就国外和国内来看，有以下一些比较有影响的说法。

1. 国外学者的定义

- 美国学者的定义。国际职业秘书组织（Professional Secretaries International）是以欧美等发达国家为主的跨国秘书组织，其总部设在美国，1998年改名为国际行政管理专业协会（International Association of Administrative Professionals）。它给秘书所下的定义是："具有熟练的办公室工作能力，不需上级敦促即能主动负责、积极进取、干练果断地在授权范围作正确决定的经理助手。"
- 俄罗斯学者的定义。俄罗斯学者认为："秘书是一项普通的职业，其职能主要为机关提供称作秘书的辅助性、事务性和信息性的服务。"这主要指机关秘书，因为在俄罗斯，私人秘书不是主体，它强调的是全面辅助领导者与为领导者服务的秘书职能。
- 日本学者的定义。日本学者认为秘书是"帮助与处理各种事务的工作人员"；还有更通俗的说法："秘书是全能运动员。"这突出表明了秘书的工作范围是随着领导者的工作范围而变化的，"赋予性"强，是很难明确界定的，同时也强调了秘书为领导人服务的"直接性"。日本社会具有东西方文化交融的特点，它对秘书必须绝对忠于领导者的要求特别强烈。

2. 我国学者对秘书的定义

自20世纪80年代以来，我国的一些高校陆续开设了秘书专业，一些学者对秘书的定义进行了探讨，并有所进展，各种秘书界说多种多样：

- 1982年毛含德教授在《秘书学概论》（内部版）中说："秘书是一种职务的名称，是在国家政权单位、事业和企业单位中，协助领导综合情况，研究方针政策，密切各方面的关系，办理文书、档案、人民群众来信及其他日常行政事务的人员，也是一种职称。"
- 1983年张金安、常崇宜在《秘书学概论》中认为："秘书是一种职务，也应当是一种职称"，"是领导的耳目、助手和参谋"。
- 1986年张家仪在《秘书》杂志上撰文认为："秘书是身处领导机构或附着个人，撰制、掌管文书，辅助决策，并处理日常事务的服务人员。"并认为"秘书从事的工作也就是秘书职业，秘书职业也就是服务性的，所以秘书绝不是一种职务而是一种职业"。

- 1987年常崇宜在《现代秘书工作》一书中认为："秘书是一种职务名称，也是一种社会职业。秘书是领导机关首脑或特定领导人员的助手。各种秘书的具体助手作用各不相同，但都是通过辅助领导，直接为领导服务去体现为人民服务、为社会主义服务的。"
- 1987年刘祖遂、王守福在《通用秘书学》中认为："秘书是社会职务的名称之一，是为领导中枢和领导者提供综合性、辅助性服务的公务人员。"
- 1989年董继超在《公务秘书学》中认为："所谓秘书，就是掌管文书并直接辅助上司全面处理事务的人员。"
- 1990年袁维国主编的《秘书学》讲到秘书"是广泛的社会职业之一"，是"一种行政职务"。
- 1997年劳动和社会保障部职业技能鉴定中心主编的《秘书国家职业标准》认为：秘书是"从事办公室程序性工作，协助上司处理政务及日常事务并为决策及实施提供服务的人员"。
- 2002年彭沉雷《刍议定义秘书的几个基本问题》一文这样定义秘书："所谓'秘书'是一种职务，指与领导者保持较小的空间，专为其提供以文字材料处理为主要特征的信息和其他事务服务的行政人员。"

综合上述国内外的各种关于秘书的定义，我们发现，各家都是从某一角度来对秘书进行界定，应该说，都有一定的道理。如果对此稍加归纳，我们可以得出以下结论：

- 广义秘书的概念："秘书是领导人的事务与信息助手。"这里的广义，包括了公务秘书、私人秘书，又包括了各行业、层次、工种的秘书；领导人既含单数，又含复数——领导集体，因此只能是简明、抽象的概括。
- 狭义秘书的概念："秘书是一种职务名称，正在成为一种社会职业，指处于领导身边，直接为领导从事事务性、信息性的辅助服务的工作助手。"这里着重排除了私人秘书。

但是，我们对此结论总觉得不甚满意。纵观秘书学发展的历程，尤其是近十年来西方发达国家秘书发展的进程，我们发现：秘书工作在当今计算机信息技术的推动下，正由原来的事务服务型向管理助理型转变。因此，秘书学正由传统秘书学走向现代的管理秘书学。在此背景之下，我们给秘书下这样的定义：秘书是指具有熟练的办公室工作能力，在办公室中从事程序性工作，在授权范围内协助上司进行管理，并可以作出重要决策的管理人员。

硅谷秘书不一般

在那些声名显赫的总裁、首席执行官的背后，忙碌的则是秘书。他们不仅仅在打字、冲咖啡，而且是每天都在参与决策。他们不必穿得一丝不苟，不必不停地记录老板的命令，在公司股票上涨的时候他们的薪水不会固步不前。他们是硅谷的秘书，有男有女，但以女性为主。在技术革命不断变革的氛围中，硅谷秘书显得与众不同。

Sun 公司是个拥有 100 亿美元资产的商用电脑系统生产商，它与其他数千家公司如惠普公司、英特尔公司、苹果公司等，将硅谷造就成国际高技术经济的中心。

Sun 公司首席执行官斯科特·麦克尼利的秘书凯伦·霍尔斯汀知道老板的电子邮箱密码，如果老板需要，她会帮他打开邮箱，查看新来的电子邮件。凯伦说："如果他想喝咖啡，他会自己冲上一杯。"他们不像在其他地方工作的更为传统的同行那样刻板地工作，而是每天都要作出重要的决策。

Notel 网络公司是硅谷的一家公司，公司总裁戴维·豪斯的执行助理戈温·卡尔德威尔说："如果我每天穿着套装走进某栋高楼后所做的一切是接接电话、日复一日地做时间表，那我肯定会厌倦的。"相反，卡尔德威尔女士在公司里有很大的影响力，她和她的同事起草信函、研究竞争对手公司的情况，向管理层"吹风"，组织谈判等。

硅谷的秘书们在帮助公司成长的同时，他们的收入也稳步攀升。美国秘书职业的平均年收入在 2.5 万～3.5 万美元。硅谷有些秘书的年薪则是他们的 3 倍，平均在 6 万～10 万美元。而且，许多硅谷公司的秘书还入了股，如果公司发展得好，他们将获得红利。Sun 公司的凯伦·霍尔斯汀女士年薪 6.5 万美元，还参与公司的分红。

不过，硅谷秘书们的工作压力也相当大，他们每周通常要工作 60～70 小时，紧张程度也不言而喻。他们每时每刻都在协调世界各地雇员的工作，这不是普通人所能承受的。

近几年来，美国的秘书行业发生了不小的变化。据国际行政管理专业协会的一项调查表明，1/3 的秘书负责监督其他秘书的工作，45%的秘书负责培训，78%的秘书负责办公室工作。

秘书职业的称谓也在发生改变。国际行政管理专业协会中，只有 18%的会员如今还使用"秘书"这一称谓，其他会员使用行政助理、协调经理、专业经理、执行秘书或执行助理等称谓。

为 Cisco 公司总裁约翰·钱伯斯工作了 8 年的德比·格罗斯说："秘书这个词已经过时了，我们不仅仅是打字、填表或接电话。我们是被赋予权力的，能够作决定。"格罗斯女士并不是公司里 50 多个副总裁中的一员，但她是公司里最有权力的人员之一。格罗斯说："如果我让约翰给我拿个三明治，他会做的。我们彼此尊重对方，我是他可以信赖的人。"格罗斯每天工作 12 个小时，她要帮助约翰·钱伯斯制订复杂的全球工作计划表，向他汇报各个会议的主要内容，阅读他的电子邮件，记录公司在全球 1.8 万名员工的工作情况。

资料来源：www.jnzc.net/office/ms/msjs/200603/87066.html，2010-01-21。

1.1.3　管理秘书学的学科性质

管理秘书学，顾名思义，实际上就是管理学和秘书学的结合，即运用管理学的原理、方法来研究、审视秘书行为和活动。关于秘书学的学科性质问题，秘书学界讨论了很久，已经出现了一些有代表性的说法。

- 综合说。“秘书学是近几年来才在我国形成的一门新兴的综合性应用学科。”①
- 边缘说。“秘书是一门新兴的边缘科学”，“是从写作学和管理科学的边缘中产生的”，“就秘书学的整体而言，既不属于写作学，又不属于管理科学，而是这两门学科的知识圈交叉重叠的产物”②。
- 分支说。“秘书学从科学体系上讲，属于人文科学的范畴。从今天这一学科的具体分支来说，现代秘书学又属于人文科学中的行政管理学科的分支。”③

以上三种是秘书学界比较传统的关于秘书学学科性质定位的观点。虽然各家学说看起来不无道理，但我们以为，应将秘书看成是一项管理性的工作，将秘书学定位为管理学科之下的二级学科。我们可以从理论和实践两方面对此加以论证。

从理论上来说，我们的学科一般划分为文学、理学、工学、法学、医学、管理学、农学、史学、商学等大学科。秘书学如果想归类到这些大学科之中，只能是其中的某一个学科。自从 20 世纪 80 年代我国出现秘书专业以来，大多数学校是将其设在中文系之下的，课程基本上以中文系的文学写作课加上一些秘书概论、公关、管理等课程组成。这也就是王千弓“边缘说”的根据。还有一些学校是将其设在工商管理或行政管理专业之下，但所开课程基本上也是以中文课为主。那么，究竟应该将秘书学归为哪一类大学科呢？黄月琼在谈到秘书专业的学科定位时是这样阐述的：

> 《国际教育标准分类》对“教育的大类与学科划分”作了改革，修改了学科划分，增加了新学科，并建议会员国不断补充新的学科，对学科间或多学科的课程科目进行分类，众多国家学科划分均以此为依据。
>
> 查阅“教育的大类与学科划分”，在“社会学科、商业和法律”大类中的“商业与管理”类中，在“市场、销售、公共关系、金融、银行、会计、审计、公共管理、人事管理”等课程之后赫然出现“秘书与办公室工作”的课程类别。秘书专业和秘书学课程作为管理类的学科性质及定位终于找到依据。而“本族通用语言及其文学”（我国是“汉语言文学”）在《国际教育标准分类》中被归入人文学科类。④

我非常赞同黄女士的这一说法。秘书学应该从理论上将它归到“商业与管理学”的大学科之中。更准确地说，秘书应属于管理类应用技术型的人才。

钱世荣的观点则更进一步。他首先叙述了《中国图书馆分类法》对秘书学的定位：秘书学 1990 年进入《中国图书馆分类法》（第三版），该版以“增注”的形式，将秘书学纳入“C931 管理技术与方法”的三级类目“C931.4 文书工作”。他对将秘书学归在 C93 管理学类目下作了肯定。但他同时又认为，不应将秘书学归入“C931.46 文书工作”之下，作为管理学的三级类目；而应将秘书学作为 C93 管理学下的二级类目 C935。⑤

---

① 袁维国：《秘书学》，前言，广州，广东高等教育出版社，1987。
② 王千弓编著：《秘书学与秘书工作》，12～13 页，北京，光明日报出版社，1984。
③ 张金安等：《秘书学概论》，1 页，昆明，云南人民出版社，1984。
④ 参见黄月琼：《我国高校秘书专业在〈国际教育标准分类〉中的定位》，载《当代秘书》，2003（1）。
⑤ 参见钱世荣：《〈中图法〉的定位与秘书学的突破》，载《秘书》，2002（5）。

由此我们很清楚地看出，钱世荣是将秘书学作为管理学之下的二级学科来对待的，对此，我们非常赞同。

从实践上来看，国内已经有一些高校将秘书专业归入管理系中，如扬州大学的文秘专业就被归并到公共管理系。2004年，南京中医药大学的招生简章中公共事业管理之下开设了管理秘书方向的本科，这后来在全国起到了示范作用。虽然还是将秘书专业放在公共管理学科之下，作为管理学的三级学科，但毕竟是一种巨大的进步。而且，从世界上一些国家和地区成立的行业协会的名称变迁中，也不难看出秘书与管理的关系。国际行政管理专业协会的前身是美国国际职业秘书组织。1998年经过调查，确证美国的秘书有65%已不再有“秘书”的头衔，因而修改章程，更名成为行政管理专业协会；一些国家和地区的秘书协会也因此纷纷改名为行政管理专业协会。如台北专业秘书协会也于2003年6月23日更名为台北市专业秘书暨行政人员协会。后来，亚洲秘书协会也更名为亚洲行政管理专业协会。

1.1.4 管理秘书实务的理论体系

1. 管理秘书实务的理论框架

我们在管理学的视野下考察秘书行为活动，从计划、组织、监督、控制和协调的角度去探讨秘书实务活动。管理学贯穿秘书活动的始终。换句话说，秘书工作实际上就是管理工作，是协助领导所进行的管理与自己的主动管理相结合的管理工作。从秘书人员的形象管理、沟通管理，到办公室管理、会议管理、信息与档案管理等，都是协助领导管理工作的一部分。

以会议管理为例，会前的管理工作主要是制订会议计划，包括会议的议题和主题、会议的规模和参会人员、会议的场所及布置、会议的文件材料准备、会议的组织与分工等。这里就运用到了管理学中的计划组织（目标管理）这一环节。会中的管理工作主要是做好会务工作的协调，包括内部协调和外部协调。内部协调是指对于会议组织机构和人员分工的协调，要做到既要使各工作组责任到人，各司其职；又要使各工作组能够顾全大局、统一指挥。外部协调是指对与会议有关的部门和单位进行协调，如与供电、供水、交通、酒店等部门和单位进行协调，及时化解矛盾。这方面的工作属于管理学中的组织协调（沟通管理）环节。至于会后的管理工作，主要是做好会后反馈工作。就是对会议上作出的决议的贯彻落实情况进行跟踪检查，将情况反馈给领导。这一过程，不就是管理学中讲的控制（绩效管理）吗？从这一例证中我们看到：秘书工作实际上就是协助上司进行管理的工作。亚洲行政管理专业协会理事长、台北市专业秘书暨行政人员协会总会长石咏琦女士不失幽默地说：“老板每天所做的有30%是秘书的工作；而秘书所做的100%都是老板的工作。”①

2. 管理秘书实务的基本内容

管理秘书实务的基本内容是什么？我们认为，要想成为一个管理型的职业秘书，就应该做好以下几方面的工作：

---

① 石咏琦：《谈天才秘书》，太原，北岳文艺出版社，2003。

- 公关事务管理。秘书不仅要对自己的内外形象进行管理（包括化妆、穿着、行为举止以及各种礼仪规范等），而且要对组织的形象进行管理（包括既要做好一些专门的公关活动，又能做好接待工作）。
- 沟通管理。对内沟通、对外沟通、横向沟通、纵向沟通等的管理，包括如何使用沟通技巧，如何演讲以及怎样谈判，怎样进行有效的人际沟通等。
- 文档管理。对办公室的各种文档进行管理是秘书管理工作的一项重要内容。秘书既要能够撰写文书，又要能使文件的处理程序（发文和收文）有序、有效、顺畅、快捷，相互间取得最佳配合——这就需要管理职能中的监督控制、综合协调来实现，还要能对办公室的各种文件档案进行收集、整理、检索、鉴定、保管和开发利用。
- 办公室管理。主要是对办公室的软、硬件进行管理。包括办公室的布置管理、办公室环境的维护和管理、办公室日常事务管理、办公用品的管理以及时间管理等。
- 会议管理。主要是对会议的全程进行计划、协调和控制的管理。包括对会议前的筹备、会议中的服务、会议的善后处理等工作的管理。
- 信息管理。包括对信息的收集、整理、传递、存储、利用和反馈进行管理。

1.2　管理秘书的素质及能力要求

1.2.1　基本素质

1. 身体素质

健康的身体应该是做好任何工作的一个重要前提。秘书工作要有一个健康的体魄。身体状况不佳的人是不能胜任秘书工作的。

2. 心理素质

要时刻保持良好的心态，心理状态要正常，不要被情绪所左右。每一天都应以平和的心态从事自己的工作。一个有着心理障碍的人、一个对社会充满仇恨的人、一个喜怒无常的人是不可能做好秘书工作的。

3. 思想素质

这是更高的一项要求，作为现代社会的高级管理人员，应当具有爱岗敬业精神、实事求是精神和开拓创新精神，应具备博大的胸怀、宽广的视野和高度的社会责任感。

1.2.2　业务素质

1. 理论知识

必须认识到理论学习的重要性，一方面要掌握扎实的基础知识，包括法律、外语、经贸以及对业务工作有帮助的其他知识。另一方面也要注意收集新的信息，关注各个领域的新的发展动态。

2. 专业知识

一是秘书人员所在行业的基本知识，如司法部门的秘书要掌握法律法规知识，企业秘书要掌握生产经营及产品知识等。二是办公室管理知识，包括文书拟写与处理、信息处理、信息调研和会务知识。

3. 相关知识

秘书人员的相关知识包括以下几个方面：

- 管理学知识。行政管理、领导科学、决策等方面的知识。
- 社会交往知识。社会关系学、公共关系学、人际关系学等，以便秘书工作者在工作中能够提高自身的交际能力、沟通能力。
- 新的学科知识。包括行为科学、系统论、控制论、信息论等方面的知识。

1.2.3 文化素质

1. 社会科学

学好专业知识应是起码的要求，而懂得一点文史哲，具备一定的文化素养，也很有必要，既可陶冶人生情趣，又对工作大有裨益。

2. 自然科学

秘书工作五花八门，常常要涉及自然科学的有关知识，如机械设备、建筑工程、医药化学等。一方面，我们平时要注意积累；另一方面，在办理事务的过程中，也要从中学习这方面的知识。

3. 外语

在秘书工作中，涉外事务越来越多，经常要接待外国客人。在对外交往中，无论是书面的，还是口头的，都要经常运用外语。秘书应使自己成为既懂业务又懂外语的人才。

1.2.4 职业技能

职业技能包括职业能力和操作技能两个方面。

1. 职业能力

（1）认知能力。这种能力是指人们在时间经验的基础上，对客观事物的本质和规律能够正确地了解和把握。秘书人员工作综合性强，接触面宽，经常会遇到各种事物和问题，如何去认识和解决它们需要具备较强的认识和识别能力。具体讲，应培养以下几种能力：

- 观察感知能力。具备观察的客观性和观察的敏锐性，准确地把握观察的目的、对象与重点，并及时将观察结果加以升华，形成合乎实际的理性认识，对秘书人员十分重要。秘书只有具备较强的观察感知能力，时时、事事、处处做有心人，善于观察，善于发现容易忽略的“死角”，捕捉政治经济生活中一切有价值的信息，才能变被动服务为主动服务。
- 辨别是非能力。秘书人员工作于领导身边，又介于领导和群众之间，在提供信息、综合协调、接待来访、洽谈工作、解决问题等方面，必须明辨是非，处理得当。所谓辨别是非能力就是用辩证唯物主义认识论来观察分析事物，把握事物的本质，从而作出正确的判断。这种能力由秘书本身的政策水平、思维能力、综合知识以及社会阅历等因素决定。

- 分析综合能力。分析综合，就是要善于透过现象看本质，从个别的事物中找出它们的内在联系和规律性。秘书人员能否较好地发挥参谋助手的作用，很大程度上取决于分析综合能力的强弱 。因此，秘书要自觉地以科学的理论来指导自己的工作，提高思维能力，善于运用多种思路、多种方法来探求同一种事物，尽量做到举一反三，触类旁通。
- 随机应变能力。秘书承担大量事务性工作，常会遇到一些意想不到的情况，这就要求秘书人员要有遇事不慌、处事冷静的应变能力，处理问题既要符合原则，又要机动灵活。

(2) 语言文字运用能力。语言文字运用能力包括口头表达能力和文字表达能力。秘书部门是联系具体工作的枢纽、是信息交汇的中心，这就使秘书与语言文字结下了不解之缘，秘书必须具备全面而熟练的语言文字运用能力。主要包括以下方面：

- 阅读能力。秘书人员要经常处理大量的文字材料，因此必须善于阅读。一是要会精读，如对重要文件或经典著作逐句逐字研究，从字里行间领会其微言大义；二是要能够快读和泛读，如善于大致浏览，领会精神实质，提炼浓缩，摘出主旨。
- 视听能力。秘书人员要“听话”并理解别人的话。秘书人员要善于耐心倾听和正确理解别人的发言，并用清晰、简明、精练的语言加以复述。
- 口头表达能力。口头表达能力是秘书的基本功之一。秘书人员口头表达能力的基本要求是：表达准确，简练明晰，口齿清楚，语速适中，措辞得体，切合身份。
- 写作能力。写作能力是秘书人员非常重要的基本功。秘书从事各种应用文的写作，要求能够熟练掌握各种应用文体的写作要领和技巧，迅速准确地撰写出观点正确、内容充实、结构严谨、表达流畅、格式规范、文笔精练的各类应用文。

(3) 组织、协调、社交能力。主要包括管理能力、协调能力、社交能力和办事能力。

- 管理能力。管理秘书要为领导出主意、当参谋、做助手，就要具有较强的管理能力。秘书要充分利用自己接触全面工作机会较多的有利条件，自觉锻炼自己立足全局、综合分析的能力。判断秘书人员管理能力的强弱，在于看他是否能够满足领导工作的客观需要，在对领导交办的事情的处理上，是否能够灵活、果断、雷厉风行、协调得力。
- 协调能力。协调工作是秘书部门的一项经常性工作。秘书人员的协调能力是指在领导的交办下，秘书能积极主动地沟通信息，调节关系，统一步调，促进机关工作有序运行，提高工作效率。一是纵向协调，包括对上协调和对下协调。对上协调，就是要树立全局意识，要站得高，看得远，想得深。对下协调，就是要树立服务意识，在协调中要谦虚谨慎，摆正位置，搞好服务，出好主意。二是横向协调，树立商量意识。凡是由秘书部门主办的事情，在酝酿、处理、决策之前，都要注意及时与有关部门协商沟通。
- 社交能力。现代秘书人员经常跟随领导参加一些社会活动或外出联系工作，因而应具有较强的社会活动能力，善于待人接物，真正成为承上启下、协调左右、联系内外的行家。这就需要秘书人员不断锻炼自己的社交能力，掌握公关的技能，谙熟人际交往的知识。

✻ 办事能力。秘书人员要埋头苦干、忠诚老实，但绝不是机械被动。秘书人员所从事的管理事务，都要由秘书人员独立思考，独立完成。秘书虽不必是“专才”，但一定是能文能武、遇事不慌、繁简巨细都能应付的“通才”，具有独立办事能力和组织管理能力。

2. 操作技能

科技的发展和办公自动化的普及对秘书工作提出更高的要求。它要求秘书人员必须掌握运用现代化先进办公设备的能力。要熟悉计算机操作技术、复印技术、打字技术、录音技术、摄影摄像技术、微缩技术等，能够熟练掌握现代办公设备的使用方法，有良好的驾驶技术等。

她为什么如此受欢迎?

有这么一位秘书，据说老板们都乐意聘用她，都争着开高价把她吸引到自己的公司。据圈里人说，哪个老板要是能聘用到她，必然会财运亨通，诸事顺达。那她到底是怎样的一位秘书呢？从外表上看，她毫不起眼，既不年轻，也不漂亮，将近四十的她，瘦弱而且略有些憔悴，她的个性也不活泼开朗，而是腼腆内向。然而她举止文雅，待人有度，尤其是她有着令人羡慕的惊人的敏感性和记忆力。每一位她辅佐的上司的客户和朋友的情况，她都了如指掌，在公众场合和日常的工作中，她能适时地、悄悄地提醒上司，该向某位客人道喜，因为他的公子近日考上了大学，或是该向某位友人慰问一下，因为他刚刚病体康复……由此，每一位由她辅佐的上司总能在公众中赢得良好的口碑和极佳的人缘。现在你明白她为什么如此受欢迎了吧。

1.2.5 秘书职业道德

职业道德，就是同人们的职业活动紧密联系的符合职业特点所要求的道德准则、道德情操与职业品质的总和，它既是对本职人员在职业活动中行为的要求，同时又是职业对社会所负的道德责任与义务。秘书职业道德是秘书在履行公务活动中应遵循的行为准则和规范。具体而言，有以下内容：

1. 忠于职守，自觉履行各项职责

各行各业的工作人员，都要忠于职守，热爱本职工作。这是职业道德的一条主要规范。作为秘书人员，忠于职守就是要忠于秘书这个特定的工作岗位，自觉履行秘书的各项职责，认真辅助领导做好各项工作。要有强烈的事业心和责任感，不擅权越位，不掺杂私念，不渎职。

2. 服从领导，当好参谋

服从领导，这是由秘书人员的职业性质所决定的。作为领导工作的参谋和助手，应当严格按照领导的指示和意图办事，自行其是，别出心裁，都是职业道德所不允许的。个人的积极性、创造性只能在服从领导的前提下发挥（更多地限于提建议、献策等方面）。其中特别要注意，不能用个人不成熟的想法甚至情绪化的意见，去影响和干扰领导的工作及决策。当好参谋，就是要发挥参谋作用，为领导出谋献策。在领导决策民主化、科学化的今天，尤其要求秘书人员改变以往办事即是称职的旧观念，要提高参谋意识和能力，树立“不能出谋献策者就不是好的秘书人员”的新观念。

3. 兢兢业业，甘当无名英雄

兢兢业业，甘当无名英雄，就是要求秘书人员埋头苦干，任劳任怨。秘书的工作性质，决定其工作主要是实干。要围绕领导的工作来展开活动，要求招之即来，来之能干，在具体而紧张的工作中，脚踏实地，密切联系实际和群众，不计个人得失，有吃苦耐劳甚至委曲求全的精神。

4. 谦虚谨慎，办事公道

谦虚谨慎，办事公道应是秘书人员应具有的美德。秘书人员不能因为在领导身边工作而自命不凡、自以为是，要平等地同各职能部门商量工作，虚心听取他们的意见，在工作中要善于协调矛盾，搞好合作。办事要公道正派。秘书人员对领导、对群众都要一视同仁，秉公办事，平等相待。切忌因人而异，亲疏有别，更不能看“来头”办事情。只有公道正派的秘书人员，才能做到胸襟宽阔，在工作中充满朝气和活力。秘书人员要把为领导服务，为本单位各职能部门服务，为群众服务当做自己的神圣职责，要充分认识自己所从事工作的重要性。

5. 遵纪守法，廉洁奉公

遵纪守法，廉洁奉公，是秘书人员职业活动能够正常进行的重要保证。遵纪守法指的是秘书人员要遵守职业纪律和与职业活动相关的法律、法规。廉洁奉公是高尚道德情操在职业活动中的重要体现，是秘书人员应有的思想道德品质和行为准则。它要求秘书人员在职业活动中要坚持原则，不利用职务之便假借领导名义以权谋取私利，不搞你给我一点“好处”，我回报你一点“实惠”的所谓“等价交换”。要以国家、人民和本单位整体利益为重，自觉奉献，不为名利所动，以自己的实际行动抵制和反对不正之风。

6. 恪守信用，严守机密

秘书人员恪守信用，就是要遵守信用、遵守时间、遵守诺言，言必信，行必果。要遵守时间，秘书人员找领导汇报工作，不能迟到。秘书人员自己安排的会议或会谈，自己要事先到场，并做好一切准备工作。秘书人员要严格遵守诺言，一经允诺的事情就要尽力办到，遇到曲折变化，要事先说明原因，使人信服。秘书人员由于工作性质的关系，掌握的机密较多，因此，要求秘书人员必须具备严守机密的职业道德，自觉加强保密观念。

7. 实事求是，勇于创新

实事求是，要求秘书人员要坚持实事求是的工作作风，一切从实际出发，理论联系实际，坚持实践是检验真理的唯一标准。秘书工作的各个环节都要求准确、如实地反映客观实际，从客观存在的事实出发。秘书人员无论是收集信息、汇报情况、提供意见、拟写文件，都必须端正思想，坚持实事求是的原则。在工作中，切忌主观臆断、捕风捉影，分析问题必须从客观实际出发，既不唯领导是听，也不唯“本本”是从。秘书人员要勇于创新，现在各行各业的劳动者，都在破除旧的观念，勇于开创新的工作局面，作为领导的助手，秘书人员更应具有强烈的创新意识和精神。勇于创新，要求不空谈、重实干，在思想上是先行者，在实践上是实干家，不断提出新问题，研究新方法，走出新路子。

8. 刻苦学习，努力提高思想、科学文化素质

各种不同的工作岗位对其工作人员都有相应的素质要求。作为新时期的秘书人员，这种素质要求显得更严格、更全面，甚至更苛刻一些。是否具有良好的素质，关系到能否做好领导秘书工作，也是评价一位秘书人员是否称职的基本依据。因此，秘书人员必须刻苦学习，努力提高自身的思想素质。秘书工作头绪繁多、涉及面广，要求秘书人员有尽可能广博的知识，做一个"通才"和"杂家"。现代社会科学技术的发展突飞猛进，知识更新速度加快，因此，秘书人员应该具有广博的科学文化知识，以适应工作的需要。

9. 钻研业务，掌握秘书工作各项技能

从发展的角度看，新时期的秘书人员，必须了解和懂得与秘书工作有直接或间接关系的各项技能。

机遇与风险并存

秘书职业总是和领导打交道，秘书工作能够接近领导，有机会结识、了解上层人物，这些都是一笔无形资产，使秘书在以后的工作中可以左右逢源。不过任何事物都具有两面性。既然秘书职业是一个充满机遇的职业，那么是机遇就会有挑战，是诱惑当然也有陷阱。陷阱就在于秘书与领导很接近，靠近权力。领导人的秘书常常给人的感觉是一人之下，万人之上。殊不知，这却是很危险的。

让我们来看看成克杰一案中的例子。2000 年 9 月 14 日，经最高人民法院核准，曾任全国人大常委会副委员长、中共广西壮族自治区委员会副书记、广西壮族自治区人民政府主席的成克杰被执行死刑。他是新中国成立以来受贿数额最大的领导干部，也是因受贿罪被处以极刑的职务最高的领导干部。

一段时间以来，各新闻媒体、全国的老百姓，特别是各级领导干部都在集中讨论，像成克杰这样一位高级领导干部是怎样一步步走向犯罪的深渊并导致自我毁灭的。中央电视台还在"焦点访谈"栏目播放了对成克杰一案公审的实况。

在公诉人的公诉书和证人证言材料中，反复提到一个"小人物"——成克杰的秘书周××。这位周秘书在成克杰和李平的奸情被成克杰的爱人发觉后，竟安排他们在他驾驶的汽车里面密谈，商量各自离婚后再结婚的计划。周秘书对他们的计划不但不加劝阻，反而为李平出谋划策说："你们现在结婚不适宜。应当趁他现在有权，想法子搞点钱，以后再结婚。"他的"高见"拨动了成克杰和李平那根罪恶的心弦，他们立即按这个"建议"行动：先由李平物色对象，再由成克杰利用职权去办，然后让李平去收"好处费"，存入境外银行。就这样，他们一个当"钱耙子"，一个当"钱袋子"，演出了一幕幕"二人转"，几年工夫就捞取了 4 000 多万元。在成克杰、李平的整个犯罪过程中，这位周秘书所起的作用非同小可。所以我们在对成克杰一案作深层次思考时，绝不能忽视这个"小人物"。

其实这样的例子还有很多，在很多贪污腐败的官员身后都有这样的秘书，当这些官员事情败露，锒铛入狱后，他们为虎作伥的秘书的下场也是可想而知的。在国外，秘书随着上级一荣俱荣、一损俱损的例子同样很多。正因如此，秘书职业也是充满风险的。

1.2.6 秘书的职业角色定位

1. 秘书角色及秘书角色定位

“角色”，原本是戏剧、电影等表演艺术中的概念。20 世纪初，由乔治·米德引入社会心理学的领域中，意指“人处于一定社会地位上所具有的一套权利义务和行为规范”。那么，套用这一概念，“秘书角色”我们就可以理解为“当一个人处于秘书这一社会地位时所具有的一套权利义务和行为规范”。

“角色定位”则是指一个人在社会群体中对自己所处的地位以及由地位所规定的社会职责的感知和认识、自己对周围人的种种角色关系的理解与协调。相应的，秘书的角色定位也就是秘书人员对自己所担任的“秘书”这一角色的社会地位以及由社会地位所规定的社会职责的感知和认识。

正确认识秘书角色，是成为称职秘书从业人员的基础，是脚踏实地做好秘书工作的保证，更是促进秘书职业化进程快速健康发展的“强化剂”。因此，应该把秘书角色定位的培养作为秘书职业教育中的一项重要而且是必要的内容。

2. 秘书角色定位的培养

如何形成秘书人员正确的角色定位呢？我们认为可以采用分三步呈阶梯状层层推进的方式。

（1）形成基本的职业角色认知。

形成正确的职业角色认知，即摆正自我在工作中的位置，认清自己在职业生活中扮演的角色。秘书在职业生活中，一般扮演着三种角色：

- 在组织单位内部，秘书只是所有职工中的普通一员，他和其他所有职工一样，都是为完成组织任务、实现组织目标而工作的，除职务不同和分工不同外，并无任何特殊之处。
- 在和上司相处时，秘书人员是下级、配角、辅助者和服务者，应该接受上司的指挥和安排，协助领导做好工作，完成任务。
- 当秘书受到上司和单位的委派，作为领导或组织的代表参加一些活动或从事工作时，秘书人员又成为了单位的代表，可以在上司授权范围内作出决定，同时应该注意建立和维护组织在公众心目中良好的形象。

形成正确的职业认知，还应该注意摆脱错误的角色认知所造成的误导。目前，我国的秘书人员队伍，尤其是行政机关、事业单位的秘书中，不少人对自身的角色定位有偏差、有错觉。在我国，很多行政机关、事业单位的领导都是从秘书岗位上提拔起来的，这就容易给人造成一种错觉：今天的秘书就是明天的领导。再加上我国传统“官本位”文化的影响，更是让一些人为了升官而选择了秘书职业。这些人认为做秘书是为做官打基础、做准备，秘书是“准领导”，一旦产生了这种错误认知，在工作中难免会无法认清、摆正自己的位置，无法用正确的心态来面对自己的工作和工作中的各种关系，从而影响了正常的工作开展。这种错误认知同时也影响和阻碍了秘书职业化发展的道路，即秘书应该被看做是和教师、医生等一样的一种职业，而不只是一个职位，更不是一个通向仕途的跳板。许多领导人从事过秘书工作，这是事实，但走向领导岗位不是选择秘书职业的目的，更不是秘书工作的本质和目标。如果把秘书职业作为跳板或者“领导储备库”，势必会影响到工作的动机和态度，甚至会急功近利、一心钻营而无心把工作做好、做精、做细。

（2）培养正确的职业角色认同。

虽然“认知”与“认同”仅一字之差，但职业角色认同却比职业角色认知更进一步。如果说“认知”还只是从客观上正确认识自己所从事的职业，那么“认同”则是从主观上给自己一个正确的评价。

许多秘书人员在谈到自己的工作时，常常不愿意用“秘书”两个字，似乎这两个字给人的感觉是琐碎、平凡，甚至低等，而换用“助理”、“文员”等看似更专业、更上档次的名称。的确，秘书的工作可以用琐碎、平凡来概括，但绝不低等。

其实，作为秘书人员，应该看到自己在一个组织中所发挥的作用，应该自己首先认同自己的作用、肯定自己的价值。秘书人员在一个组织中就像一颗螺丝钉，虽然很小、很不起眼，容易被人忽略，但是其作用却是不容替代更不能缺少的。试想一下，一部正常运转的机器如果忽然掉了一个螺丝钉，是不是会出故障呢？

（3）形成自信的职业自豪感。

在认同和肯定了自己的作用与价值，给自己一个客观、正确的评价之后，还应该进一步为自己的职业而骄傲与自豪，树立一个“我是秘书我自豪”的自信形象和坚定信念。

可以说，每一个成功的企业里都有一个团结高效的秘书团体在协同合作，每一位成功的领导背后都有一个得力的秘书充当他的助手。比尔·盖茨曾经在公开场合说过：“我和微软的成功因为有露宝。”

“我和微软的成功因为有露宝”

微软的总裁比尔·盖茨曾说过：“我和微软的成功因为有露宝。”露宝正是他的秘书。

创业时的微软公司里都是年轻人，他们做软件、搞开发都是能手，但内务却一团糟。比尔·盖茨的第一任秘书是个年轻漂亮的女大学生，除了自己分内的事，对任何事情都是一副不闻不问的冷漠劲儿。没过多久，比尔·盖茨就要求总经理伍德给他换一个秘书。

一天，伍德一连交上几个年轻女性的应聘资料，盖茨看后都连连摇头：“难道就没有比她们更合适的人选了？”盖茨理想中的女秘书应该干练、稳重、能干，而不是花瓶式的摆设。伍德犹犹豫豫地拿出一份资料递到盖茨面前，“这位女士做过文秘、档案管理和会计员等不少后勤工作，只是她年纪太大，又有家庭拖累，恐怕……”盖茨一目十行地看完了这份应聘资料后说：“只要她能胜任公司的各种杂务而不厌其烦就行。”

这样，42 岁的露宝上任了。事实证明比尔·盖茨的选择是正确的。她进入公司后，像母亲一样关怀各位软件高手的衣食起居，使他们减少了因远离家庭而带来的种种不适。露宝把微软公司看成一个大家庭，里里外外打理得妥妥帖帖。她一直自觉以一个成熟女性特有的缜密与周到，考虑着自己应该在“娃娃公司”负起的责任与义务。她真心关爱每一位员工，对工作也有一份很深的感情。很自然地，她成了微软的后勤总管，负责发放工资、记账、接订单、采购、打印文件等，远远超出了一位总裁秘书应承担的职能。盖茨和其他员工对露宝都有很强的依赖心理。

当微软决定迁往西雅图，露宝因为自己的丈夫在亚帕克基有自己的事业不能走时，盖茨对她依依不舍、留恋不已。盖茨和公司高层联名写了一封推荐信，信中对露宝的工作能力给予很高的评价，临别时盖茨仍握住露宝的手动情地说："微软留着空位子，随时欢迎你。你快点过来吧！"

三年后，1980年冬季的一个寒夜，在比尔·盖茨的办公室，一个熟悉的声音响起，"嗨，我回来了！"正是露宝！她先是一个人从亚帕克基来到西雅图，后又说服丈夫举家迁来。

从秘书人员在一个组织中发挥的作用来看，一个组织中任何工作的任何一个环节中，都活跃着秘书人员的身影。一个组织内部，秘书人员是助手、是参谋、是桥梁，同时又是"管家"。在日常工作中，秘书人员要为上司安排日程、处理杂务、协调事务；上司需要做决定的时候，秘书人员需要向上司提供决策的依据、参考，随时准备快速查找上司需要的信息，以保证决策的正确性和可行性；决策的实施过程中，秘书人员又必须把上司的意图准确地传达到各部门，保证各部门能正确领会决策，科学地执行决策，同时，在执行决策的过程中，还必须要协调好各职能部门之间的关系，以保证部门与部门之间的完美配合。所以，一个称职的秘书要既能撰文、办文，又能沟通、协调；既懂专业，又会管理；既能处理信息，又能处理公关事务；既可以为上司办理各种具体事务，又能为上司出谋划策；既是上司的工作助手，又是上司的生活助理。

1.3 管理秘书实务的特点及原则

1.3.1 管理秘书实务的特点

管理秘书实务包括程序性、综合性和技术性等特点。

1. 程序性

秘书的业务工作虽然繁杂、琐碎，但在处理过程中却有较强的程序性，主要表现在如下一些方面：

- 自然性程序，即按工作活动的自然进展程序处理事务。一般工作的自然程序表现为：准备、计划、布置、执行、检查、总结、评比、表彰。
- 理论性程序，即用科学的方法总结秘书工作实务的经验和教训，探索秘书工作实务的规律，并上升为科学理论，制定出合理的工作程序，反过来指导秘书工作实务。秘书工作实务一旦有了科学理论的指导，方向就会更加明确，效率就会显著提高。
- 指令性程序，这里所说的指令是指上司对办理某项事务的具体指示和要求。
- 法定性程序，即根据法律、法规和规章所规定的程序办理事务。公文写作、文书处理、信访工作、保密工作、印章管理等秘书实务工作，都要严格按照相关的法定程序处理。如图 1—1 所示。

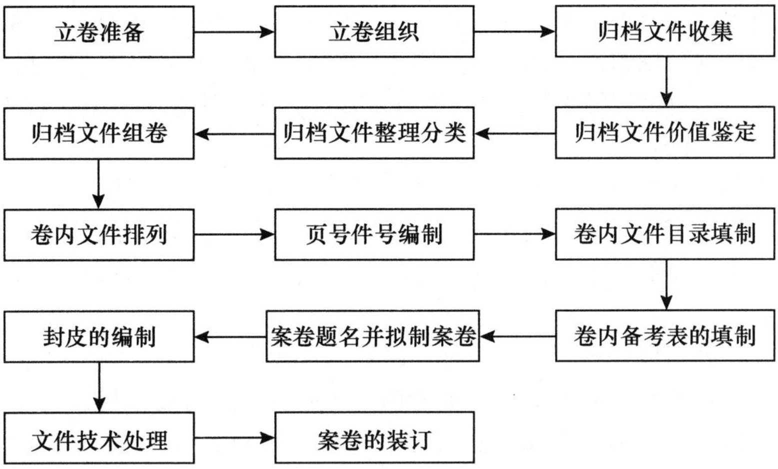

图 1—1　文书立卷工作程序

- 技术性程序，有些依赖于技术支持的秘书实务，如传真、电脑的操作，电视、电话会议组织等，都有一套技术操作的程序，必须遵循。
- 经验性程序，秘书人员在秘书实务的实践中会积累大量的经验，形成符合本单位实际的工作程序，这些经验性程序往往具有宝贵的价值。

以上程序是相互联系的，一项具体的秘书业务工作往往会存在几种程序性要求。程序性特征要求秘书人员精通业务知识，熟悉有关规定，掌握操作技能，勇于实践探索，善于总结规律，不断提高办事程序的科学性。

2. 综合性

办公室管理的综合性一是指其管理对象广泛，管理活动内容庞杂；二是指其居于组织工作活动的中枢地位，需要综合处理多种关系，综合解决多种问题。

办公室管理的对象是组织内部的一部分办公事务、后勤事务活动。由于这些事务、事务活动要为组织的所有职能活动服务，每一项事务活动又构成一项相对独立的工作（如文件、会务、档案、信息、活动、保密、安全、财务、环境、生活服务等工作），事务的构成要素又涉及人、财、物、信息、时间等诸多方面，事务活动又往往与职能活动渗透交融，这就必然使相应的管理活动变得庞杂起来。面对各有特色的职能活动及其多种多样的需求，面对互有联系又各成体系的一项项工作，面对内容繁杂、性质不一的具体事务，面对职能活动中的事务和事务中的职能，既要管人、管事，又要管钱、管物、管信息，既要管程序、管规范，又要管协调关系、管突发事件的处置，办公室管理成为名副其实的“管得宽”、“管得多”。在我国，办公室管理的内容范围基本上就是综合办公部门（办公室、行政办）的职责范围。综合办公部门历来被称作组织的“神经中枢”，个中原因就在于它所承担的办公室管理工作在整个组织工作中居于中枢地位。因为一个组织的职能是可以被各个职能部门分割的，也是需要被分割的，而“事务”却不能被分割。在这样的意义上，是职能的分割使机关分为一个个的“部分”；是不可分割地渗透在各个职能部门、各项职能活动之中的“事务”使组织又连接为一个“整体”，这就使事务活动大都成为涉及多方关系的节点，使办公室管理居于对处置综合性问题起主导作用的中枢点。这也使办公室管理职责主要承担者的综合办公部门在具体管理实践中，能以一种相对超脱的身份（不是职能部门，不分担任何一项组织职能，没有自己的特殊利益）和各种有权威的方式（源于组织领导的正式授权），协调处理各个职能部门在事务活动中的综合关系，解决各种跨部门、跨业务领域的综合性问题。

办公室管理的综合性特点，要求我们在管理实践中务必注意从组织的整体角度出发来考虑和处理各种问题，同时，还应当注意对具体事务进行实事求是的具体分析，充分借鉴和运用多学科、多门类的管理方法和技术方法，切实针对性地解决问题。

3. 技术性

相比较而言，办公室管理是行政管理中自然属性较强的部分，突出的表现是它具有较强的技术性。这种技术性主要是指办公室管理需要遵行特定的技术规律，需要从事各种管理活动的人掌握特定的技术知识和方法技巧。办公室管理的对象是组织内部的事务活动，这些活动大都具有一定的技术色彩，需要活动的参与者掌握一部分应用性的经验和技巧，有些活动本身就有很高的技术含量，是综合运用多种技术的产物，有些活动本身甚至就可以构成一项独特的技术，如办公自动化活动。这一特点给办公室管理带来的直接影响就是，它必须顺应特定的技术规律。

办公室管理是一种微观的管理，需要有精细、具体且操作性强的管理技术方法体系作为支持。工作简化、质量控制、标准化、程序分析与设计、管理图表绘制等实际上都是特定的管理技术，它们在办公室管理中有着很高的利用价值。从发展的眼光看，管理技术在办公室管理中有更广阔的应用领域，有巨大的发展潜力。在一定意义上，办公室管理的过程将成为综合运用管理技术的过程。

办公室管理的技术性要求我们在管理实践中，要尊重技术规律，要钻研并熟练掌握有关的事务处理技术和管理技术。

1.3.2 管理秘书实务的原则

办公室管理是具有特定内容、特定性质的特殊行政管理活动，需要遵循一些特殊的规律，遵循一些特殊的原则。

1. 系统性

系统性原则的内涵是，将整个组织的全部事务活动视为一个整体，注意以系统的思想、系统工程的方法认识和分析解决实际问题。具体实施这条原则应做到：

- 坚持从整体需要，从共同目标出发认识事物，采取管理措施，避免局部优化。
- 注意各项工作及其各组成部分之间的相互影响，不断调整变化着的关系，努力实现最佳配合。
- 各项工作之间要相互提供便利条件，相互借鉴工作经验，相互利用工作成果，尽可能共享资源。
- 掌握事务活动服务对象的特点、要求、约束条件（法律、法规、程序、惯例等）及其变化的规律，保持对合理需求及其变化的适应。
- 建立主动适应对象变化的机制，能在出现例外情况时，有各种备份的措施方法

（预案）供有效采用。

✽ 用系统工程的原理与方法分析研究、设计和改进事务系统。

奉行系统性原则的客观必要性主要在于，作为办公室管理对象的各项事务活动均有相对的独立性，尽管多数活动由组织上下各级各类工作人员、各个部门共同参与，但大都分散进行，因此，事务活动的整体性很容易为人们所忽视，从而出现轻视相互配合，重复进行没有必要的工作，忽略对环境及服务对象变化应保持的主动适应等方面的问题，这些问题严重制约事务活动的总体效能。

2. 服务第一

服务第一原则的基本内涵是，始终将为员工、为领导、为基层、为其他各级各类工作人员提供服务，为实现组织的各项职能提供服务放在首位。具体实施这条原则，就要求我们在实施管理的过程中，无论是设计规划，还是制定政策和规范，无论是从事监督控制，还是从事沟通协调，无论是在宏观方面，还是在微观方面，都要确立这样一种保证：要为办公室事务活动的开展创造尽可能好的方便条件、管理方法、措施保障，以热忱的态度，以主动、积极、负责的精神，以科学有效的方法，为服务对象提供及时、周到、便利的服务。事务、事务活动的本质特征就在于它的服务性质，它的存在价值就在于为员工、为领导、为基层、为其他各级各类工作人员提供服务，为实现组织各项职能提供各种服务，就是“为他人作嫁衣裳”。而办公室管理工作的目标，说到底也就在于使这种存在价值得到更充分的体现。“管理就是服务”，这对于机关管理来说是最贴切不过了。办公室管理实质上就是为服务工作服务，为“为他人作嫁衣裳”的人“作嫁衣裳”。为此，进行办公室管理需要有更好的服务精神，更高的服务本领，更有效、更优质、更令人满意的服务效果。

3. 全面质量管理

从通俗的意义上讲，质量就是指事物优劣的程度。在一定意义上，人类的社会活动就是一种追求优质的活动。对组织的各类事务来说，当然也不例外。

“质量是生命”对办公室管理而言绝不是一种比喻，因为组织的权威性地位决定了它做出的事情，往往直接关涉个人、团体甚至国家、民族及各种有关事物的生死存亡，一个微小的错漏都可能造成不可弥补的损失。因此，古今中外在管理活动中都讲求质量，办公室管理自然也必须把质量管理放在重要位置上。

办公室管理全面质量管理原则的内涵是：强化质量意识，强化全面质量管理，追求事务活动的全面优化。这条全面质量管理原则具体要求我们，应树立正确的质量意识，真正了解机关事务质量的重要性，了解在机关事务中的小错会被放大为大错的特有规律，真正把质量视为生命；要深入研究、认真借鉴社会各组织（特别是企业）在实践中创造的行之有效的一整套质量管理理念和方法技术，建立和完善组织事务质量保障体系，以确保办公室管理工作在优质基础之上的高效。

4. 时效性

时效就是事物有效的时间限度，人类社会生活中的事物都只能在特定时间范围内才具备有效性。这一点在办公室事务方面表现得更加突出。社会生活节奏越来越快，客观对象发生着越来越剧烈和迅速的变化，组织内各种事务有效的时间范围呈现日益短暂的趋向。如果秘书人员在事务处理和管理过程中，不去正确认识和适应这种趋向，那么，其工作就成为“明日黄花”，不仅失去其有效性，还会因贻误最宝贵的时机而使国家、人民、集体和个人蒙受损失。

办公室管理时效性原则的内涵是：处处事事、时时刻刻讲究时效，确立切实保障、维护组织事务在特定时间范围内的有效性。

这条原则要求秘书人员树立正确的时间观念，养成雷厉风行的工作作风，充分发掘时间的利用价值，科学安排时间，合理配置时间，在保证质量的前提下，提高事务处理的速度，尽量缩短运转周期，注意对事务处理时机的有效把握，要及时，也要适时。

5. 经济性

办公室管理经济性原则的内涵是：力争以最小的投入（人力、物力、财力、时间等）产生最大的效益。

要实践这条原则，需要树立成本控制观念，建立成本控制制度，讲究对投入与产出的比较分析。在处理问题、建立新的体系时，要注意比较和精心筹划，争取在投入相同最好是减少的情况下取得更好的效果。一切投入，当用则用，成效好且确有需要的，再多也不能吝惜，否则，消耗再少也是浪费，要坚决放弃。要厉行节约，减少浪费。要通过教育培训，使机关工作人员提高觉悟，增强责任感，强化节约意识。要提高工作的计划性，使工作人员在事务处理过程中养成严格计划的习惯，讲究成本核算，大处着眼，小处着手，精打细算。

本章小结

本章首先阐述了管理和秘书的概念，进而阐述管理秘书的概念、学科性质以及理论体系等。接着就管理秘书的素质及技能和职业道德等作了论述。最后，对管理秘书实务的特点及原则展开论述。本章认为，秘书工作在当今计算机信息技术的推动下，正由原来的事务服务型向管理助理型转变。因此，秘书学正由传统秘书学走向现代的管理秘书学。在此背景之下，我们给秘书下这样的定义：秘书是指具有熟练的办公室工作能力，在办公室中从事程序性工作，在授权范围内协助上司进行管理，并可以作出重要决策的管理人员。鉴于管理秘书的学科性质，应将秘书工作看成是一项管理性的工作，将秘书学定位为管理学科之下的二级学科。

关键术语

管理　　秘书　　管理秘书学　　管理秘书实务　　管理秘书性质　　管理秘书素质与能力　　管理秘书特点及原则

复习思考题

1. 简述管理秘书的定义。
2. 管理秘书的学科性质是什么？

3. 管理秘书实务的基本内容是什么?
4. 简述管理秘书的素质。
5. 管理秘书需具备哪些职业能力?
6. 管理秘书实务的特点是什么?
7. 管理秘书实务的原则是什么?

实务训练题

大学同窗王芳和李兰几乎同时应聘在某农产品超市当办公室文员。不久，李兰受到了总经理的青睐，一再被提升，很快就成为部门经理，可工作起来同样能吃苦的王芳却一直在做着文员的工作。终于有一天，王芳忍无可忍，向总经理提出辞职，并痛斥总经理用人不公。

总经理耐心地听着，若有所思。忽然他说："年轻人，别忙着辞职，先帮我到今天的集市上看看，有什么可买的。"王芳很快就从集市回来说："只有一个农民拉了一车土豆在卖。""一车大约有多少袋?多少斤?"总经理问。王芳又跑回去，回来告诉经理有10袋。"价格是多少?"总经理又问。王芳欲再次跑回集市，总经理望着气喘吁吁的她说："休息一会儿吧，你可以看看李兰是怎么做的。"说完，叫来李兰对她说："请你马上到集市上去看看，今天有什么可买的。"

李兰很快从集市上跑回来了，告诉经理到现在为止，只有一个农民在卖土豆，有10袋，价格适中，质量很好，她带回几个让总经理看看，这个农民过会儿还要弄几筐西红柿上市，价格还算公道，想到这种价格的西红柿总经理可能会要，所以，她不仅带回了几个西红柿做样品，还将那个农民也带来了，他现在正在外面等着回话呢!

面对着这一切，王芳忽然明白了，李兰凡事比她多想了几步，这正是李兰受总经理青睐并一再被提升的原因。

训练题:

1. 王芳和李兰的差距在哪里?
2. 秘书应该具备怎样的工作态度?

A和B同时分配在一个机关做秘书工作。一年之后领导遇到什么问题时，总爱找A商议。B感到纳闷，心想，自己的水平能力不亚于A，为什么会受到冷落呢?

他找到了A，请A帮助他分析原因。A开诚布公地对B说："我看你主要是提意见多，提建议少。做一件工作，你这也不满意那也不顺心，咚咚咚地说了一大堆的问题，可如何解决这些问题，你却很少提出办法，我要是领导，也不高兴你这样做。"B回想了一下自己一年来的表现，点头说："你说得对，我是有这个毛病。我总想着提意见是下属的事，拿主意是领导的事。"A截住B的话说："领导也不是神，事事都有主意，领导是很希望下属提建设性意见的。一年来，我就是这么做的。凡接到上级的通知或下级单位的报告，我都会认真想一想，提出处理意见，不管领导采用不采用，我都坚持这么做。时间久了，领导就对我的建议重视了。就是这么一回事。”“那每一次提几条建议呢？”B问A。A说：“这也说不定。古人讲，上中下三策，就是说每次提好中差三个建议。我看这主要是指决策性的大事。一般情况下，每次提一条就可以了。因为大多数事情，一种处理办法就够了。对于大事或者吃不准、有争议的事，不妨多提几条处理意见，供领导选用，即使提不出很好的方法，起码也要有一点建议，帮助领导打开一下思路，这样做，真正有作为的领导都是欢迎的。我把这个办法叫做‘一策备选’。你不妨一试。”

B照着A的办法做，一年之后，领导也经常找B商量工作了。

训练题：

1. A和B在工作上的方式、方法有何不同？
2. 面对问题，秘书应该如何为领导出谋划策？

某省茶叶进出口公司罗经理将与英国客商史密斯谈一笔20万英镑的茶叶出口合同。姜秘书做接待工作兼翻译。史密斯一进门，姜秘书马上引其进入会客室，罗经理已等在那里了，经过一番简单的介绍，他们发现史密斯粗通中文，能听懂不少中国话。罗经理与史密斯寒暄的时候，姜秘书前去泡茶，她用手指从茶叶罐中捏了一撮乌龙茶放在茶杯内，然后冲上水，把杯子放在史密斯的面前。

罗经理和史密斯都看到了这一切，史密斯疑惑地问：“听说你们中国在加工碧螺春时，姑娘们要用手沾着唾液把茶叶卷起来，是不是？”罗经理还未答话，姜秘书立即答道：“那种茶叶样子特别好看，特别香呢！”罗经理解释说：“不，不，不，几十年前是这种情况，但现在茶叶的种植、采集、加工都严格按照国家出口标准进行，不会再出现类似的情况。”史密斯说：“刚才那位小姐给我泡茶不是用手抓的吗？”

罗经理立即转移话题，引导史密斯到茶叶样品桌前，双方就合同事宜交谈了起来，在价格问题上双方争执不下，最后，罗经理说：“我按最低价打九折给你。”史密斯沉思着，姜秘书接口：“我们已经给你成本价了，你应该接受了，你连茶都没有喝一口，怎么知道茶叶的质量呢？”

史密斯听了，耸耸肩，说了声抱歉，拔腿就走。

望着史密斯的背影，罗经理冲着姜秘书一顿责备：“好好的一个大生意，都让你给搅了！”

姜秘书茫然不知所措：“经理，我不是一直在帮你吗？怎么会是我的错？”

训练题：

1. 姜秘书在这次接待工作中错在哪里？
2. 姜秘书作为秘书兼翻译，应该具有怎样的角色意识？

第2章

公关事务管理

所谓公关事务管理，是指秘书人员不仅要对自己的仪表、礼仪等形象进行管理，以达到端庄、整洁、高雅、成熟、敏捷、规范的标准，而且要对组织的形象进行管理，即对组织的知名度和美誉度进行管理，做好接待工作，管理好专门的公关活动。

2.1 秘书职业形象管理

秘书人员对自身形象的管理有以下两大作用：

- 为组织树立良好的形象。办公室是组织的窗口，秘书人员的形象好坏，直接关系人们对组织的看法，因此，秘书人员一定要注意自己的仪表形象。
- 提高秘书人员的自信。良好的仪表仪容，可以使秘书人员在待人接物时更加自信，从而可以更好地履行自己的职责。

职业形象是指从业者的仪容、仪表、仪态及言谈举止所塑造出来的形象。秘书的职业形象是指秘书在公众面前的印象，它是通过衣着打扮、言行举止反映出来的专业态度、知识、技能等。

在日常生活中，一个人的着装、仪容、仪态等反映着他的个性、习惯、爱好、审美情趣和文化修养水平，向人们传递着一种“非语言信息”。在社会交往中，一个容貌整洁、穿着得体、举止文雅大方的人，会使人未闻其声，便先留下美好而深刻的印象，为今后的交往奠定良好的基础。秘书人员要做好接待工作，就必须首先学习礼仪常识，塑造良好的自身形象。

2.1.1 秘书仪容

1. 仪容的概念及作用

仪容即人的容貌，是个人仪表的重要组成部分，它由发式、面容以及人体所有未被服饰掩盖的肌肤（如手部、颈部）等构成。仪容修饰是一种文化价值的显现，显现了对自我的性格、爱好、气质、风度的重新塑造。尤其是在涉外交往中，仪容修饰则更是一个民族的生活方式和精神面貌的折射。可见仪容在人的仪表美中占有举足轻重的地位。仪容修饰的具体作用体现在：

（1）掩瑕扬瑜，美化形象。仪容的修饰主要突出个人容貌上的优点，掩盖缺陷，使人风采更加出众。天生丽质、美貌绝伦的人毕竟是少数，而通过恰到好处的修饰，弥补和掩盖容貌上的不足，并在视觉上把自身较美的部位展露或衬托出来却是完全办得到的。比如，一个人的唇形欠佳，眼睛却很美，则可强化眼部的修饰，让眼睛引人注目。同时，口红的颜色则须节制，使之与肤色接近，不可过分突出，这样才能达到掩瑕扬瑜之效果。在与人交往中，修饰仪容体现一个人的自尊、自爱和对社会、对他人的尊重，其本身就是一种礼仪，而得体的修饰所反映出来的个人风采和审美能力，又从另一个角度美化着人的形象。

（2）辅佐社交，顺达事业。秘书人员与来访者初次接触，总希望在较短时间内给人留下美好的“第一印象”。根据“晕轮效应”，一旦“第一印象”产生，在一定时期内就很难改变。如果你的语言传递的信息与你的仪容传达的信息一致，对方就容易对你产生信任感，留下良好的“第一印象”，这就有助于你的事业成功，否则，将会出乎意料地失败。由此可见，仪容的修饰在社会生活中会产生不可低估的作用，形成的价值是有形的。它不但影响着人们办事的效率、生活的质量等许多方面，还左右着周围人的态度。以貌取人虽不可取，但却实实在在地存在着，并且相当普遍，根深蒂固。

2. 仪容的主要内容

（1）发式。发式美是人仪表美的一部分。头发整洁、发型大方是个人礼仪对发式美的最基本要求。整洁大方的发式易给人留下生气勃勃的印象。

发型应当与自己的脸形及肤色相配。脸形长的女性不适合用中分，可用中短发和外翻式。如果是长发，可以采用大波浪，将两边的头发扭转向后束起，或者盘成发髻，但髻只适合在脑后，如放在头顶则会显得太显眼。方脸的女性，短发可以采用高位侧分和斜长刘海型，长发则采用中分的“清汤挂面”式，这样可以遮掩过于鲜明的方形轮廓。圆形脸不宜用“三七分”，可用中分式的齐耳或齐肩的中长直发，不能留刘海。瓜子脸形的女性适合各种发型。剪成羽状的短发，如将单侧的蓬松之发束起在耳边，也会使瓜子脸形显得俏丽好看。

特别要注意的是，秘书人员如果留的是长发，工作时应该将其盘到头上，或者扎成马尾巴，以防在打印文档时将长发卷进去。此外，长发也会在秘书与上司商量工作时，影响秘书的视线，分散上司的注意力。

另外，头发还应保持整洁，只有经常洗头，才能确保头发不粘连，不板结，无头屑，无异味。通常，至少要三天左右洗一次头。科学的护理才能使头发乌黑润泽，得体的发型，才能使仪容整洁大方。

（2）面容。面容是人的仪表之首，是人体暴露在外时间最长的部位，也是最为动人之处。男士应养成每天修面剃须的良好习惯。胡须最好每天剃一次。胡须比较多的人除早晨刮一次外，出席重要活动时事先也应刮一次。洗脸时，一定要养成正确的习惯，清除附在面部的污垢、汗渍等。

洗脸的正确顺序是：从多油垢的“T”区（即额头与鼻间的部分）洗起，然后再洗面颊与眼部四周，最后是耳部、颈部及发际、眉骨等部位。为了使自己的容貌保持青春活力，要特别注意皮肤的保养。女士化妆时要懂得修饰避人的原则。所谓修饰避人的原则，主要指人们在对自己的仪容进行整理、修饰时，务必要自觉回避其他人，不要让他人旁观自己对仪容所进行的整理与修饰。不应在外人面前，尤其是男士面前化妆，因为这样既不庄重，也不雅观。秘书的化妆既不能艳俗，也不能过于精雕细琢，宜上淡妆。如果让人们的注意力过于集中于你的脸部而忽略了你的工作，那就说明你的化妆过分了。

（3）颈部。颈部是最容易显现一个人年龄的部位，因此应该注意每天对颈部的保养。每天抹润肤霜时不要忘掉颈部，动作应轻柔。另外，平时应经常活动颈部，这样既可防病，又可起到美颈的作用。

（4）手部。秘书部门是“窗口部门”，当秘书人员与人交往、执行公务、打电话、就餐时，对方都会看见秘书人员的手，形成一种印象，所以在考虑整体修饰时，不应忽视手、手指和指甲之美。手的清洁与否能反映出一个人的修养与卫生习惯，要随时清洗自己的手，注意修剪与洗刷指甲，不得留长指甲。对秘书人员来说，蓄长指甲，既不利于健康，缺乏时代美，也与秘书身份及工作环境不相适应。女性秘书还应注意不可把指甲涂得大红大紫，那样会使人觉得俗不可耐。

2.1.2 秘书仪态

仪态是指人的举止行为，具体表现为人在行为中的姿态和风度。洒脱的风度、优雅的举止，常被人们羡慕和称赞，最能给人们留下深刻印象。现实生活中，往往可以从一个人的仪态来判断他的品格、学识、能力和其他方面的修养程度。另外，人们在交往过程中，感情的流露与交流往往借助于人体的各种姿态，这就是我们通常所说的“体态语言”。它作为一种无声的“语言”，在生活中被广泛地运用。在秘书工作中，它也具有特殊的意义和重要的作用。一般来说，仪态包括日常生活中的动作，也包括工作中的举止，如站姿、坐姿、走姿以及个人的气质、风度等。

1. 站姿

站姿最容易表现人的姿势特征。正确站姿的基本要领是腰直、挺胸、收腹、收臀。正确的站立姿势应该是头要正，有向上顶的感觉；目光平视前方，嘴微闭，面带微笑；下颌微收；梗颈；肩要平且放松，并微向后展；双臂自然下垂，放在体侧，五指并拢，自然微屈，或双手在体前相握，右手放在左手上，置于腹前；挺胸收腹，立腰，夹臀；两腿挺直，双膝并拢，脚跟靠紧，脚尖外展45°～60°，呈“V”字形；身体重心在两脚中间。

站姿中的不良表现是：站立时，东倒西歪，无精打采，懒散地倚靠在墙上、桌子上，低着头，歪着脖子，含胸，耸肩驼背；将身体的重心明显地移到一侧，只用一条腿支撑着身体；下意识地做小动作，如腿不由自主地抖动，用手摆弄头发、手帕、打火机等；在正式场合，将手插在裤袋里面，双手交叉抱在胸前，或是双手叉腰。以上姿态均应避免在人前出现。

此外，男子双脚并立时，注意双脚之间距离不可过大，不要一站三道弯，挺腹翘臀；女士站立时尤其要注意不要让臀部撅起。

2. 坐姿

坐姿是秘书活动中最重要的人体姿势，是身姿体态的重要内容，它能表现出美与丑、优雅与粗俗等不同的内容。端庄、优美的坐姿能给人以文雅、稳重、自然大方的美感。

以规范的坐姿入座时，走到座位前，转身背朝座位，后退半步轻稳坐下。女士穿裙装入座时，应用手将裙子后摆稍稍拢一下，再慢慢坐下。坐时脖子梗直，下颌微收，双肩微向后展，放松，下垂，胸部挺起，立腰，上半身自然挺直，背部成一平面，身体重心垂直向下，两腿并拢，两脚跟靠紧。男士双脚可略微分开，但不要超过肩宽，大小腿呈直角。女士双腿可正放也可侧放，侧放时双脚并拢或交叠。两臂自然弯曲，双手放在膝上，也可放在椅子或沙发扶手上，掌心向下。起立时右脚向后收半步，然后站起，动作要轻。

坐姿的注意事项：入座时，注意动作要轻盈舒缓，从容自若。落座时声音要轻，不要猛然蹲坐，以免给人一种缺乏修养或赌气之感。落座后要保持上身平直，不要耷拉肩膀，含胸驼背，给人以委靡不振的印象。不要半躺、半坐、跷着二郎腿，给人以放肆、无修养的感觉。也不要像立正一样僵硬，那样给人过度紧张、拘谨的感觉。不要把脚跨在椅子或沙发扶手上，或架在茶几上，也不要两腿笔直向前伸、两膝分得太开等。另外，入座时，不要把椅子或沙发坐满，但也不应只坐在边沿上，最多坐满椅子的 2/3，坐满沙发的 1/2 或 1/3 即可。总之，坐姿要求端庄大方，舒适自然。

3. 走姿

走姿具有动态美，最能体现一个人的精神面貌。每个人都有表现自身个性的步态。有的人步伐矫健，动作敏捷，给人以健壮、活泼、精神抖擞之感；有的人步履轻盈，体态端庄，使人感到斯文、优美而庄重。美好的步态，能反映出一个人良好的个性和精神状态，展现出积极向上的精神面貌。

（1）走姿的要求：

- 上体正直，不低头，两眼平视，面带笑容。
- 两臂前后自然摆动，摆幅以 30°～35°为宜。
- 肩部放松，重心可稍向前，这有利于挺胸收腹，身体重心在脚掌前部。
- 行走的轨迹应是一条直线，脚尖指向前进方向，双脚内侧应落在一条直线上。
- 步幅要均匀（步幅指行进时两脚之间的距离，一般标准是前脚的脚跟与后脚尖相距为一脚长。男士步幅约在 40 厘米，女士则为 30 厘米左右），不宜太大；步态要轻盈。要做到这些，膝盖、脚踝都要富于弹性，行走时要有节奏感。

（2）错误的走姿：

- 双眼左顾右盼。工作时间不是游景购物，要精神集中，不可左顾右盼，摇头晃脑。
- 低头驼背含胸。那样会让人觉得你没有精神，没有气质。
- 走路内八字或外八字脚，一走一摇摆，显得不利落。这种走法不仅不雅观，而且走路时间长了会很累。
- 多人一起行走时，横排并走，勾肩搭背，边走边说笑，这些都是不良的表现。

有急事要超过前面的行人，不要跑步，可以大步超过，并转身向被超越者致歉。在狭窄的通道行走，遇到上司、长者、贵宾、女士等，应主动站立一旁，以手示意，让其先行。上楼梯时，不可弯腰弓背，手撑大腿，一步三级。

4. 气质

气质是一个人的风度和素质的表现，它是一个复杂的“化合物”。构成气质的因素多种多样，既有与生俱来的容貌、体质、血型等遗传因素，也有后天养成的文化素养、审美情趣、价值观念和心理机制。我们在日常生活中欣赏和喜欢一个人，实际上就是被对方的气质所吸引，无条件地接受了对方。所以说，有气质的人一定是有魅力的人。气质可以慢慢培养，家庭环境、所受教育、朋友交往、文化熏陶都是十分有效的手段。尤其是文化熏陶最重要，所有文化类的接触都会使你温文尔雅，气度不凡。有空多与气质优雅的人接触交往，通过潜移默化，自己也会越来越优雅成熟，气质独特，品位高尚。气质的培养，心态最重要。如果心态浮躁、疲于奔命，恐怕无法改变气质，因为气质一定是在宽松的环境里才会产生的。

古希腊医生希波克拉底将人的气质概括为胆汁质、多血质、黏液质、抑郁质四种类型。不同气质类型的人具有不同的心理特征。不同气质类型的人，对待同一件事情的态度和处理方法可能完全相反，产生的效果自然有所不同。但往往一个人可能是几种气质兼而有之，只不过某种气质占主导地位，更为突出，而其他气质处于从属地位而已。在秘书活动中，不同气质类型的秘书具有不同的特征，应从提高效率，做好工作出发，予以认真研究和合理安排。例如：

- 胆汁质的秘书热情、认真、果断，但感情容易冲动，影响工作的开展。
- 多血质的秘书主动灵活，交际能力强，但缺乏持续性，兴趣易转移，安排重要任务时不能不考虑到这一点。
- 黏液质的秘书遇事沉着冷静，长于实干，稳定性强，但往往反应较慢，动作迟缓。
- 抑郁质的秘书敏感细心，一丝不苟，但性情孤僻，优柔寡断。

这些不同气质对秘书活动各有优劣。无论哪种类型的秘书人员，只要品德高尚，意志力强，都能通过不断加强修养而成为合格的秘书工作者。秘书人员加强气质修养的主要途径有：

- 学会自我控制。秘书人员应清楚自己气质的优劣，要按照工作要求进行有目的的调节和改造，努力使自己的气质符合秘书活动的要求。
- 接受职业影响。秘书人员的气质多数为后天的社会生活所造就，特别是受职业环境的影响较大。如让外向型气质的秘书去做文字、档案方面的工作，内向型气质的秘书做接待联络工作，这些都会影响到其气质的发展。因此秘书人员要在工作实践中，锻炼和培养适应工作需要的个人气质。
- 行为需要反向。秘书人员要有意识地寻找与自己气质相反的工作，有目的地改造自己的气质。如胆汁质的秘书要克服急躁鲁莽的缺点，就应多做些誊写文稿、立卷编目、习练书法等细致的工作；黏液质的秘书要克服反应迟缓的缺点，就应多做些实地调查、对外联络等要求动作敏捷的工作。这样持之以恒，定会收到较好的效果。

5. 风度

风度是美姿的展示，也是气质的显现，是人们在社会生活中逐渐形成的。它包括优美的人体形态、言谈、举止、服饰打扮等方面的综合内容。高雅的风度与一个人的文明程度、受教育程度及修养程度有着密切的关系。

内在美是高雅风度的核心，只有通过丰富的内涵才能实现真正的美。内在美指人们的心灵之美，是一个人思想、精神、情操、品格和道德之美。风度可以将某些内在美折射出来，使人们的内在修养通过言谈举止、服饰、态度和作风等形式自然流露出来。因此，高雅的风度是形式和内容的统一，其中内容起决定作用。高雅风度又是自身不断提高修养的结果。美丽的仪容、俏丽的身材可以靠天赋，即使仪表不够完美，也可以靠化妆、美容、服饰等方式进行弥补。而风度却不是天生所固有的，也不能随主观愿望而产生。优雅的风度需要靠思想修养、道德修养、作风修养以及审美修养的积淀，靠长期不懈地充实自己、磨炼自己才能实现。因此，要想成为一个风度翩翩、举止优雅的秘书人员，必须不断地在知识的海洋中汲取养分，提高自己的修养水平，时时刻刻注意自己的仪表风度、言谈举止，留给他人一个美好印象，使自己具备高尚的精神面貌和高雅的审美情趣。

2.1.3 秘书服饰

1. 服饰的含义

秘书人员的形象代表着组织的形象。因此，塑造一个恰如其分的职业形象，不仅能给人留下好感，而且有助于开展工作。

服饰是人的形体的外延，包括衣、裤、裙、帽、袜、鞋、手套等各类饰物，它们起着遮体御寒、美化人体的作用。在人际交往中，人们的着装在一定程度上反映着一个人的个性、爱好、职业、文化素养和审美趣味，同时还体现着民族的习俗和社会的风尚。正因如此，人们通常认为服饰是传递思想、情感的“非语言信息”。

在日常生活中，服饰打扮要考虑个人的年龄、身份、气质、性格、肤色以及化妆和穿着场合等因素，这样服饰打扮才能得体、和谐。

2. 服饰选择的基本原则

(1) TPO原则。这是选择服饰的最基本原则。T表示时间（time），P表示地点（place），O表示目的（object）。TPO原则的基本含义是人们在着装、化妆和佩戴首饰时，要兼顾时间、地点和目的，三者必须协调一致。

- 与时间相适应。通常有三重意思：

✻ 服饰与时代变化相适应。服装的变化一向都是同时代的进步相一致的。不同时代，服装的总体风格有所不同。人们应顺应不同时代的潮流，选择与之相适应并协调的服装。

✻ 服饰与四季变化相适应。着装的最重要功能之一，就是为了消暑御寒，因此着装应随着一年四季的变化而更替变换。假如在飞雪的冬季，穿一件质地非常薄的连衣裙，这显然很不合适。

✻ 服饰与早、中、晚变化同步。早晨进行锻炼可穿活动方便的运动服，中午在家里或宿舍里用餐，可以脱去正装，穿上轻松自在的休闲服，晚上欣赏电视节目或准备休息时，则可换上舒适惬意的睡衣。秘书人员上班时间着装必须与工作场合相适应，以体现出敬业精神。

● 与地点相适应。穿着应考虑该国家、该地区所处的地理位置、自然条件乃至国家的开放程度，也就是与所处的环境相适应，使服饰打扮具有一种“现场感”。绝不能我行我素，自以为是，使自己的着装同自己所处的环境格格不入，反差过大。比如，穿网球裙去办公室上班，就是违反这一原则的。

● 与目的相适应。秘书人员的服饰打扮应根据自己所办事务的目的而有所变化。着装时要考虑是为了工作还是为了休闲，是为了祝贺还是慰问、志哀，是为了引人注目还是不被注意。上班时穿的服装一定要整洁、大方、高雅，不要过分引人注目，尤其不宜穿暴露过多的服装；观看演出、参加舞会等，服饰打扮就要时髦一些，而在家休息、上街购物、观光游览时，服装要既舒适又得体。人们的着装可以分为社交装、上班装和便装等几种类型。上班装要恪守传统，社交装要追求新颖，便装则要舒适，三者各成一体，不可混淆。

某国总统出访欧洲，在当时引起轰动的竟是他在正式场合露面时所穿的一身格呢便服。这是因为按照惯例，作为一国代表的总统，在正式的外交场合只能穿深色西服或本国传统的正式服装，绝不能穿这套度假或打猎时穿着的服装。于是媒体纷纷指责这位总统不严肃，缺乏一国总统应具有的礼仪。

（2）因人而异原则。所谓因人而异原则，就是指一个人的服饰打扮要和他的年龄、形体、职业相吻合，表现出一种和谐的美感。

● 要与年龄相吻合。服饰打扮一定要考虑自己的年龄，不同年龄的人有不同的穿着要求。年轻人可以穿得鲜艳、活泼、随意些，以展现年轻人的朝气和蓬勃向上的活力。中老年人的着装则要注意庄重、整洁，服饰质地要考究一些，以体现中老年人的成熟风韵。

● 要与体型相吻合。中国人的体型有标准型、高大型、高瘦型、矮胖型、瘦小型等几大类型。人的体型难求十全十美，对于体型不够完美者，只要讲究穿着搭配，就可以起到扬长避短的作用。体型矮胖者，宜穿竖条纹或深色套装，从而产生延伸感和收拢的效果，看上去体型有所改善。身材矮瘦或矮胖的人，穿衣时要注意不可将衬衣下摆束在裤子里，避免给人把身段分为两截的感觉，不宜穿大花图案或宽格条纹的服装，最好选用浅色的套装，上衣应略短些，给人以身体修长的感觉。

● 要与职业身份相吻合。不同职业有不同的穿着要求。一般教师、职业女性的着装要庄重、雅致，不可打扮得过于妖冶，款式也不宜过于新潮；文艺工作者的着装则可时尚、浪漫些；公关人员的着装则要优雅、考究、大方；商界人士和企业主管的着装要追求干练、稳重、略带保守。

● 要与肤色相吻合。着装时切勿忽视自己的肤色。中国人大多属黄种人，黄皮肤，黑头发，黑眼睛。但具体到个人来说又有所不同，大致可分为白净、偏黑、略黄和苍白等几种。不同肤色的人对服装色彩有不同的要求。肤色白净者，白中透粉，适合穿各色服装。肤色偏黑者，忌穿深色服装，以免肤色显得更加深暗。肤色略黄或苍白者，则宜穿浅色服装。肤色与服装色彩不相协调，会弄巧成拙。

（3）整体性和整洁性原则。服饰整体美的构成因素是多方面的，要通过服装的色彩、款式、质料的选择搭配和装束的匹配来塑造个体形象。着装的整体协调，首先是服装本身在色彩、图案、款式、质料和风格上要统一和谐。其次，服装的饰品，如帽子、围巾、手套、鞋袜、皮包等装束都应力求在色彩、风格、款式、图案、质料、质感等方面和服装相匹配，构成一种整体美。美在于和谐。将单个美的东西杂乱无章地组合起来，并无美感，但只要将各种相互协调的服饰在一个"主题思想"之下相互搭配，形成一种合乎规律的秩序，就能使它们相得益彰。

服装的整洁与整齐也十分重要，整洁是最美的修饰，代表着振奋、积极向上的精神状态。只要服装保持清洁，并熨烫平整，看起来就衣冠楚楚。日本早稻田大学商学系高濑体文教授在给学生上"气质"课时就曾说："以前学生所穿的衣服，领上有硬塑胶垫，而且又脏又皱，还戴着破帽子。每当我看见学生服装不整或胡子长了，总是盼着他们下回要弄干净。因为不注重外表，不但惹人讨厌，而且一定生活混乱、精神不振。"可见服装整洁与整齐多么重要。

3. 着装技巧

（1）着装要注意色彩及搭配。服装色彩是服装观感的第一印象，它有极强的吸引力，若想让其在着装上得到淋漓尽致的发挥，必须充分了解色彩的特性。恰到好处地运用色彩的观感，不但可以修正、掩饰身材的不足，而且能强调突出你的优点。

● 色彩含义。色彩就是颜色，可分为无色系和有色系两种，其色调可分为暖色调、冷色调和中性色调。红、黄和橙色称为暖色，暖色最易引起人的视觉兴奋，给人以温暖、亲切、热情、艳丽的感觉；绿、蓝和紫色称为冷色，冷色给人以清静、安宁、寒冷感；白、灰和黑色是介于冷色与暖色之间的中间色。每个色彩都有它自己的语言，不同的色彩在人们心理上产生的联想，能表达一定的象征意义，色彩学上叫做"色彩语言"或"色彩性格"。找到适合自己的色彩不仅能突出自身的优点，还可以充分表达自己的个性风格。

- 红色：欢乐、热情、勇敢、爱情、健康、野蛮
- 橙色：温暖、华丽、未来、友爱、豪爽、积极
- 黄色：华贵、明快、忠诚、希望、喜悦、光明
- 绿色：公平、自然、和平、幸福、理智、幼稚
- 蓝色：自信、永恒、真理、淡雅、沉默、冷静
- 紫色：权威、尊敬、高贵、优雅、信仰、冷艳
- 黑色：神秘、寂寞、黑暗、深沉、严肃、庄重
- 白色：纯净、圣洁、坦荡、明快、冷酷、悲观
- 灰色：平静、淳朴、谦逊、平凡、失意、沉闷

以上只是粗略列举了几种常见颜色所表示的象征意义。当然，这不是绝对的，世界上不同的国家、地区、民族、宗教信仰、风俗习惯以及不同的时代、不同的阶层、不同的人在不同的场合，对色彩的理解和反应都不一样。因此，必须根据个人的文化背景和具体情况选择服装颜色。

● 色彩搭配。服装的色彩搭配是一门学问和技能。色彩搭配得当，就会和谐得体，反之，则会给人以不悦之感。服装搭配比较有效的几种方法有：

统一法：即协调色搭配。使用同一色系，根据其明暗、深浅不同来搭配，造成一种柔和文静的美感。如天蓝色衬衫配深蓝色或藏青色裤子。

对比法：即对比色搭配。这种搭配又可细分为两类：

✻ 强烈色配合：指两个相隔较远的颜色相配，醒目亮眼，如：黄色与紫色，红色与青绿色，这种配色比较强烈。在进行服饰色彩搭配时应先衡量一下，你是为了突出哪个部分的衣饰。不要把沉着色彩（深褐色、深紫色）与黑色搭配，这样会和黑色呈现“抢色”的后果，令整套服装没有重点，而且服装的整体表现也会显得沉重、昏暗无色。

✻ 补色配合：指两个相对的颜色相配，形成鲜明对比，如红与绿，青与橙，黑与白等，补色相配能形成鲜明的对比，有时会收到较好的效果。黑白搭配是永远的经典。

调和法：即近似色相配，指两个比较接近的颜色相配，如红色与橙红或紫红相配，黄色与草绿色或橙黄色相配等。

不是每个人穿绿色都能穿得好看的，绿色和嫩黄搭配，给人一种很春天的感觉，整体感觉非常素雅，娴静淑女味道不经意间流露出来。

这里还要注意纯度和明度。色彩的冷暖感与色彩的纯度和明度有关。一般而言，色彩浅者明度高，色彩深者明度低。色彩纯度，指色彩纯正的程度，红、橙、黄、绿、紫是标准纯色。纯度低的颜色更容易与其他颜色相互协调，这使得人与人之间增加了和谐亲切之感，从而有助于形成协同合作的格局。另外，可以利用低纯度色彩易于搭配的特点，将有限的衣物搭配出丰富的组合。同时，低纯度给人以谦逊、宽容、成熟感，借用这种色彩语言，职业女性更易受到他人的重视和信赖。

色彩搭配合适，就会产生统一和谐的美感。色彩中有三种颜色，即黑、白、灰，它们几乎可以与任何颜色搭配。

（2）着装要注意质料。服装的质料要注意正式礼仪着装和日常着装的区别。正式的礼仪服装宜选择高档的天然纤维面料。因为毛、丝、麻等面料流行寿命很长，服装一般不会因面料的过时被淘汰，且这些面料看起来挺括、高雅、气派，能产生很好的着装效果。日常服装，由于款式更新快，宜选择中低档棉布面料和易洗、易干的化学纤维面料。

（3）着装礼仪。重要场合的活动，组织者在请柬上有时会专门注有着装要求，参加者就应按规定着装。如组织者没有规定具体的着装，参加者也应穿着较正式的服装。

● 男士穿西装的礼仪。在穿西装之前，务必要将位于上衣左袖袖口之上的商标、纯羊毛标志等，先行拆除。西装的上衣衣扣有一定的系法：如是双排扣西装，上衣的纽扣应当全部系上；如是单排两粒扣西装，应当只系上面的一粒纽扣；如是单排三粒扣西装，应当将上面的两粒扣上，或单系中间的那粒衣扣。穿西装背心时最下面的那粒衣扣，一般可以不扣。穿西装时，里面最好不要穿毛衣，非穿不可时，只允许穿一件单色薄型的“V”型领羊毛衫。西装里面的长袖衬衫，袖口应当比西装袖口长出1.5厘米左右。切记不能穿上衣时不扣衬衫的袖口，或将袖管挽起来。衬衫的下摆要束在裤腰之内。在正式场合穿西装时，一定要打领带。休闲时穿单件西服上装可以不打领带，内穿的衬衫领口则应当不扣。

● 女士穿西装套裙的礼仪。西装套裙是深受女性喜爱的服装之一，更是职业女性着装的最佳选择。女性穿着西装套裙，可使其显得精神，不仅会使着装者显得精明、干练、洒脱和成熟，还能烘托出女性独具的优雅、文静、娇媚的韵味。

一套正规的西装套裙是由女式西装上衣和同色同料的西装裙组合而成的。其形式基本上可分为两种：一种是两件套，即由上装与一条半截裙构成；另一种是三件套，即在两件套的基础上，加上一件背心。在日常生活中，两件套西装套裙是最为常见的形式。

正统的西装套裙所选用的面料应是质地上乘的薄花呢、人字呢、法兰绒等纯毛料，或者选用丝绸、亚麻、府绸、麻纱、毛涤等面料，但要注意面料的匀称、平整、滑润、光洁、丰厚、柔软、挺括，其弹性一定要好，且不起皱。西装套裙的色彩选择应注意两个方面：

- 力求色调淡雅、清晰、庄重，不宜选择过于鲜亮、刺眼的色彩。
- 标准的西装套裙的色彩，应注意与穿着者所处的环境相协调，应能体现穿着者的端庄与稳重。

如何使穿着者既显示出美丽动人的风采，又体现出穿着者的品位，应注意的问题主要有以下几点：

- 穿着西装套裙要合身得体，不能过大或过小。
- 衣扣要到位，必须按规矩将上衣的扣子全部扣好。
- 内衣不可外观，必须内穿一件款式及领口适宜、不透明的衬衫，内衣的领口一定要内隐在衬衫的领口内。
- 不可自由搭配，标准的西装套裙应是西装上衣与半截裙的搭配组合，而不能与牛仔裤、健美裤、裤裙等搭配。
- 注意配穿衬裙，特别是在穿薄型面料或浅色面料的西装套裙时，一定要注意内穿一条衬裙。
- 要讲究鞋袜搭配，在正式场合穿着西装套裙，宜穿黑色或白色无袢的高跟或半高跟的皮鞋，并配以肉色的丝袜。

2.2 秘书交际礼仪

2.2.1 秘书交际礼仪原则

秘书交际礼仪的基本原则，是指在做交际工作时，在心理上要真诚地尊重人、关心人、体贴人、理解人、善待人。

1. 自尊与尊人的原则

自尊与尊人讲的都是尊重，是一个问题的两个方面。自尊指的是对自我的尊重，是一个人对待自身的态度，是自我意识的表现。一个人能够自己尊重自己，接纳自己，保持自己的人格和尊严，就叫做自尊。尊人讲的是对待他人的态度，这种态度要求承认和重视他人的人格、感情、爱好、习惯以及应享有的权利。尊重他人表现在社交场合要注意三点：一是给他人充分表现的机会；二是对他人表现出最大的热情；三是给对方留有余地。自尊和尊人的原则是礼仪的基本原则，在人际交往中，自己首先要尊重对方，只有这样才能得到对方的尊重。尊重是礼仪的情感基础，人们只有相互尊重，才能保持和谐的人际关系，形成良好的社会风气。

2. 内在美与外在美的原则

内在美主要指一个人内心世界的美好。它是一个人外在美的基础和源泉，是一个人道德修养、文化素养、思想境界等多重内容的综合体。

行为心表，言为心声。外在美是内在美的自然流露。外在美如不与崇高的道德准则相联系，便不能实现尊重他人与被人尊重的目的。只有有道德、有修养、有文化的人，才能知书达理，懂得尊重他人，尊重自己，遵守并维护社会公德，成为一个知礼的人。交际礼仪是表现人的美德的一种具体形式，它使美好的心灵与美的仪表形成一个有机整体，使人们在交际活动中能够充分展现出自己的风采。

3. 自信大方与适应环境的原则

在交际活动中，人们的言谈举止必须自信大方。自信大方可以使人在复杂多变的环境中，始终保持积极主动的心态，镇定自若，处变不惊。

自信大方进一步的表现就是适应环境，环境变化却能处变不惊。但死守老规矩，以不变应万变，却又不是每行必果的。人们还应适应环境的变化，甚至要入乡随俗。在人际交往中，存在着“十里不同风，百里不同俗”的客观现实。必要时，必须坚持入乡随俗的原则，切勿目中无人，自以为是，否定其他人的习惯性做法。坚持自信大方与适应环境的原则，可以使人们在交往中更加得心应手。

4. 言行适度与明确交往目的的原则

言行适度要求人们在交往中，为了保证取得交往效果，必须注意技巧，合乎规范，特别要注意把握分寸，言行得体。在交往前，首先考虑交往目的何在，然后根据交往目的，针对不同场合、不同对象，正确地表达自己的敬人之意。传统的“礼多人不怪”的观点在当今社会里已经失去了它存在的市场。

言行适度与明确交往目的的原则，就是要求人们既要彬彬有礼，又要不卑不亢；既要亲切和气，又不要虚情假意，轻浮奢谈。

2.2.2 秘书礼仪的内容

1. 秘书交际常用的礼貌用语

交际的目的是通过传递尊重、友善的信息，给人以信任感，进而让对方接受自己的观点，使双方在相互理解的和谐过程中实现交往的目的。

交往中使用礼貌用语，是人类文明的一种表现，它表示对人的尊重，能使对方感到亲切、愉快。秘书人员在日常交往中恰当运用礼貌用语，能给人以文明、有修养的印象，有利于双方心理上的接近与和谐。

（1）问候语。彼此见面，应根据双方关系，正确地使用问候语。问候语一般不强调具体内容，只表示一种礼貌。最常见的如：“你（您）好!”“你（您）早!”“早上好!”

“上午好!”“晚安!”等。不论何种场合，问候时一定要表情自然、亲切、和蔼，面带微笑。

（2）感谢语。感谢语通常表示感激对方的帮助。当别人给自己或组织提供了帮助或方便，当我们接受了别人的款待或馈赠时，都应该礼貌地表示感谢。常用的感谢语有：“谢谢!”“多谢!”“十分感谢!”“麻烦您了!”“非常感谢!”“有劳您了!”“让您费心了!”等。请注意，当拒绝对方帮助或馈赠时，也应礼貌地说：“不，谢谢。”在使用感谢语时，可以说明感谢的具体原因，如：“您送我的花真好看，太谢谢了!”“谢谢您对我的关心。”在下面几种情况下，必须向他人表示感谢。

- 当有人邀你一同就餐时。
- 当有人给你让座时。
- 当有人向你敬茶时。
- 当有人为你捡起掉落的物品时。
- 当有人送你礼物时。

（3）道歉语。在不经意间打扰了别人，影响了别人，或给别人造成麻烦以至伤害时，都应主动使用道歉语表示道歉。常用的道歉语有：“对不起”，“请原谅”，“打扰了”，“很抱歉”，“实在对不起”等。自己失礼、失陪、失约、失手更应主动表示道歉，必要时还可采用一些其他方式代替，如送去小礼物或一束花，写一封致歉信等。道歉本身表现出道歉者懂礼知礼、襟怀坦白的态度，因此一定要善于在人际交往中使用道歉语，不要羞于启齿。

（4）征询语。当请人帮忙时，可以说“劳驾……”；求人解答时可说“请问……”。即便自己想帮助他人，也应使用征询语。这样做，既热情，又有礼貌。如：“您有什么事需要我帮忙吗?”“请问我这样做你不介意吧?”“您看这样好不好?”等。

（5）应答语。不同的应答语表现在不同的语境中，或者表示回答对方的谢意，如“不必客气”；或者回答对方的歉意，如“没关系，这是我应该做的。”或者回答对方的要求，如“好的，就这样吧!”等。礼貌的应答语对方听后会深感愉快。

（6）慰问语。慰问语能够表现出说话方对被慰问者的关心和发自内心的善意。在人际交往中，它也是不可缺少的。如“您辛苦了!”“让您受累了!”“太麻烦您了!”等，这些语言不仅让人感到温暖、亲切，而且还会赢得被慰问者的信任与好感。

（7）“请”字的运用。如“请进!”“请您帮个忙”“请问您……”“请您稍等”等等，即使请人一起吃饭，也应说：“请您同我共进晚餐好吗?”在向别人提出比较重大的请求时，更要使用“请”字，但要把握好时机。可见“请”字的运用是人们交谈时不容忽视的。它既可表示谦虚、尊重之意，也可表示委婉语气，更可使语言有礼、不生硬，功能实在很大。

2. 交谈礼仪

谈话是人们交流感情、增进了解的主要方式。中国人讲究“听其言，观其行”，把谈话作为考察人品的一个重要标准。因此，秘书人员都应该掌握谈话的艺术。

交谈礼仪是指秘书人员进行各种形式的交谈所应遵循的规范。越是正式场合，就越应遵守交谈礼节。下面重点介绍直接面对面交谈的礼仪。

（1）谈吐的仪态。在交谈中，每个人谈话的态度，都为其他在场的人所关注，通过观察，人们可以更准确地把握谈话者的心态、动机及其真实的想法。因此，谈话者一定要有意识地注意自己的谈吐仪态，尽可能地给别人留下好印象。具体来说，交谈时一定要保持饱满的精神和自然大方的表情，以及亲切诚恳的态度。交谈者的目光应平视，举止、体态合乎基本的礼仪规范。谈话时，尽量使用有声语言来表达，不要过分夸张地使用体态动作，如指手画脚、眉飞色舞地形容某件事。谈到一时想不起来的事情时，不要过分地表现出紧张的神态。失口、失态都是不礼貌的表现。

（2）话题的选择。所谓话题就是谈话的中心。交谈的话题是人们进行交谈的钥匙，有了这把钥匙，谈话的大门才能打开。有人觉得谈论深奥的话题才会受人尊敬，只有不平常的事情才值得交谈，因此在有些场合总感到无话可说，实际上交往中有许多话题是可谈的。

● 选择交谈者喜闻乐道的话题。比如集邮、足球、天气状况、风土人情等。也可从询问对方籍贯入手，进而就自己所知，引导对方谈论家乡的风光与特产。要强调的是，每个人的文化修养和志趣爱好不尽相同，同外国人交谈时尤其要注意这一点。

有一位中国记者要采访时任国际奥委会主席的萨马兰奇，但萨翁公务繁忙，来去匆匆。于是记者就见缝插针，抓住机会就与他神侃一通，侃的就是他酷爱的集邮。一番神聊之后，记者的专访也就同时完成了。这次成功的交谈在于选准了谈话的话题。

● 选择双方都熟悉的话题。与人接触交往，如能找到双方都熟悉的话题，就等于找到了共同的语言，将大大有助于彼此间的理解和沟通。如果别人主动谈起自己不熟悉的话题，应洗耳恭听，认真请教，千万不要不懂装懂，更不要主动同别人谈论自己一知半解的话题。不然，非但不能给自己带来任何好处，反而会损害自己的形象。

● 回避他人忌讳的话题。有些话题是不宜交谈的话题，即禁忌话题。如果不顾这些禁忌而执意交谈，必然给交谈和交际增添麻烦和周折。

- 个人的私生活问题不宜交谈。按照国际惯例，人的年龄、婚姻状况、履历、收入、家庭住址，以及其他方面的家庭情况都属于个人隐私，交谈时，一般不宜主动触及这些话题。
- 令人不快的事情不宜交谈。衰老和死亡、惨案与丑闻、色情之类的话题不宜触及。平时与人交谈，一般不宜涉及疾病、死亡等事情。在喜庆场合，更应避免不吉祥的词语。虽然人们知道，生老病死是不可抗拒的自然规律，但从感情上说，仍然忌讳说“死”。
- 涉及他人长短的话题不宜交谈。有关他人的小道消息、家庭成员的矛盾冲突、单位的人际关系、女士的美丑与胖瘦、他人的服饰与发型等涉及他人长短的话题，一般不宜交谈。在交谈中，如果无意触及了这类话题，应立即转移话题，必要时，应向他人表示歉意。

（3）说话的艺术。交谈就是互相交换说话，而不是一方空发议论。因此，言者一定要顾及听者的反应及态度，努力做到：

- 谈话之初要有必要的寒暄。双方一见面，先适当寒暄几句是十分必要的。如果是熟人亲友，交谈时可先谈谈分别后的一些情况，然后再转入正题。如果是初次见面，则一定要先各自简单介绍一番，待气氛融洽后，再“言归正传”。若一见面便开门见山，则未免显得唐突。
- 要注意态度真诚。真诚是人与人之间交流的“法宝”。真诚相见，坦率谈话，不仅能使对方倍感亲切、自然，而且易于接受你的观点和看法。所以，说话时一定要注意不装腔作势，言不由衷。
- 要注意语言精练。言者不一定谈笑风生，但表达一定要精练准确，合乎逻辑，所使用的语言应当平易通俗，清晰简洁。
- 要注意言辞有礼。有些人在交往中有不好的习惯，或喋喋不休，或尖酸刻薄，或一言不发，或漫不经心。殊不知，交谈的双方通过交谈，可反映出一个人的身份、修养和所受教育的程度。虽然各种职业、各个阶层的人各有其说话的特色和格调，但就礼仪而言，至少粗鲁、肮脏的语言以及不文明的举止应避免。要尽可能地克服一些不良习惯，尤其是年轻人要避免“行话”“隐语”等语言。说话者要使自己的语气和蔼可亲，还应尽量做到：说话时使用低声，速度适中，语调柔和，抑扬顿挫，并辅之以体态。

（4）聆听的艺术。交谈中的听者，应该懂得聆听的艺术。所谓聆听的艺术就是在听取对方谈话时，能使对方情绪兴奋，产生亲切、舒畅和愉快的心理反应。

当别人阐述自己的意见时，作为听者要与说话人交流目光，适当地点头或做一些手势，表示自己在注意倾听，不时地使用“哦”“嗯”“太好了！”之类的语气词，以引起对方继续谈话的兴致。也可以通过一些简短的插话或提问，暗示对方自己确实对他的话感兴趣，以引出自己关心的话题。当然，如果自己对对方的话不感兴趣，且十分厌烦，那就应该设法巧妙地转变话题，但不要粗鲁地打断对方的谈话，使谈话夭折。

通过聆听，一方面可以得到必要的信息，另一方面使对方感到受到了重视。正确的做法应该是：

- 全神贯注，认真聆听。
- 态度积极，适时呼应。
- 表现亲切，自然应答。

另外，在聆听别人谈话时，要克服一些不良的动作和姿态，如不时用手理头发，清牙齿，玩弄身边的东西，看手表，伸懒腰，左顾右盼等，这些都是不礼貌的表现。

3. 见面礼节

（1）致意。致意是用语言或行为向别人表示敬意或表达自己问候之意的礼节。它是人们社交应酬中最简单、最常用的礼节。在路上、车上或其他公共场合遇到熟人，应主动与对方打招呼，所以，致意又被称为打招呼。致意有多种方法。

- 一般性致意。双方近距离相遇，又无须深谈，可以驻足稍作寒暄，问声“你好”即可。回答也相当简单，甚至可以含糊其辞。
- 点头致意。双方距离稍近，无须停步寒暄，则应行一个点头礼，这叫点头致意。点头致意时，应目视对方，微微点一点头即可。在同一场合，双方多次相遇，也可以用点头致意打个招呼即可。在舞会上或其他社交场合与不相识的人近距离相遇，都可以用点头致意打招呼，表示礼貌。

- 招手致意。双方距离较远，或不便寒暄、点头的，可以行招手礼，这叫招手致意（或挥手致意）。招手致意时，应举起右臂，右手心朝向对方，轻摇几下，同时注目微笑。迎接客人，见到熟人，在握手前，为了表示热情也可先招一招手。告别、送行也常用招手致意，不过这时招手应当多招几下，甚至直到客人远去，也还可以挥动帽子、手套等表示深情致意。
- 微笑致意。双方在会议室等场所，不宜大声打招呼，可以相互微笑一下，叫做微笑致意。微笑致意时，应双目注视对方，面带微笑，不必交谈。
- 脱帽致意。有相识的人从身边走过，可脱去帽子，这叫脱帽致意。在现代，脱帽致意时，应用右手举帽，使它稍离头部，而后头稍向前倾致意。如果戴礼帽，可用右手拿着帽檐，将帽前缘稍向下倾致意即可。在过去，较正式场合的脱帽致意，应右手脱去帽子，放在与肩同高的位置，上半身稍向前倾，头略低，问候之后戴上帽子。
- 欠身致意。在正式社交场合，如舞会，有人为坐着的人做介绍时，坐着的人应当站起身来或欠身致意，并握手问好。当有人在正式的会议上做介绍时，被介绍者也应当欠身致意。欠身作为致意的一种方法，是向别人表示自谦的礼貌举止，相当于在向对方致敬。具体做法是：身体自然挺直，稍向前倾，但不一定低头，两眼仍可直视前方。欠身时，表情应当自然、和蔼、面带微笑。

致意的各种方法，常常需要根据情况综合使用。如微笑欠身致意、微笑招手致意等。致意的基本规则是：男士应当首先向女士致意，年轻者应首先向年长者致意，学生应当首先向老师致意，下级应当首先向上级致意。

（2）握手。握手是目前世界上大多数国家通行的礼节，是所有现代礼节形式中使用最多的一种。初次见面，握手作为认识的开始；久别重逢，握手则是问候的开始；告别、慰问、祝贺、感谢时都可握手致意。握手，对于秘书人员来说，也是社交场合最常用的一种礼节。握手礼看似简单，实则有许多讲究，必须掌握好，以免失礼。

● 握手的顺序。握手礼十分讲究顺序，它体现出对被握手者尊严、感情、爱好和意见的尊重。一般来说，男士、晚辈、学生、下级、客人见到女士、长辈、老师、上级、主人时，应先行问候，待后者伸出手来之后，再趋前握手。如果一个人需要同许多人握手，那么最有礼貌、符合礼节的顺序是：先女士后男士，先长辈后晚辈，先教师后学生，先上级后下级。在政务接待场合，握手的顺序应当是：按照行政职务由高到低的排列顺序，依次一一握手。如果女士不打算与向自己首先问候的人握手，可以欠身微笑致意，但不能视而不见或转身就走。平白无故地拒绝与他人友好而善意的握手不仅是失礼的，而且被看作是缺乏教养的。

● 握手的具体方式。握手的双方距离约一步远，右臂应自然向体前伸出，身体略微前倾，右手手掌伸直，掌侧与地面垂直，拇指与手掌分开，其余四指并拢，在与腰际同高的位置，与对方伸过来的手稍许一握。礼节性的握手，持续时间以3～5秒钟为宜。

● 握手的姿态。双方握手时需眼睛注视对方，面带微笑，自然大方，腰板挺直，头要微低一些。握手时，用力要自然，不要用力过重或过轻。与女士握手时，既要让她感到有力和温暖，又不能过分用力，要把握好分寸。握手时的动作，带有明确的文化象征意义。如昂首挺肚、掌心向下，表示傲慢；上身前倾、掌心向上，表示谦虚；伸出双手去捧接对方的一只手，则是谦恭备至了。特别要注意的是，与人握手的一刹那，必须和颜悦色地看着对方的眼睛。四目交换的几秒钟，已经告诉了对方，你很尊重他而且也很自信。千万不要一边握手一边斜视别处。握手时左顾右盼是最不礼貌的。另外，握手时不能一脚站在门内一脚站在门外，不可边握手边拍打对方的肩，不可蹦蹦跳跳地跑着握手。除非是年老体弱者或残疾人，否则，不要坐着与人握手。不过，如果两个人都是坐着，可以身体向前微趋握手，不用起立，有时为了表示更大的敬意，握手时还可以微微点头鞠躬。

- 握手时应注意的问题：

※ 握手时应用右手，不能用左手握手，也不能戴手套握手，但如在社交场合女士可戴薄纱手套或网眼手套握手。

※ 当别人伸手与你握手时，都是友好问候的表示，不能拒绝或随便应付，否则会挫伤对方的自尊心。

※ 握手时手要干净，不能伸出脏手，使对方难堪。另外，手上有汗的人，在握手前应先将手擦干，否则也会使对方感到很不舒服。

※ 握手时，注意不要交叉握手，可待别人握完再握。因为交叉握手，手臂恰好形成十字架形，在西方，传说交叉握手会招来不幸。

※ 与上级或长辈握手时，下级或晚辈为表示崇敬之情，可采用双手捧握的握手姿态。

※ 军人与对方握手时，应先行军礼，然后再握手。

4. 引见介绍的礼节

介绍是人与人之间相互认识的桥梁，是人们开始交往的第一步。在秘书的公务活动中，秘书人员不仅要善于进行自我介绍，还应较好地掌握介绍他人相识的技巧和方法。

（1）自我介绍。自我介绍是交际场合中常用的介绍方式。在许多人交谈或聚会的场合，如在一些公务场合，如果你要和一个不相识的人谈话，首先应该做自我介绍。

自我介绍时，态度要谦虚，不可以问“你叫什么名字”为开始，而应先自报家门：“您好！我是……”自我介绍时，可以介绍一下自己的姓名、身份、单位。如“您好，我是××公司的秘书，我叫××。”或“您好，我叫××，在××单位工作，请问您怎样称呼？”自我介绍时应避免长篇大论，介绍时，还可以互换名片。

如果对方也有与自己相识的愿望，并且非常热情，那么还可以进一步自我介绍，如自己的经历、特长、兴趣等。介绍自己要亲切有礼，态度谦虚，不能自我吹嘘，同时还要镇定自若，充满自信。要善于用眼神去表达自己的友善、关怀，以及渴望沟通的愿望。一个含糊不清的自我介绍，会使人感到你不能把握自己，对方会对你有所保留，彼此沟通便有阻隔。因此只有运用恰当的自我介绍，才能收到较理想的效果。

（2）介绍他人。为他人做介绍时，对将要被介绍的双方的情况应比较了解。在大多数场合下，介绍人为他人做介绍都是深受欢迎的，但也有例外情况，即相遇的双方或一方因某种原因不愿认识对方，如果在这种情况下为他们做介绍，会使他们陷入不情愿之中而又不得不勉为其难。这也是失礼和不符合人际交往原则的。因此，介绍人应对双方是否有结识的愿望有准确的把握，若一时把握不准，可先征求一下同行朋友的意见，然后再决定是否充当介绍人。在介绍两个人互相认识时，总的原则可简单总结如下：

- 将男士介绍给女士。
- 将年轻者介绍给年长者。
- 将地位低者介绍给地位高者。
- 将客人介绍给主人。

在介绍过程中，最先称呼某个人是对此人的尊敬。通常使用的介绍语言如："张小姐，请允许我给你介绍一下，这位是××公司的刘先生，刘××。"然后，面朝刘先生说："刘先生，这位是我的朋友，张××，张小姐。"这里是不同性别的人之间的介绍，男士与女士，先称呼女士，后称呼男士，先介绍男士，后介绍女士。介绍的内容主要是被介绍人所在单位、职务、姓名等，尽量简明，不做渲染。

介绍时，手势动作应文雅、礼貌，站立介绍，不要背对任何一位。手臂向被介绍者微伸，手心向上，四指并拢，拇指张开，不可伸出一只手指指指点点地介绍。

> 某出版社召开教材审稿会，到场的作者有12人，出版社来了相关编辑部主任及一名工作人员。会议开始后，编辑部主任刘锋首先做了自我介绍，他说："请允许我自我介绍一下，我是××出版社的刘锋，我身边的这位先生，是我们编辑部的李好，李编辑，很能干。"然后他又逐一按座次顺序，介绍其他参会者互相认识。

当将一个人介绍给大家相识时，可先将大家召集到一起，可以说："诸位，请允许我把××先生介绍给大家。"或者说："我很荣幸地向大家介绍，这位是××部的张部长"，然后再把众人逐一介绍给这个人。当将大家介绍给一人时，其介绍的基本顺序有两种：一种是按照座次或队次顺序进行介绍；另一种是以职位的高低顺序进行介绍。

5. 递、接名片的礼节

名片在社交活动中具有重要的作用。名片的使用同样也有讲究。通常在以下情况下使用：

- 带有商业性质的横向联系和交际。
- 社交场合中的拜访、交流等。
- 在某些表达感情或表示祝贺的场合。

（1）递送名片。在日常交际中，新朋友相识、介绍人介绍或自我介绍时若随身携带名片，应立即取出，双手交给对方。

- 递送名片时，态度要恭敬，双目注视对方，面带笑容，并可欠一下身。切忌像发传单似的乱发名片。
- 递交名片时，要用双手的食指和拇指分别夹住名片的左右端递过去，名片中字的正面应朝向对方，便于对方立即阅读。

（2）接受名片。接受名片时，也要注意礼节。在对方掏名片时就要有很感兴趣的表示。接名片要用双手。接过后要认真仔细地看一看，并小声重复一遍名片上的名字及职务。一定要把后边的职务读出来，不要只读名字。还要给对方你自己的名片表示谢意。然后，很郑重地把名片放入名片夹内，或放进上衣上部口袋里。千万不要看也不看即装入口袋，也不要顺手往桌上一扔，更不要往名片上放东西，这样对方会感到受了轻视。名片收到后，要说一句“很高兴认识你”或“一定拜访”等，需要交换名片时，可以掏出自己的名片与对方交换。不要生硬地向别人索要名片，而应以请求的口气说：“假如您方便的话，是否可留下名片，以便今后加以联系。”可以含蓄地向对方询问单位、通信地址、电话等，如果对方带有名片，就会较自然地送上（见图2—1）。

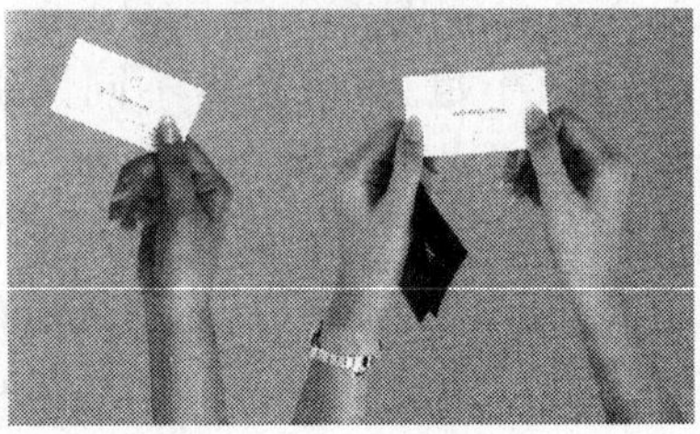

图2—1　递送、接受名片手势

资料来源：杨青青：《杨青青教你礼仪》，长沙，湖南科技出版社，1999。

名片是取信于人的，不可滥发，以防被人假借利用。

6. 方位礼节

在礼仪形式中，方位，即前后、左右、中间、两侧等，不仅仅是一个空间位置的关系，而且有着上下、主次之分。中国古代十分讲究方位礼节，在现代礼仪中，方位礼节同样是不容忽视的。

（1）前后。行进时，前面为上，后边为下。晚辈、下级为了表示对长辈、上级的尊敬，一般不并肩而行，而是先请长辈、上级前行，自己落后半步紧随其后。即使主客之间，在进门、上车、上楼梯时也应礼貌地请客人先行一步，出门、下车、下楼梯时，为表示对客人的关怀，则应主人先出门、下车或下楼梯。

（2）左右。右为上，左为下。两人并行，主人为表示对客人的尊敬，应请客人走在自己的右侧；在就座时，也请客人坐在自己右侧。

秘书小王到大门口迎接如约到达的客人，引导客人过程中，小王请客人走在自己的右边，进入客厅内的沙发前，他以手示意客人从自己前边向左侧走过去，自己则从右边走向右边沙发，双方都转过身来落座，这时客人便自然地坐在上座，即右边座位上了。

分析

小王的做法正符合方位礼节的基本要求，即右为上，左为下。引导客人或请客人就座时，应使客人在自己的右侧，这样才体现出秘书人员的礼貌周到。

（3）中间和两侧。中间为上，两侧为下。两侧又以右为上，左为下。三人行走或就座，都应该请长辈、上级在中间，晚辈、下级在两侧。

如果是两人行走或两人就座，为了表示对长辈、上级的尊敬和表示自己的谦恭，也不应并行和平坐，行走应该请尊长者前行半步，就座应该请尊长者坐在中间，自己陪坐一侧。

（4）乘车。现代交际中，人们经常以车代步，因此，乘车的方位礼仪不可忽视。小轿车，前排左侧为司机的位置，右侧为秘书或随员的位置，后排右侧为上，左侧为下。因此，司机在开过来停车时，就应考虑到使客人、尊长者能方便地坐在后排靠右的位置，这时的秘书人员或主人应该主动把车门打开，请客人上车并坐在右侧。不过如果停车位置不便于使客人从右侧上车，而且客人已经在左侧坐好，主人也不必再让客人往右边挪过去，这样反弄得很不自然。如果是主人自己亲自开车，则上座应该是副驾驶座位。

2.3 常见的秘书公关活动

秘书公关活动有许多，这里，我们列举几种常见的秘书公关活动。

2.3.1 开放参观活动

日本丰田公司以参观活动作为树立公司形象、推销产品的重要手段，它不仅欢迎顾客参观公司，而且想办法招揽参观者。为此，公司专门盖了一栋楼房。一楼陈列公司的各种资料、零件和成品；二楼、三楼有冷暖设备，有放电影的大礼堂；四楼、五楼则为套房，为最近10年买过公司汽车的参观者提供免费住宿。这样一来，丰田公司顾客盈门，那些想买丰田汽车的人不辞劳苦，前来公司参观，了解各种型号汽车的性能、优缺点，以便作出最佳选择。

分析

近来，开放参观越来越受到企业重视。一般来讲，开放参观可分为游览参观和组织参观两类。通过游览参观，可以进一步了解合作对象；通过组织参观，可以扩大组织的社会知名度。为了使参观者对组织产生兴趣和好感，对外开放参观需要做好具体、细致的准备工作。

1. 开放参观活动程序

（1）确定开放参观活动的主题。开放参观活动的主题，就是组织通过这一活动所要达到的目的和希望取得的效果。常见的开放参观活动主题有：

- 扩大组织的知名度，提高美誉度。
- 促进组织的业务拓展。
- 和谐组织与社区的关系。
- 增强员工或家属的自豪感。

（2）安排开放参观的内容。要根据主题来安排开放参观的内容。参观的内容一般包括：

- 情况介绍，事先准备好简明生动、印刷精良的宣传小册子。
- 现场观摩，让参观者参观现场。如生产经营设备和工艺流程、厂区环境或营业大厅、员工的教育和培训设施、组织的科技开发（实验）中心、组织的服务、娱乐、福利、卫生等设施。
- 实物展览，参观组织的成果展览室。陈列室可以陈列资料、模型、样品等实物。此外，参观活动内容的确定还要考虑到参观者的需要和兴趣。

（3）选择开放参观的时机。最好安排在一些特殊的日子里，如周年纪念日、重大的节假日、开业庆典、社区节日等。

（4）确定邀请对象。一般性参观常邀请员工家属或一般市民等，特殊性参观常邀请与本组织有特殊利害关系的团体和公众，如政府官员、行政主管部门、同行业上司和专家、媒体记者等。

（5）选择参观路线。参观路线的选择要求做到：

- 能引起参观者的兴趣。
- 能保证参观者的安全。
- 对组织正常工作干扰小。

以上三点要综合考虑。

（6）策划宣传工作。参观前，可准备一份简明的说明书，发给参观者，或放映电影、录像片进行介绍。参观时，由向导陪同参观者按事先安排好的参观路线参观，对于有些看不到的特殊事项，可以用图表、数字表示。

（7）做好解说及接待准备。

- 挑选并培训导游或解说人员。
- 制作并寄发请柬。
- 设立接待服务处。
- 准备特殊的参观用品。
- 准备礼品或纪念品。

2. 注意事项

- 目的应明确。整个开放参观活动，都要围绕所确定的主题进行策划和组织。
- 时机选择要得当。开放参观活动应选择春末或秋初的时节，不宜选择雨天、酷暑或寒冬季节。最好安排在有纪念意义的特殊日子。
- 处理好公开与保密的关系。要规定好参观路线，选择好参观地点，尽量做到既给公众留下坦诚的印象，又不使组织机密外泄。
- 安排好细节问题。对从策划、组织到结束的全过程的每一个细节都要周密考虑，包括人员的具体安排、生活细节安排、资料和纪念品发放的安排、接待和陪同的安排等。
- 精心做好展示工作。包括场景的布置、物品的陈列、文字说明的准备、人员的准备等。

2.3.2 宴请活动

年底，某公司为表示对客户的谢意，召开了客户联谊会，会后共进晚餐。负责接待工作的秘书钟苗根据上司的指示和宴会惯例，安排桌次座位。这次宴会共设 3 桌(圆桌)，餐厅正面靠墙为主桌，编 1 号，靠入口处为 2 号、3 号桌，摆成三角形，突出主桌。重要客户在主桌。为方便来宾入席，钟苗特意做了座位名签，并摆放在桌上。但由于这次联谊会时间紧，与会人员名单确定得晚，钟苗在抄写时漏了应编在主桌的一位重要客户，结果致使该客户入席时找不到座位，出现了十分尴尬的场面。

由于宴请的种类不同，宴请的组织安排工作也就有所不同。工作餐较简单，而正式宴会的组织工作则相当复杂，有许多具体工作要进行认真的筹划。

1. 列出宾客名单，确定宴请规格

(1) 根据宴请的目的，与上司确认被邀请的宾客名单。

(2) 根据宴请的目的和宾客的社会地位、职务身份，确定宴会的规格。

2. 确定宴请时间，选好宴请场所，发出正式请柬

(1) 确定宴请时间。

- 根据上司的提议。
- 根据其他因素而确定。
- 一般不选择在重大节日、假日，涉外宴请还要注意避开对方的禁忌日。

(2) 确定地点。

- 要考虑规格，规格高的安排在高级饭店或酒店；一般规格的，则根据情况安排在适当的饭店进行。
- 要考虑宴请对象，对文化素质高、有一定身份的宾客，宴请的卫生和环境尤其要讲究。

(3) 发出请柬。正式宴会或正式宴请大都需要向宾客发出正式请柬，事先口头约定或电话通知的也要补发，这是礼节上的要求。

3. 确定菜单

- 菜肴要精致可口、赏心悦目、突出特色。
- 客人的饮食习惯、禁忌要清楚。
- 冷热、甜咸、色香味要搭配。

4. 排定座次

宴会一般都要事先安排好桌次和座次，使参加宴会的人都能各就其位。席位的安排也能体现出对客人的尊重。

(1) 排定桌次。桌次地位的高低，以距主桌位置的远近而定。以主人的桌为基准，右高左低，近高远低。

(2) 排定座位。

- 以主人的座位为中心，如果女主人参加时，则以主人和女主人为基准，近高远低，右高左低，依次排列。

- 把主宾安排在最尊贵的位置，即主人的右手位置；主宾夫人安排在女主人右手位置。
- 主人方面的陪同人员，尽可能与客人相互交叉落座，便于交谈，更可避免主方人员坐在一起，冷落客人。
- 译员安排在主宾右侧。
- 席次确定后，座位卡和桌次卡放在桌前方或桌中间。

5. 宴请程序的控制

（1）迎客。主人一般在大门口迎接客人。视宴会重要程度，还可有其他主要人员陪同主人排列成行迎接客人。

（2）入席。主人陪主宾进入宴会厅，全体人员落座，宴会开始。

（3）敬酒。入席后，主人应招呼客人进餐，并率先给客人敬酒。敬酒时可依序逐一敬遍全席，可以不分地位高低。

（4）交谈。席间主人要引导客人愉快地参与交谈，巧妙地选择话题，使席间充满和谐、愉快的气氛。

（5）散席。吃完水果，主人与主宾起立，宴会即告结束。主宾告辞，主人送至门口，主宾离去后原迎宾人员按顺序排列与其他客人握别。

2.3.3 签字仪式

（1）布置好签字厅。布置签字厅的总体风格应庄重、整洁、清静。室内应铺地毯，正规的签字桌应为长桌，其上最好铺设深绿色的台布。签字桌应横放于室内，在其后可摆放适量的座椅。

- 签署双边性合同时，可放置两张座椅，供签字人就座。
- 签署多边性合同时，可以仅放一张座椅，供各方签字人在签字时轮流就座。也可以为每位签字人提供座椅。签字人就座时，一般应面对正门。

（2）准备好签字用具。在签字桌上，循例应事先安放好待签的合同文本以及签字笔、吸墨器等签字时所用的文具。

（3）签署涉外商务合同时，需在签字桌上摆放双方国旗。插放国旗时，在其位置与顺序上，必须按照礼宾序列。例如，签署双边性涉外商务合同时，有关各方的国旗需插放在该方签字人座椅的正前方。

（4）签字时的座次安排。

- 签署双边性合同。

- 应请客方签字人在签字桌右侧就座，主方签字人则应同时就座于签字桌左侧。
- 双方各自的助签人，应分别站立于己方签字人的外侧，以便随时向签字人提供帮助。
- 双方其他随员，可以按照一定的顺序在己方签字人的正对面就座；也可依照职位的高低，依次自左至右（客方）或是自右至左（主方）排成一行，站立于己方签字人的身后。

- 当一行站不完时，可按照以上顺序并遵照“前高后低”的惯例，排成两行、三行或四行。
- 原则上，双方随员人数应大体上相当。

- 签署多边性合同。

- 一般仅设一把签字椅。
- 各方签字人签字时，须依照有关各方事先同意的先后顺序依次上前签字。
- 助签人应随之一同行动。在助签时，依“右高左低”的规矩，助签人应站立于签字人的左侧。
- 有关各方的随员，应按照一定的序列，面对签字桌就座或站立。

(5) 对待签合同文本的要求。由主方负责待签文本的准备。依照商界的习惯，在正式签署合同之前，应由举行签字仪式的主方负责准备待签合同的正式文本。应会同有关各方共同指定专人，负责合同文本的翻译、校对、定稿、印刷、装订、盖火漆印。按常规合同文本上正式签字的有关各方，均应提供一份待签的合同文本，必要时，还可再向各方提供一份副本。

- 签署涉外商务合同。按照国际惯例，待签的合同文本，应同时使用有关各方的法定官方语言。此外，亦可同时并用有关各方的法定官方语言。
- 待签合同文本的印制。待签合同文本应以精美的白纸印制而成，按大八开的规格装订成册，并以高档质料如真皮、金属、软木等作为封面。

(6) 签字仪式的正式程序：

- 签字仪式正式开始。有关各方人员进入签字厅，在既定的位次上各就各位。
- 签字人正式签署合同文本。通常的做法是首先签署己方保存的合同文本，接着再签署他方保存的合同文本。商务活动规定，每个签字人在己方保留的合同文本上签字时，按惯例应当名列首位。因此，每个签字人均应首先签署己方保存的合同文本，然后再交由他方签字人签字。这一做法，在礼仪上称为“望鲤”，即在位次排列上，轮流使有关各方均有机会居于首位一次，以显示机会均等、各方平等。
- 签字人正式交换已经有相关各方正式签署的合同文本。此时，各方签字人应热烈握手，互致祝贺，并相互交换各自一方刚才使用过的签字笔，以示纪念。全场人员应鼓掌表示祝贺。
- 共饮香槟酒互相道贺。交换已签的合同文本后，有关人员，尤其是签字人，当场干一杯香槟酒是国际上通行的用以增添喜庆色彩的做法。在一般情况下，商务合同在正式签署后，应提交有关方面进行公证，此后才正式生效。

2.3.4 开业典礼活动

典礼活动很多，常见的有周年庆典、奠基、竣工典礼等。下面以开业典礼为例，介绍典礼活动的程序。

1. 做好开业典礼的舆论宣传工作

企业可运用传播媒介在报纸、电台、电视台广泛发布广告或在告示栏中张贴开业告示，以引起公众的注意。广告或告示的内容一般包括：

- 开业典礼举行的日期。
- 开业典礼的地点。
- 企业的经营范围及特色。
- 开业的优惠情况。

开业广告或告示发布时间以开业前的 3～5 天内为宜。可以邀请记者在开业仪式举行时，到现场进行采访、报道，予以正面宣传。

2. 准备开幕词、致答词

- 注意控制发言时间。
- 开幕词、致答词要言简意赅、热情庄重，起到联络感情、增进友谊的作用。

3. 拟订典礼程序

典礼程序有着严格的先后顺序，事先应做好妥善安排。典礼的程序一般包括：

- 迎宾。接待人员在会场门口接待来宾，请来宾签到后，引导来宾就位。
- 典礼开始。主持人宣布开业典礼正式开始，全体起立，奏乐，宣读重要嘉宾名单。
- 致贺词。由上级领导和来宾代表致贺词，主要表达对开业单位的祝贺，并寄予厚望。由谁来致贺词事先要定好，以免当众推来推去。对外来的贺电、贺信等不必一一宣读，但对其署名的单位或个人应予以公布。
- 致答词。由本单位负责人致答词。其主要内容是向来宾及祝贺单位表示感谢，并简要介绍本单位的经营特色和经营目标等。
- 剪彩揭幕。由本单位负责人和一位上级领导或嘉宾代表剪彩并揭去盖在牌匾上的红布，宣告企业的正式成立。参加典礼的全体人员应鼓掌祝贺，在非限制燃放鞭炮的地区还可燃放鞭炮庆贺。
- 参观。如有必要，可引导来宾参观，向来宾介绍本单位的主要设施、特色商品及经营策略等。
- 迎接首批顾客。可采取让利销售或赠送纪念品的方式吸引顾客。也可以邀请一些有代表性的消费者参加座谈，虚心听取消费者的意见，拉近与消费者的距离。

4. 做好来宾邀请工作

一般来讲，参加典礼的人士包括：

- 上级领导。
- 社会名流。
- 新闻界人士。
- 同行业代表。

5. 发放请柬

一般应提前一周发出请柬，便于被邀者及早安排和准备。请柬的印制要精美，内容要完整，文字要简洁，措辞要热情。被邀者的姓名要书写整齐，不能潦草马虎。一般的请柬可派专人送达，也可通过邮局邮寄。给有名望的人士或主要上司的请柬应派专人送达，以表示诚恳和尊重。

6. 做好场地布置工作

- 活动场地。开业现场可以是正门之外的广场，也可以是正门之内的大厅。

- 不置主席台或座椅。按照惯例，举行开业典礼时宾主一律站立，故一般不布置主席台或座椅。
- 现场装饰。为显示隆重与敬客，可在来宾尤其是贵宾站立之处铺设红色地毯；在场地四周悬挂横幅、标语、气球、彩带、宫灯；在醒目处摆放来宾赠送的花篮、牌匾。

7. 做好各种物质准备

（1）用品准备。

- 来宾的签到簿。
- 本单位的宣传材料。
- 彩带、剪刀、托盘。
- 待客的饮料等。

（2）设备准备。对于音响、录音录像、照明设备以及开业典礼所需的各种用具、设备，必须事先认真进行检查、调试，以防在使用时出现差错。

8. 安排接待服务人员

- 在举行开业典礼的现场，一定要有专人负责来宾的接待服务工作。
- 除要求本单位全体员工在来宾面前人人都要以主人翁的身份热情待客、有求必应、主动相助之外，更重要的是分工负责，各尽其责。
- 在接待贵宾时，须由本单位主要负责人亲自出面。
- 在接待其他来宾时，则可由本单位的礼仪小姐负责。
- 若来宾较多时，须为来宾准备好专用的停车场、休息室，并应为其安排饮食。

9. 做好礼品馈赠工作

举行开业仪式时赠予来宾的礼品，一般属于宣传性传播媒介的范畴。根据常规，向来宾赠送的礼品应具有如下三大特征：

- 宣传性。可选用本单位的产品，也可在礼品及其外包装上印有本单位的企业标志、广告用语、产品图案、开业日期，等等。
- 荣誉性。要使之具有一定的纪念意义，使拥有者对其珍惜、重视，并为之感到光荣和自豪。
- 独特性。它应当与众不同，具有本单位的鲜明特色，使人一目了然，或令人过目不忘。

2.3.5　信息发布会

1. 会前准备

（1）确定信息发布会的主题。信息发布会的主题大致有两类：

- 说明性主题。如企业推出新产品、企业经营方针发生改变等，此时信息发布会主要是对外宣布决定。
- 解释性主题。如企业产品质量出现了问题，企业出现了重大事故等，此时，信息发布会主要是对所发生的事件进行解释。

例如，××保温瓶厂某次发布会的主题就属于说明性主题，即说明要推出的新的营销措施。

（2）选定信息发布会举行的时机。时机选择是否理想，对信息发布会的效果有着重要影响。适于举办信息发布会的时机包括：

- 公司及产品（服务）已成为公众关注问题的一部分。
- 公司或其成员已成为众矢之的。
- 新产品上市。
- 聘用某大腕明星做自己的广告模特或代言人。
- 公司人员的重大调整。
- 公司扩大生产规模。
- 公司取得最新纪录的销售业绩等。

例如，××保温瓶厂某次发布会选择了第一个时机，即公司及产品（服务）已成为公众关注问题的一部分。

选定时机时要注意：

- 避开节日与假日。
- 避免与重大社会活动相冲突。
- 防止与新闻界的宣传报道重点撞车。

（3）确定信息发布会举行的地点。可考虑以下几种：

- 本单位所在地。
- 事件发生地。
- 当地著名的宾馆、会议厅等。

发布会现场还应考虑交通是否方便，采访条件是否优越，扩音、录音、录像、照明设备是否完好、齐备，座位是否够用等。

（4）确定邀请的对象并发出邀请。应根据信息发布会的主题，确定邀请对象。新闻记者是信息发布会的主宾，邀请哪些记者参加应根据信息发布会的性质而定。如果是为了扩大影响和知名度，可以邀请各种相关媒体的记者；如果只是进行宣传解释则邀请面可小些。

此外，广告公司、客户、同行等也是受邀请的对象。要拟订详细的邀请名单，提前7～10天发出邀请，临近开会时还应打电话联系落实。

（5）选择信息发布会的主持人和发言人。

- 信息发布会的主持人大都由主办单位的办公室主任或秘书长、公关部部长担任。
- 信息发布会的发言人通常由本单位的上司担任，因上司对本单位的方针、政策及各方面情况比较了解，由他们回答记者的提问更具权威性。

（6）准备会议材料。信息发布会应准备四方面的材料：

- 发言人的发言稿。发言稿既要紧扣主题，又要全面、准确、真实、生动。
- 回答提纲。为使发言人在现场回答问题时表现自如，可事先预测一下记者将要问的问题，并准备好答案。
- 报道提纲。可事先将报道重点、有关的数据、资料编印出来，作为记者采访报道的参考资料。
- 其他辅助材料。如图片、实物、模型、录像、光盘等，目的是增强发言人的讲话效果，加深与会者对会议主题的认识和理解。

(7) 预算会议所需费用。根据信息发布会的规格和规模作出可行的经费预算。费用项目一般有：场租、会场布置、印刷品、茶点、礼品、文书用品、音响器材、邮费、电话费、交通费等。需要用餐时还应加上餐费。

(8) 其他准备工作。如会场的布置、音响设备的调试、礼品的准备、座次的安排、工作人员胸卡的制作以及与会人员的仪态举止训练等。

2. 信息发布会的程序控制

- 签到。
- 分发会议资料。应发给每位来宾一个事先准备好的资料袋，其中有信息发布稿、技术性说明（必要时发放）、主持人的传略材料和照片，以及会上要展示的产品或模型的照片。
- 宣布会议开始。会议开始时由主持人简要说明召集会议的目的，所要发布的信息或事件发生的背景和经过等。
- 发言人讲话。
- 回答记者提问。
- 接受重点采访。

3. 发布会后的工作

发布会结束后，应在一定时间内对其进行一次认真的评估工作。

2.4 接待工作

2.4.1 接待前的准备工作

某公司的王玉风是一名新员工，她在前台负责接待来访的客人和转接电话，还有一个同事小李和她一起工作。每天上班后 1～2 小时是她们最忙的时候，电话不断，客人络绎不绝。有一天，一位与人力资源部程部长预约好的客人提前 20 分钟到达。王玉风马上通知人力资源部，部长说正在接待一位重要的客人，请对方稍等。王玉风转告客人说："何部长正在接待一位重要的客人，请您等一下。请坐。"正说着电话铃又响了，她匆匆用手指了一下椅子，接起电话。客人面有不悦。小李接完电话，立即为客人送上一杯水，与客人闲聊了几句，以缓解客人的不悦情绪。

分析

王玉风不应该对客人说部长正在接待一位重要的客人，这等于暗示客人"你不重要"。接待人员应该认识到，所有的客人都会认为自己是最重要的，因此不能怠慢客人，要对不能及时接待他表示歉意，并恭敬地请他坐下等待。

公司的前台、会客室、办公室是公司的窗口，必须给来访的客人以好感。经常来往的客人，对公司的良好印象是从一次次的业务交往中产生的。但初次来访的客人，对公司的第一印象是从他首先看到的人和物上产生的。因此要坚持每天做好接待的准备工作。准备工作有两个方面：

1. 心理准备

（1）态度真诚。无论来访的客人是预约的还是未预约的，是易于沟通的还是脾气急躁的，都要让对方感到自己是受欢迎、被重视的。对客人要有“感谢光临”的心理。当客人很多或难以应对的时候，要暗示自己：“别急，别急，一件一件地解决，总能办完。”当客人发火或情绪急躁时，不要受其影响，是你自己的问题就应道歉；是公司或其他人的问题，作为接待人员，你也应该道歉，因为你被客人看作是公司的代表。

（2）合作精神。看到同事在招待客人，要有主动协助的精神，不能认为不是自己的客人就不予理睬。

2. 物质准备

物质准备包括环境准备和办公用品准备。

（1）环境准备。接待环境应该清洁、整齐、明亮、美观、无异味。接待环境包括前台、会客室、办公室、走廊、楼梯等处。

前台或会客室摆放花束、绿色植物，可表现出“欢迎您”的气氛，会使对方产生好感。办公桌上的文件、文具、电话等物品要各归其位、摆放整齐。不常用的东西和私人用品，应该放到抽屉里固定的地方，以便用时马上就能找到。

（2）办公用品准备。

- 前厅：为客人准备的座椅。让客人站着等候是不礼貌的。座椅样式应该线条简洁、色彩和谐。
- 会客室：桌椅摆放整齐，桌面清洁，没有水渍、污渍。墙上可悬挂与环境协调的画，也可悬挂公司上司与国家领导人的合影，或某次成功的大型公关活动的照片，以提高公司的可信度。桌上可放一些介绍公司情况的资料。另外，茶具、茶叶、饮料要准备齐全。一般客人可以用一次性纸杯，重要客人还是用正规茶具为好。会客室应有良好的照明及空调设备，还应有一部电话，复印机、传真机等即使不放在会客室，也不要离得太远。客人走后，要及时清理会客室，清洗茶具、烟灰缸，换空气，然后关好门。否则，下一批客人会感到不受重视。

2.4.2 制定接待工作计划

> 某区教育局定于某日在某职业学校举办教学开放观摩日活动，通知很快下发到各有关学校。日程安排表上写着8点30分介绍经验，9点30分课间操参观，10点30分各个开放教室的教学参观，11点30分代表分组座谈，12点就餐。观摩日当天，8点30分介绍经验的大会本该开始，可外校代表却只到了一半。一会儿，随着阵阵抱怨声代表们才陆续到齐。原来，由于通知中没有写清大会的具体地点，加之接待人员不够礼貌，所以引起了代表们的抱怨。会议开始时已是近9点了。由学校的郝校长做大会发言，介绍该校办学经脸，内容十分丰富，10点过了还没讲完。由于前面几项活动时间不够紧凑，结果分组座谈草草开始，匆忙收场。

分析

上例中出现了做接待计划时的几个常见问题：

第一，接待计划不够详细，尤其是地点没有写明，是较大的失误。

第二，接待人员素质较差，缺乏礼仪培训，影响整个接待工作的质量和水平。

第三，接待日程安排不够紧凑，影响接待效果。

1. 接待计划的主要内容

（1）确定接待规格。秘书要能根据来访者的身份确定接待规格。接待规格是从主陪人的角度而言的。接待规格有三种：高规格接待、对等规格接待、低规格接待。

- 高规格接待。主要陪同人员比主要来宾的职位、身份高的接待。如一公司副总经理接待上级单位派来了解情况的工作人员。高规格接待表示对被接待一方的重视和友好。
- 对等规格接待。主要陪同人员与主要来宾的职位相当的接待。这是最常用的接待规格。
- 低规格接待。主要陪同人员比主要来宾的职位低的接待。这种接待规格常用于基层单位，比如某部上司到下属企业视察，其企业的最高上司的职位也不会高于部上司，这就属于低规格接待。

某公司人力资源部接待了一位求职者陈先生。陈先生是某专利技术的持有者，正是该公司急需的人才。人力资源部负责人马上把陈的情况上报给负责人事的张副总经理。张副总经理放下手头的工作，去见陈先生，一方面进一步了解陈先生的情况，另一方面也想借此表示公司求贤若渴的态度。这样的接待即属于高规格接待，我们平时也称其为破格接待。

某食品机械厂赵厂长原定于 2 月 20 日接待某食品厂张厂长及其助手，商谈有关业务。可是 2 月 18 日接到上级单位通知，要赵厂长于 20 日去参加一个重要会议，不得缺席。赵厂长只得请另一副厂长出面接待食品厂张厂长一行人了。作为厂长的秘书钟苗，此时应该做两件事：一是向副厂长介绍此次活动的有关情况和背景，二是通知对方我方的变化，并致以歉意。这样的接待属于由对等规格接待改变为低规格接待。

一般来说，此类接待属于礼仪性的，商谈的业务也常常是意向性的。真正触及实质问题的会谈或谈判，是先由下一级业务部门去做的。

高规格接待固然能表现出重视、友好，但它会占用主陪人的很多时间，经常使用会影响主陪人的正常工作。低规格接待有时是因单位的级别造成的，有时是另有原因，用得不好，会影响与对方的关系。对等规格接待是最常用的接待方式。

接待规格的确定，要求秘书首先要了解客人的身份，据此确定由谁来出面接待最合适。另外，影响到接待规格的还有如下一些因素：

- 对方与我方的关系。当对方的来访事关重大或我方非常希望发展与对方的关系时，往往以高规格接待。

- 一些突然的变化会影响既定的接待规格。如上司生病或临时出差，只得让他人代替，遇到这类情况，必须向客人解释清楚，向客人道歉。
- 以前接待过的客人，接待规格最好参照上一次的标准。

（2）日程安排。日程安排要具体，应包括日期、时间、活动内容、地点、陪同人员等，一般以表格形式列出（见表 2—1）。

表 2—1　　××公司来访团接待日程表

××公司来访团接待日程（×月×日—×月×日）						
时间安排			内容安排	地点	陪同人员	备注
×点×分			接站	火车站	××	
×月×日	上午	8:30—9:30				
		10:00—11:30				
	中午	12:00	用餐	餐厅		
		12:30—13:30	休息	房间		
	下午	13:40—15:30				
		16:00—17:30				
		晚上				
…						

（3）接待经费列支。

- 工作经费：租借会议室、打印资料等费用。
- 住宿费。
- 餐饮费。
- 劳务费：讲课、演讲、加班等费用。
- 交通费。
- 参观、游览、娱乐费用。
- 纪念品费。
- 宣传、公关费用。
- 其他费用。

（4）工作人员安排。根据接待规格和活动内容来确定工作人员的构成和数量。这些工作人员要做来访前的准备工作、来访期间的联络沟通、协调服务工作。重要的团体来访，秘书一个人是无法承担所有的准备工作的。在接待计划中，要确定各个接待环节的工作人员，为了使大家对自己的工作做到心中有数，让所有有关人员都准确地知道自己在此次接待活动中的任务，提前安排好自己的时间，保证接待工作顺利进行，可制作相应的表格，印发各有关人员（见表 2—2）。

表 2—2　　**工作人员安排表**

时间	地点	事项	主要陪同人员	主要工作人员

2. 接待计划的制定程序

（1）了解掌握背景资料。

● 了解来访目的。秘书必须准确了解来访团体的来访目的，这样作出的计划和准备工作才有针对性。通常，秘书应该向上司或有关人员了解情况，取得准确信息。

● 了解来访者的基本情况。为了使接待工作万无一失，秘书要事先掌握来访者的基本情况，如所在单位的全称、业务范围、发展态势，来访者人数、姓名、性别、身份、民族（国籍）、宗教信仰；有时还要对主宾有更多的了解。了解得越多越具体，准备工作就越具有针对性，把握也就越大。这些内容很多可以直接向来访者一方了解（见表 2—3）。

表 2—3　　**来宾信息表**

<table>
<tr><td colspan="11">来宾信息</td></tr>
<tr><td rowspan="7">来访者基本信息</td><td colspan="2" rowspan="2">单位情况</td><td colspan="2">单位全称</td><td colspan="2">业务范围</td><td colspan="4">发展势态</td></tr>
<tr><td colspan="2"></td><td colspan="2"></td><td colspan="4"></td></tr>
<tr><td rowspan="5">来访者信息</td><td rowspan="5">人数__
抵达时间__
天数__
交通工具__</td><td>姓名</td><td>性别</td><td>身份</td><td>民族（国籍）</td><td>宗教信仰</td><td>个性爱好</td><td>性格</td><td>特长</td></tr>
<tr><td></td><td></td><td></td><td></td><td></td><td></td><td></td><td></td></tr>
<tr><td></td><td></td><td></td><td></td><td></td><td></td><td></td><td></td></tr>
<tr><td></td><td></td><td></td><td></td><td></td><td></td><td></td><td></td></tr>
<tr><td></td><td></td><td></td><td></td><td></td><td></td><td></td><td></td></tr>
<tr><td rowspan="2">来访目的</td><td colspan="2">来访目的</td><td colspan="8"></td></tr>
<tr><td colspan="2">真实意图分析</td><td colspan="8"></td></tr>
</table>

（2）草拟接待计划。在与来访一方协商，并征得上司的同意后，制定出详细的接待计划。前面已经讲过如何确定接待规格。接待规格决定了其他的人员、日程安排及经费开支，包括谁到机场、车站迎接，送别；谁全程陪同；宴请的规格、地点；住宿宾馆的等级、房间标准等。这些都受到接待规格的制约，都要在计划中写清楚。在具体制定接待计划时，应有如下内容：

✻ 主要陪同人员。

✻ 主要工作人员（接待小组成员）。

✻ 住宿地点、标准、房间数量。

✻ 宴请地点、标准、人数。

✻ 会见、会谈地点、参与人员。

✻ 参观游览地点、陪同人员。

根据具体情况，可以对内容添加或删减。

（3）与本单位相关部门沟通情况。接待计划涉及本单位哪个部门，秘书要事先与之商量沟通，商定接待的时间、涉及内容、地点、人员等事项。

（4）与来访者沟通情况。日程安排初步定好后，要报给来访一方，看还有什么需要修改的地方，一般要尊重来访一方的意见。对于实在难以满足的要求，要如实向对方解释清楚。

（5）报请上司审批。接待计划是由秘书草拟的，但一定要经由上司审定批准才行。经双方认可并经上司批准的接待计划一般就不应该再改动了。

2.4.3 内宾接待工作

初萌正在前台接电话，忽然看见两位客人直接往办公区走。初萌立即叫住她们。客人有些不耐烦地说："我们昨天刚来过，是找销售部的钱经理的，昨天有点事没办完。"初萌说："对不起，请你们稍等一下。我马上通知钱经理。"电话接通后，钱经理说："我不想见那两个人，请你帮我挡一下。"

分析

在本案例中，对于钱经理暂时不想见的客人，秘书要想方设法加以挡驾。比如用以下一些方式应对：

"很抱歉，钱经理正在主持一个重要会议，您能否改日再来？"

"您是否可以留个条，由我转交钱经理？"

任何来访的客人，都不应该绕开前台或有关秘书而直接去找要见的人。前台、秘书的责任之一，就是要甄别客人，起到"过滤"、"分流"的作用，让预约好的或有接待必要的客人及时被接待，而把没有必要接待的客人客气地挡在门外，不要让客人直接见到上司或其他人，影响工作。此时客人、前台秘书、上司的关系如下：

客人⟷前台秘书⟷上司

（1）秘书人员应掌握接待访客的基本环节。

- 见到客人的第一时间，应该马上做出如下的动作表情，我们简称为"3S"：stand up（站起来）、see（注视对方）、smile（微笑）。
- 最初的迎客语言："您好，欢迎您！""您好，我能为您做些什么？""您好，希望我能帮助您。"
- 让座。用右手引导，请来宾坐下。
- 奉茶。给客人倒水之前，可以征询一下意见："您是喝咖啡还是喝茶？"
- 交谈。可以先寒暄，然后再询问客人来访的目的。
- 作出处理。视具体情况，决定要不要让客人去见上司或其要见的其他人。

（2）接待预约来访者的工作程序。

- 以良好的公司形象迎候来访者，当来访者走近时，以站立姿态面带微笑主动问候。
- 了解来访者约定见面的部门或人员。
- 如果来访者是在约定的时间到达，应立即通知被访者。
- 如果来访者比约定的时间来得早，请其入座，款待饮料，递送书报资料以排遣时间，或轻松地和他们交流，使他们感到不被冷淡，待离约定时间 5～10 分钟之前，通知被访者。

- 按照单位要求给来访者发放宾客卡，并提醒来访者离开前返还宾客卡。
- 正确引导来访者至他们要去的部门或者按单位要求安排工作人员陪同前往。
- 来访者离开时，应礼貌送客，需要时可协助来访者预定出租车。

(3) 接待未预约来访者的工作程序。

- 面带微笑主动问候来访者，当了解到对方未做预约时，仍以欢迎的态度礼貌友好地接待，为其服务。
- 询问来访者要访问的部门或工作人员姓名。
- 努力为来访者安排一个尽可能早的预约时间。
- 如果来访者要求当天见面，应设法联系有关部门或人员，看被访人或其他人员是否能接见来访者。
- 如果当天可以接见，按照接待预约客人的工作程序进行。
- 如果当天确实不能找到适当的人与来访者见面，要立即向来访者说明情况，切忌不要让客人产生“等一等还有希望”的误解，以免浪费双方的时间，使自己更被动。
- 在无法接待来访者的情况下，应主动请来访者留言，并向其保证尽快将留言递交给被访人。
- 再次给来访者一个预订约会的机会，并耐心听取对方的要求。
- 在接待过程中，要确保来访者感到舒适，比如在联系过程中，为来访者提供座椅和饮料等。

(4) 注意事项。

- 如果本单位有接待方面的规章制度，秘书应严格遵照执行，不得擅自更改接待标准。
- 要注意了解来宾的饮食习惯，特别是与宗教相关的饮食忌讳。比如，为信仰伊斯兰教的客人安排餐饮时，应该选择清真餐厅。有时在一个代表团中会有不同宗教信仰的客人，就需分别满足他们的要求。
- 在接待过程中，要特别注意做好保密工作，重要的文件、资料要保管好；不能让客人参观的地方，绝不安排。注意内外有别，严守机密。

2.4.4　外宾接待工作

1. 涉外接待的基本原则和要求

(1) 不卑不亢。不卑不亢是涉外交往的一项基本原则。不论外宾来自哪个国家，不论其所代表公司、企业的规模如何，都应该以礼相待，互相尊重。对强者不献媚，对弱者不歧视，平等互利。保持对外的良好关系，以利于持续发展。

(2) 依法办事。国际间的交往合作，都要依法而行，不仅遵守我国的法律，也要遵守对方国家的法律。特别是我国加入世界贸易组织以后，对外贸易交往还要遵守世界贸易组织的各项规则。没有法制观念，将会使自己陷于被动。

（3）内外有别。内外有别是指要有保密观念，既要保守国家机密，也要保守本单位的机密。涉外接待要以礼待客，但不意味着答应外宾的一切要求，有些外宾可能会利用我们的好客，提出一些过分要求，必须坚持原则。文件、重要的会议记录、数据等，不应随意泄露。

（4）了解国际交往的基本礼仪。各国礼仪都有自己的特别之处，秘书要了解接待对象的风俗习惯、宗教信仰以及所具有的忌讳，尊重对方的风俗习惯。

2. 涉外接待工作的程序

（1）掌握外宾基本情况。接到接待外宾的任务后，要尽可能详尽地了解外宾的基本情况，弄清其来意，以及抵达的日期、地点。具体来说有四方面：

- 外宾尤其是主宾的个人简况，例如姓名、性别、年龄、国别、单位、部门、职务、职称、学历、学位、专业、专长、偏好、著述、知名度，以及政治倾向、宗教信仰等。
- 来宾的具体人数要做到准确无误，应重点搞清主从人员，来宾中有几对夫妇等。
- 来宾此前有无正式来访的记录，如果曾经来访过我国，情况未变，就应以前一次同样的规格接待来宾。
- 来宾所通报的自己一方的计划，如来访目的、行程、要求等，在可能的条件下，应在迎宾活动中兼顾来宾一方的特殊要求，尽量使来宾满意。

（2）确定接待规格。接待规格与内宾接待一样，分为三种，即高规格接待、对等规格接待和低规格接待。

（3）制定具体接待计划。会同或配合外事部门，拟订详细的接待计划，报请有关上司审定。计划的制定一定要从简务实，要从实际出发，不讲排场比阔气，一切按国际礼规办事。制定计划要详细周密。它至少要包括：接待规格、迎送仪式、交通工具、膳宿安排、工作日程、文娱活动、观光游览、会见会谈、礼品准备、经费开支以及接待、陪同人员等各项内容。具体体现为以下内容：

- 事先安排好参观、考察的地点和路线，组织有关单位做好各方面的准备。
- 根据来宾的身份、习惯，安排好住处。
- 根据来宾不同的生活习惯妥善、周到地安排好饮食。
- 安排好外宾用车和陪同用车。对外宾的坐车，应在外宾到达前将车辆编号，做上明显的标记，按礼宾顺序安排他们的坐车，大型代表团可安排部分工作人员坐大型车，这样行动会更加方便。
- 根据来宾来访的具体事项做出经费预算等。

（4）培训接待人员。接待人员不仅要精选，而且必须进行培训，使接待人员各负其责，训练有素。接待人员人数不必过多，以够用为准，身份不必过高，以相仿（与对方相仿）为要，尤其是主要迎宾人员应在身份、职位等方面与来宾特别是主宾大体相似。

（5）准备各种资料。根据上司批准的接待方案，组织有关部门或单位准备好会谈、签约及其他一些活动的讲话及背景材料等文稿。

（6）礼貌迎接。礼貌迎接是接待工作中的迎宾一环。要想使迎宾工作效果显著，就要注意以下几方面的问题：

● 时间：迎宾时间的确定要做好以下三项工作：

❋ 要事先由双方约定清楚。在宾主双方就来宾到访一事达成协议后，务必在两相情愿、主随客便的前提下，首先确认来宾正式到访的具体时间。随后，在征询对方同意的情况下，还应诚恳地向对方表示将派员前往约定地点，迎接对方的到来。

❋ 要在来宾起程前后，再次予以确认。来宾到访的具体时间有时很可能因一些客观原因发生变动，为确保迎宾工作万无一失，务必在对方正式起程前再次确认一下对方抵达的具体时间。此外，在对方起程后、抵达前，有可能的话，还需了解一下来宾所乘交通工具是否有变化。

❋ 要提前到达迎宾地点。为确保迎宾活动不受影响，务必提前15分钟左右到达迎宾地点，以恭候客人们的到来。千万不要准点抵达，更不要迟到，或是根本不到。否则都会给客人留下不良印象。

● 地点：选择迎宾地点，一要看对方的身份，二要看双边的关系，三要看自身的条件。对于不同情况的来宾，迎宾地点往往会有所不同。

❋ 交通工具停靠站。如机场、码头、火车站等。

❋ 来宾临时下榻之处。如宾馆、饭店、旅馆、招待所等。

❋ 东道主一方用以迎宾的常规场所。如广场、大厅等。

● 确认：在往来人员众多的交通工具停靠站接一位素不相识的来宾，为确认对方身份，常用以下四种方法，这四种方法，有时可交叉使用。

❋ 使用接站牌。制作接站牌时要注意用对方国家的文字，字迹要大而清晰，尽量不用白纸写黑字。

❋ 使用欢迎横幅。应用对方文字以毛笔蘸黑墨写于红纸上，或将写在红纸上的字迹以一定规范剪贴在红色布帛上。

❋ 使用身份胸卡。迎宾人员在迎宾时身上应佩戴身份胸卡，以便来宾确认。胸卡内容应包括本人姓名、工作单位、所在部门及现任职务等，胸卡应使用主宾双方国家的文字。

❋ 自我介绍。在拿不准对方是否为我方迎接的对象时，可主动上前，自报家门。

● 施礼：在迎宾时向来宾施礼应做到：

❋ 热情握手。迎客人时一定要主动伸手与对方相握，若来宾不止一人，则应按惯例顺序一一相握，一定不能忘掉礼貌热情。

❋ 主动寒暄。与来宾相见，不可一言不发，应略作寒暄，并致问候，有问有答。当来宾询问问题时，迎宾人员应尽量详尽、准确、耐心地予以解答。对一时难以解答或不便解答的，也应给予委婉的答复。

❋ 周到服务。来宾到达迎宾地点后，迎宾人员要主动为来宾提拿行李。接送来宾最好有专车，应有专人陪同客人去下榻处。

(7) 认真招待。这一环节的工作直接决定着接待工作的效果，要注意做好以下工作：

❋ 同外宾或其代理单位、人员商定具体活动日程。

❋ 安排有关上司会见外宾，事先确定好会见时间和地点。

- 根据有关规定和外宾的身份，安排有关上司出面宴请，事先确定好准确的地点和席位。
- 按活动日程具体组织承办或安排有关单位组织会谈、参观、考察、访问等活动。
- 如有需要，通知公安部门做好外事安全保卫工作。
- 安排好必要的文娱、体育活动。
- 安排好外宾游览当地的风景名胜。
- 重要外事活动应组织安排好新闻报道工作。
- 如确定需要跟外宾交换或互赠礼品、纪念品，应事先做好准备。

(8) 热情送别。要想使接待工作善始善终，就必须像对待迎宾工作一样地重视送别工作。送别外宾时，应首先根据外宾的身份地位和迎宾时的规格，来确定送别的规格。此外，要完成以下具体工作：

- 为外宾预订车、船票或飞机票。要了解外宾的意愿，在活动结束前几天就做好预订工作。
- 外宾临走前，应按规定做好接待经费的结算。要提前给外宾做好各项费用的结算工作，并帮助搬运客人携带的物品。
- 安排有关上司或工作人员为外宾送行。用车把客人送到出境地点，可先请外宾在贵宾室等候。客人所乘交通工具启动时，送行者应频频挥手告别。
- 接待工作结束后，应做好接待总结，呈报有关上司或外事部门。

3. 涉外接待的礼宾次序

在涉外活动中，一定要安排好礼宾次序，因为在礼宾次序上体现的是各国主权平等的原则。礼宾次序，是指在国际交往中对出席活动的国家、团体、各国人士的位次按某些规则和惯例进行排列的顺序。一般来说，礼宾次序体现东道主对各国宾客的礼遇，在一些国际性的集会上则表示各国主权平等。

(1) 按外宾的身份和职务的高低顺序排列。如按国家元首（总统、主席、国王）、副元首（副总统、副主席）、政府总理（首相）、副总理（副首相）、部长（大臣）、副部长等顺序排列。在正式的政务、商务、科技、学术、军事交往中，均可采用此种方法。若外国来宾是组团前来，则应按照团长的具体地位来排列其先后次序。

(2) 按参加国国名的字母顺序排列。在国际会议和国际体育比赛中，一般都采用这种方法，并按英文字母顺序进行排列。凡重大的国际体育比赛的开幕式，各国体育代表团均应依照国家的字母顺序出场，唯有东道主的体育代表团排在最后面。联合国大会的席位也按英文字母排列。为了避免一些国家总是占据前排席位，因此每年抽签一次，决定本年度大会席位的哪一个字母打头，以便让各国都有机会排在前列。

(3) 按时间先后顺序排列。这里包括几种方法：一是按来宾通知东道主决定到访日期的先后来排列。大规模的国际性招商会、博览会，多采用这种办法；二是按来宾抵达活动地点的时间先后顺序排列。采用何种排列方法，要在给各国的邀请信中注明。

(4) 不排列。所谓不排列，其实也是一种特殊的排列方法。国际上所通行的“圆桌会议”就是借鉴了这种方法。当上述几种方法难以应用时，可采用此法。

在实际工作中，以上方法可交叉使用。但不论采用何种排列方法，均应事先向外国来宾进行通报，以免引起不必要的误解或麻烦。

4. 涉外接待的方法

（1）安排会见、会谈。会见，也叫礼节性会晤，时间较短，通常是半小时左右，属于礼貌性的应酬。会谈，也称谈判，是指双方或多方为各自利益，就某些实质性问题交流情况、交换意见、达成协议等。会谈的内容比较正式，而且专题性较强。

- 会见、会谈的准备程序。
  - 与外宾会见、会谈，应了解对方的背景资料、可能提出的问题，以及习俗禁忌、礼仪特征等，并把这些写成文字材料，呈送上司（主见人）及其他与会人员。有提供给外方参阅的，还要准备好外文资料。如果并非第一次交往，秘书还应把以前会谈的文件、协议找出来，作出摘要提供给上司（主见人）及与会人员。
  - 要安排好会见、会谈的座次。涉外会见，应当“主左客右”，即客人坐在主人的右边。涉外会谈的座位安排为：双方会谈一般将谈判桌排成长方形，双方各坐一边，主方位于背门一侧。双方主谈人坐在己方长排中央，其他人员按右高左低排列。
- 会见、会谈的要求。
  - 外宾抵达时，主见人在会客室门口迎接，接待人员则在大楼门口或大厅迎候，并引导外宾进入会客室。重要外宾在进门后即由代表团团长向主见人一一介绍来团成员，对一般外宾可以在入座后分别介绍主、宾双方。
  - 会见时，座位安排通常为半圆形。会谈时，一般用长方形桌子，宾主相对而坐。
  - 要做好记录。对客人提出、上司许诺的问题，会后应负责落实，做好后续工作。
  - 会见结束时，合影留念。然后在会客室门口与外宾握手告别，对重要外宾可送至大厅或大楼门口再握手告别。接待单位的陪同人员视情况送至大厅或大楼门口握手告别。
- 安排合影留念。

参加合影的人员有：

主人：甲、乙、丙、丁、戊（戊视情况参加）

客人：A、B、C、D

合影留念的站位方式有三种：

D B C A 甲乙丙丁	丁 C 乙 A 甲 B D 丙	丁 C 乙 A 甲 B 丙 D 戊
摄影师	摄影师	摄影师

说明：

第一，三种排列方式都是常用的。遵循的是“以右为尊”的原则，如果人多一行站不下，可按“前高后低”的规则，排成多排。

第二，第二种的排列方式考虑的是不要让客人站在边上，主人一方人员应该站在两边。

第三，第三种中主人一方多加了一人，同样是因为上述问题。

（2）对外宴请的要点。

某企业设宴宴请一外宾。此外宾对该企业的某个项目很感兴趣，有投资意向。为了争取外资，企业的主要上司都出席了宴会，宴会的菜肴极其丰盛，最后剩下很多。按当地习俗，他们没有把剩菜打包带走。可是这次奢华的宴请并没有达到目的，外宾反而取消了投资的打算。

分析

外国企业家，尤其是靠自己艰苦奋斗起家的企业家，大多不会欣赏这样奢侈的宴请。他们反而会考虑这样一个问题：这些人是否也会这样大手大脚地用掉我的投资，而不是把它用在生产上？把钱交到这样的人手里，岂不是有去无还！

对外宴请一般还是选用中餐，与国内宴请相比，要注意如下几点：

- 宴请环境十分重要，应该选雅致、安静的地方。
- 点菜时不仅要考虑外宾宗教信仰方面的忌讳，还要注意其饮食差别。在我们的山珍海味中，有许多是外宾普遍不能接受的，比如燕窝、鱼翅、海参、国家保护的野生动物，还有动物的内脏、蹄爪、翅膀等。
- 菜肴要有地方特色，可以是精致、丰盛的，但不必奢侈。
- 参加宴请的人员要讲究个人卫生，衣着得体，女士要化妆。最好不要穿白天的工作装参加晚宴。
- 如有需要，秘书要为上司准备祝酒词。

本章小结

本章主要介绍了秘书的公关形象管理以及常见的秘书公关活动，并在此基础上，介绍了秘书接待工作。通过本章的学习，应该了解秘书仪容、仪表方面的知识，知道如何装扮自己，使自己从外在形象上符合秘书的职业要求。不仅如此，还对秘书的内在素质和技能要求做了阐述，并介绍了几种常见的公关活动。最后，着重介绍了秘书的接待工作，对接待计划、接待准备工作做了展开说明，并特别介绍了内宾接待和外宾接待工作应该如何开展。

关键术语

公关事务　　仪容　　仪态　　服饰　　交际礼仪　　公关活动　　接待工作　　接待计划

复习思考题

1. 仪容修饰的作用有哪些？

2. 仪态包含哪些方面的内容？
3. 简述服饰选择的原则。
4. 如何做好开放参观活动？
5. 简述开业典礼活动的程序。
6. 接待前的准备工作有哪些？
7. 如何接待来访团体？

实务训练题

当客人进入办公室时，吴秘书正在办公桌前打印一份急件。他向客人点点头，并伸手示意客人先坐下。五分钟后，他起身端茶水给客人，用电话联系好客人要找的部门，在办公桌前起身向客人道别，并且目送其走出办公室。为此事，吴秘书受到了办公室主任的批评。

训练题：

请你指出吴秘书在此次接待中有哪些不妥之处，他该怎么做。

某公司总经理正在办公室准备下午董事会议的发言稿，这时，一位不速之客闯进了办公室的外间，声称有要事要见总经理，谈话不超过一个小时。白秘书连忙起身挡驾，但来人说知道总经理在公司。白秘书再用“总经理不在”来应对来人已不可能。白秘书只得请示总经理，安排见面……

一个多小时过去了，来人还没有要走的意思。白秘书进入会客室，对总经理说：“很抱歉，打断你们的谈话，总经理，您的下一个约会时间到了。”然后，对来人说：“对不起！”

送走了这一位，白秘书远远看见走廊里走过来的是另一公司的刘经理，白秘书不用猜就知道是来要账的，但因为公司最近资金周转困难，总经理不想见他。白秘书走出办公室……

训练题：

1. 白秘书对第一位来客的接待是否妥当？
2. 白秘书应该怎样对待铁城公司的刘经理？
3. 秘书应该怎样为领导排除不必要的干扰，同时又不伤害客人的自尊，影响以后的业务往来？

江海学院是一所省直属重点职业学校，学校占地 1 000 亩，设置中、高职 15 个系，开设 35 个专业，专任教师 700 多人，其中高级职称教师占全体教师人数的 30%，现有在校生 5 000 多人。江海学院原是专门以培养水利、渔业、海洋作业等专业人才为主的学校。为进一步整合办学资源，拓宽学校办学空间，学校确定了“将学校建成一所省属重点综合性学校”的战略目标，在学校设施、师资、专业建设上投入了很多的资金。因学校坐落于全国知名的化工城，学校拟发展地方特色专业，利用现有资源，对学校的专业进一步拓展，决定筹建化工系。

兴华化工集团是化工城中规模最大的一家国有企业，以前曾入选“全国十大化工企业”。该集团有员工10 000余人，企业每年产值近20个亿。兴华化工学校就是该企业直属的一所中等专业学校，是国家级示范中专，学校的化工专业为示范性专业，办学水平一流。这几年来，很多地方的中专学校都已升格为高职院校或被高校合并，中等专业学校的办学空间越来越狭窄，他们了解到江海学院正在筹建化工系，马上与江海学院进行了联系。江海学院领导经过分析，认为合并兴华化工学校对加快学校建设化工系有着积极的意义，学校在师资队伍、实习基地建设、专业办学经验、专业拓展、学生就业方面将更具实力，有利于加快学校向综合性大学迈进。随后，双方进行了多轮的协商谈判，最后达成了一致意向。

一个月后，兴华化工学校师生员工喜气洋洋，江海学院与兴华化工集团的签字仪式在该校多功能厅隆重举行。本次仪式由兴华化工学校办公室何主任负责筹备，参加的领导有兴华化工集团总经理、人力资源部经理、办公室主任、兴华化工学校校长、副校长，江海学院的参加人员有院长、教学副院长、学院办公室主任、教务处处长及化工系主任，同时还邀请了当地的新闻媒体记者参加。签字仪式上，大家举杯庆祝，共同祝贺这次合作的成功。

训练题：

1. 草拟一份签字仪式的准备方案。
2. 布置模拟签字厅。
3. 模拟演示签字仪式。
4. 参加模拟的双方须简单演示见面礼仪，在着装上应如何适当修饰？

第3章

沟通管理

3.1 沟通概述

3.1.1 沟通的含义

“沟通”这一术语就如同“组织”（或称机构）这一术语一样，是一种很难定义的术语。

我们不妨这样看待它，即“沟通”是指人与人之间传递和接收具有某种信息、思想和情感的符号化信息的过程。也就是说，沟通具有两方面的含义：首先，沟通是为了一个特定的目标所进行的人与人之间的信息和意义的传递和理解的过程。其次，沟通也是人与人之间情感表达、交流和理解的过程。因此，沟通是为了设定的目标，把信息、思想和情感在个人或群体间传递，并达成共同协议的过程。这种过程既包括口头语言和书面语言的沟通，也包括形体语言的沟通。

3.1.2 沟通的三要素

在沟通的定义里，需要学习和明确沟通的重要内容即沟通的三大要素。

1. 要有一个明确的目标

只有大家有了明确的目标才叫沟通。如果没有目标，那就不是沟通，而是闲聊。沟通就要有一个明确的目标，这是沟通最重要的前提。所以，理解了这个内容之后，我们在和别人沟通的时候，见面的第一句话应该说：“这次我找你的目的是……”沟通时说的第一句话要说出你要达到的目的，这是非常重要的，也是你的沟通技巧在行为上的一个表现。

2. 达成共同的协议

沟通结束以后一定要形成一个双方或者多方都共同认可的一个协议，只有形成了这个协议才叫做完成了一次沟通。如果没有达成协议，那么就不能称之为沟通。沟通是否结束的标志是看其是否达成了一个协议。在实际的工作过程中，我们常见到大家一起沟通过了，但是最后没有形成一个明确的协议，大家就各自去工作了。由于对沟通内容的理解不同，又没有达成协议，最终造成了工作效率的低下，双方又增添了很多矛盾。在我们明确了沟通的第二个要素的时候，就应该知道，在和别人沟通结束的时候，我们一定要用这样的话来总结：非常感谢你，通过交流我们现在达成了这样的协议……你看是这样的一个协议吗？这是沟通技巧的一个非常重要的体现，就是在沟通结束的时候一定要有人来做总结，这是一个非常良好的沟通行为。

3. 沟通信息、思想和情感

沟通的内容不仅是信息还包括更重要的思想和情感。那么信息、思想和情感哪一个更容易沟通呢？自然是信息。

例如：今天几点钟起床？现在是几点了？几点钟开会？往前走多少米？

这样的信息是非常容易沟通的。而思想和情感是不太容易沟通的。在我们工作的过程中，很多障碍使思想和情感无法得到一个很好的沟通。

3.1.3 沟通的两种方式

实际上，在工作和生活中我们除了用语言沟通，有时候还会用书面语言和肢体语言去沟通，如用我们的眼神、面部表情和手势去沟通。归纳起来，我们的沟通方式有两种：语言的沟通和肢体语言的沟通。通过这两种不同模式的沟通，可以把沟通的三个内容即信息、思想和情感传递给对方，并达成协议。

1. 语言的沟通

语言是人类特有的一种非常好的、有效的沟通方式。语言的沟通包括口头语言、书面语言、图片或者图形。

口头语言包括我们面对面的谈话、会议等。书面语言包括我们的信函、广告和传真，以及现在用得很多的 E-mail 和各种即时通信软件如 QQ 等。图片包括一些幻灯片和电影等，这些都统称为语言的沟通。

在沟通过程中，语言沟通对于信息、思想和情感的传递而言更擅长于传递的是信息。

2. 肢体语言的沟通

肢体语言是非常丰富的，包括我们的动作、表情、眼神。实际上，在我们的声音里也包含着非常丰富的肢体语言。我们在说每一句话的时候，用什么样的声调去说、用什么样的语气去说等，这都是肢体语言的一部分。

我们说沟通的模式有语言和肢体语言这两种，语言更擅长沟通的是信息，肢体语言更善于沟通的是人与人之间的思想和情感。

3.1.4 有效沟通的 7C 原则

所谓有效的沟通，是通过听、说、读、写等思维的载体，通过演讲、会见、对话、讨论、信件等方式准确、恰当地表达出来，并促使对方接受。有效沟通的 7C 原则是美国著名的公共关系专家卡特立普和森特合著的被誉为“公关圣经”的著作《有效的公共关系》中提出的：

- 可信赖性（credibility）。即建立对传播者的信任。沟通要从彼此信任的气氛中开始，营造这种气氛是秘书的责任。这反映了他们是否具有真诚满足被沟通者的愿望和要求的能力，被沟通者也应相信沟通者在共同关心的问题上有足够的能力。
- 一致性（context）。又译为情境架构，指传播须与环境（物质的、社会的、心理的、时间的环境等）相协调。就管理沟通而言，公司的沟通计划必须与公司的环境要求相一致。良好的沟通需要建立在对环境充分调查研究的基础之上。秘书有责任为此提出建议。
- 内容（content）。沟通的内容需对接受者有意义，与接受者的价值观念有同质性，与其所处的环境相关。一般说来，公众会很快接受带来更大价值的信息。信息的内容在极大程度上决定公众的态度。准备好有针对性的内容是秘书的工作之一。
- 明确性（clarity）。沟通要以简明的语言进行，所用的词汇对沟通者和接受者都代表同一含义。信息在传递中所经历的环节越多就越应该简单明确。所以，简明的语义表达是秘书的基本素质要求。
- 连贯性（consistency）。沟通是一个没有终点的过程。要达到有效的目的在许多情况下需要重复，并补充新的内容，这个过程需要持续地进行下去。
- 渠道（channel）。沟通者要尽量利用现实社会已存在的信息传递渠道。利用被沟通者经常惯于使用的渠道易于成功沟通。重新建立新的渠道，会增加交流的时间和难度。因此，有针对性地选用不同的渠道沟通是明智之举。
- 接受者的接收能力（capability of audience）。用来沟通的信息资料对被沟通者的能力要求越小、信息越简单，就越容易被接收，从而沟通成功的可能性就越大。被沟通者的接收能力主要取决于他们的信息接收习惯、阅读能力和知识水平。所以，秘书要能够准确判断对方的接收能力。

3.1.5 沟通的种类

1. 从沟通的对象来分，可以分为人际沟通、组织沟通、公众场合的沟通和跨文化的沟通

（1）人际沟通。人际沟通是指两个或两个以上的人之间所进行的沟通。通常是在非正式的、舒适的环境中进行的。所以，人际沟通的有效管理方法是信息的传递和人际友好关系的建立。人际沟通利用了沟通过程的所有要素。例如，在朋友之间交谈时，每个人都把自己的背景和经验融入谈话中。在交谈时，每个人都表现为信息发送者和接收者，他们的信息由语言和非语言符号组成，使用最多的渠道是视觉和声音。因为人际沟通是在两个人（或几个人）之间，所以反馈的机会最多，因为每个人都能发现对方是否困惑不解，交谈者有很多机会来检验信息是否被正确地理解。

信息传递的成功与否在很大程度上取决于人们接收信息的性质和质量，而这些信息的性质和质量又取决于人际关系的性质和质量。人们在同亲朋好友以及其他容易相处的人进行交流或交往时，往往可以获得某种心理上的满足。在沟通中，人们之所以能够直言不讳，畅所欲言，甚至对重要的事情开玩笑，是因为他们彼此之间的关系亲密无间，有时即使相互责骂也是友好情谊的一种表现形式。然而，为了实现组织目标，管理者必须与那些尚未建立亲密关系的其他人进行沟通。在交流中，可能会因误解而使意见不能一致，发生矛盾或回避矛盾，产生彼此间的不信任，进而损害合作或造成不健康的工作环境。实际上，人们彼此之间是愿意遵行礼节，渴望真诚合作的。人际沟通之所以未能尽善尽美，是因为人们尚未正视影响人际关系的一些基本问题。大千世界，人各有异，我们必须理解这些差异的性质，努力改变人际沟通中的行为方式，以适应人的不同品性。

（2）组织沟通。组织沟通是指组织之间的信息传递。什么是组织？首先，组织是由社会中的一些成员所组成的群体；其次，这些成员之间是相互依赖的关系。组织沟通有两层含义，一方面它是指组织内部成员、部门之间的沟通；另一方面它又指组织与组织之间的沟通。因此，同事关系、部门关系、上司与员工的关系、单位与单位的关系以及个人与单位的关系等都是组织沟通所要探讨的问题。关于组织内部的信息沟通有两条渠道，即正式渠道和非正式渠道。两者均载有信息，同等重要。所谓正式渠道是指组织内部按正规的方式建立起来的渠道。信息既可以从上级部门传递给下级部门，如政策、规范、指令等；也可以从下级部门反映到上级部门，如报告、意见，请示等；还可以是同级部门之间的信息交流。而非正式渠道是由组织内部成员之间因为彼此的共同利益而形成的，这些利益既可能因为工作而产生，也可能由于组织外部的各种条件而产生。

（3）公众场合的沟通。在公共场合的沟通中，发送者和接收者（演说者）向听众发送某种信息（发表演说）。演说者通常传送一种高度结构化的信息，所利用的渠道与人际沟通和小组沟通相同。然而，在公共场合的沟通中，渠道比在人际沟通中扩大了。因为听众人数增多，所以声音要更高，手势幅度要更大，演说者也可以利用附加的视觉渠道，如幻灯片等。总的来说，在公共场合的沟通中，语言反馈的机会受到限制。在演说结束时，听众可能有机会提问，但在演说期间通常是不能随便发问的，然而，他们可以做出非语言的反馈。如果他们喜欢听讲，可以通过鼓掌打断演说，如果不喜欢，则可能变得非常烦躁或干脆转移注意力。在大多数公共场合的沟通中，环境是正式的。

（4）跨文化的沟通。每个国家、民族都有自己的文化。从沟通的角度来看，文化是指一个国家和民族特有的价值观、道德观和风俗习惯等。文化是人们的行为基础。在世界已经成为一个地球村的今天，我们每个人都要学会与其他文化的民族和个人相处。

2. 从沟通的性质来分，可分为公务沟通和私人沟通

一个秘书并不是始终都扮演一个角色，他是一个多角色的集合体。因此，在秘书的沟通活动中，有些属于秘书的角色沟通，有些属于非角色沟通。公务沟通活动就是秘书作为特定角色的一种沟通方式，私人沟通则是属于非角色的活动。公务沟通活动是指那种沟通双方都以角色面貌出现的工作联系活动。在这种沟通中，组织纪律、权力地位、角色分工体现得十分明确，常常是公事公办，一般较少带有感情色彩。如秘书参加各种会议活动以及处理信访问题中的沟通就是属于公务沟通。私人沟通或非角色沟通是指一种非正式的沟通，双方不受组织纪律等的约束。私人沟通带有明显的感情色彩，在沟通活动中，情感交流占有很大的比例。这种沟通与公务沟通多数有着密切的联系。一般情况下，凡是公务沟通多、与人接触频繁的人其私人沟通也较多，公务沟通较少的则私人沟通也可能少。当然，也有例外情况。私人沟通多数是在公务活动中形成和发展起来的，是在公务沟通活动中双方默契合作的一种反映。和谐融洽的私人沟通对于促进公务沟通的顺利进行，提高公务沟通活动的效率有较大的影响。

当然，在任何沟通活动中，人们都有情感成分的参加，只是有些沟通活动情感成分大些，而有些沟通活动情感成分小些。我们提倡在各种沟通活动中投入更多的感情，这样可以促进人们相互间的沟通和了解，有利于交往活动的顺利进行。但是，现在社会上有一种十分不正常的现象，即公事必须私办，你如果拿着介绍信去正面联系工作，往往是“官腔事难办，老爷话难听”，办不成事，把正常的公务交往转变成私人交易、拉私人关系的一种手段。这是一种极端腐败的风气，致使行贿受贿之风愈演愈烈。秘书人员身处中枢神经地位，应该掌握公务与私人交往的分寸，绝不能将其混为一谈，一方面要积极、正确地去处理各种公务沟通活动，做到热情待人、秉公办事；另一方面要不断扩大有健康气氛的私人沟通范围。

3. 从沟通的方向来分，可分为纵向沟通和横向沟通

所谓纵向沟通，是指行政关系中上下级之间的沟通，包括上行沟通和下行沟通。上行沟通主要是指秘书与本单位上司及上级有关部门中人们的沟通活动；而下行沟通，是指秘书与一般群众及下级各部门中人们的沟通。横向沟通也叫平行沟通，是指秘书之间的沟通及秘书与各同级部门中人们以及外单位的人们之间的沟通。

秘书这几种不同的沟通方向，反映了秘书沟通的广阔性。它们不仅代表着不同的沟通对象，而且表示着不同的沟通内容，每种沟通方式也带有不同的特点。在这两种沟通中，秘书人员的角色地位有着显著的变化，在上行沟通中，秘书是与上司或上司部门打交道；而在下行沟通中，秘书是以上司和上司部门的代言人的身份出现的。所以，秘书应该注意这种角色地位的变化及其对交往的影响，恰当地处理好同各方面的关系，以保证各种信息的正常传递，真正起到上情下达、下情上达的转换作用。

3.1.6 有效沟通的技巧

1. 完整的沟通过程：信息发送、接收、反馈（见图3—1）

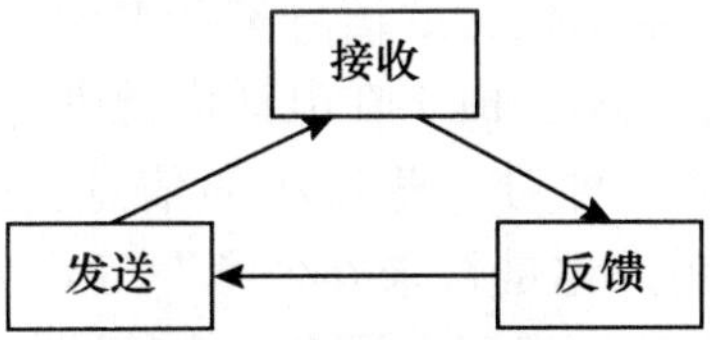

图3—1 沟通的过程

沟通的过程是一个完整的双向沟通的过程：发送者要把他想表达的信息、思想和情感，通过语言发送给接收者。当接收者接到信息、思想和情感以后，会提出一些问题给对方一个反馈，这就形成一个完整的双向沟通的过程（见图3—2）。在发送、接收和反馈的过程中，我们需要注意的问题是：怎样做才能达到最好的沟通效果？

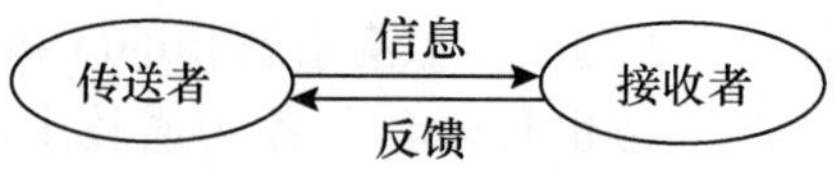

图 3—2 双向沟通

2. 有效发送信息的技巧

在沟通过程中，首先，应注意信息的发送。这里指的信息，包括信息、思想和情感。在发送信息的时候，需要注意以下几个问题：

（1）选择有效的信息发送方式（how）。要发送一个信息，首先要考虑到用什么方法去发送，而这些发送方法是我们在工作中经常用到的方法。在工作中，经常通过哪些方法与别人沟通呢？主要有电话、电子邮件、传真，也有面对面的会议沟通等方式。下面介绍几种常用的信息发送方式。

● 电子邮件和网聊。现在越来越普及的一种方法就是 E-mail（电子邮件）和 QQ（网聊）。电子邮件和网聊日益得到了最广泛的应用，已经成为非常流行并且常用的沟通方式。现在许多人上班的第一件事就是打开电脑，看一看自己的电子邮件和 QQ。电子邮件和 QQ 沟通是一种典型的书面语言沟通。

- 电子邮件和网聊的优势。可以传递大量的、准确的信息，甚至很多动画片都可以通过电子邮件和 QQ 来传递。在沟通大量信息的时候，用电子邮件和 QQ 是非常好的一种方法。
- 电子邮件和网聊的劣势。主要的不足在于其不能很好地传递思想和情感。当与对方进行情感交流的时候，电子邮件和网聊这种方式就不利于去沟通情感。以前很多人同朋友沟通时都使用电话，而现在用电子邮件和网聊沟通的时间多了，朋友逐步变成了陌生的人。如果你和你的亲人长期不见面，采用电子邮件和网聊来沟通，时间长了，你的感情也会慢慢地淡化。

● 电话。电话是我们传统而常见的一种沟通方式。我们知道电话的沟通也是语言沟通的一种，但是电话的语言沟通里不仅仅包含你说的内容，也包含了一些你说话的抑扬顿挫的语气，这也是一种肢体语言的表现，这种肢体语言能够传递给对方一定的情感和思想。所以说电话包含一定的信息，也包含一定的思想和情感，对信息与思想、情感两者之间都有所包含。

电话与电子邮件比较而言，电话包含的信息量会更少一些，有时候可能会更不准确一些，因为口头语言不如书面语言准确。由于在电话沟通中，对方不可能一下子记住太多的信息，他会遗忘，所以说电话是一种对一些短小的信息、简单思想、情感传递的有效方式。如“你是否能够开会”、“明天你是否来办公室”等，工作中在确认某件事情的时候，用电话是非常好的。同时，我们还注意到电话有一个特别好的优势，就是它的速度快，能够及时地做出某一个决定。

● 开会或者面对面谈话。开会和面对面谈话相比，面对面谈话方式是最好的沟通方式。当有可能选择的时候首先选择面对面谈话。但是，现在的通信设备发展迅速，很多人在沟通的过程中，由于习惯，首先会选择电话或者 E-mail 以及 QQ，而忘了最好的方式是面对面谈话。

（2）何时发送信息（when）。选择恰当的沟通时间，首先，应充分考虑对方的情绪。在对方情绪愉快的时候发送信息，会达到非常好的沟通效果。其次，应不要打扰对方休息。中午或者晚上尽量不要发送信息。

（3）确定信息内容（what）。发送传递信息内容的两种方式：一种是语言，另一种就是肢体语言。在同别人沟通的时候，你说什么话是很重要的，但只有加入相应的肢体语言，你所要传递的信息内容才会更加确切。只注重语言却不注重肢体语言，沟通效果会非常不好。就像我们每一个人每天都会听到很多的口号，如欢迎光临。是否让你感觉到真正的受到欢迎呢？很少感觉到。我们接收到的仅仅是"欢迎光临"这四个字带给我们的信息，却没有通过对方说这句话时肢体语言传递给顾客的情感。所以说，在选择具体内容的时候，我们一定要确定要说哪些话，用什么样的语气、什么样的动作去说，这些在沟通中非常重要。

（4）谁该接收信息（who）。我们在发送信息的时候还需要考虑以下问题：

- 谁是你的信息接收对象？
- 怎样获得接收者的注意？
- 接收者的观念是什么？
- 接收者的需要是什么？
- 接收者的情绪怎样？

（5）何处发送信息（where）。发送信息时，还需要考虑在什么样的环境和场合下发送给对方。现在对场地的选择已经越来越引起人们的注意。在实践中很多管理者已经越来越认识到：环境对沟通效果的影响非常大。但在我们的工作中，特别是上下级之间的沟通，通常是在上级主管的办公室中进行，在这样的环境下进行沟通往往达不到好的效果。

一家网络公司由于受全球经济危机的影响，公司经营受到严重打击，最后公司决定裁员。第一次裁员，地点选在公司的会议室，通知全部被裁人员到会议室开会，在会议上宣布被裁人员名单，并且每个人立即要拿着自己的东西离开办公室，公司所有被裁员工都感到非常沮丧，甚至包括很多留下的人也感到沮丧不已，极大地影响了公司的士气。第二次裁员的时候，公司接受上次的教训，不是把大家叫到会议室里，而是选择了另外一种方式：单独约见被裁人员到星巴克咖啡厅。在这样的环境里说出公司的决策：由于公司的原因致使他暂时失去了这份工作，请他谅解，并给他一个月的时间寻找下一份工作。这次裁员的效果和上一次相比明显不同，基本上所有的员工得知这个消息后，都能表示理解和接受，并且表示，如果公司需要的时候随时可以通知他，他会毫不犹豫地再回到公司。那么，这样一种方式无论是对被裁者还是对仍然留在公司的员工来说，他们得到的不仅仅是裁员这个信息，而且可以感受到公司对每一位员工的情谊。两次裁员，由于选择了不同的环境，所得到的效果也是截然不同的。

3. 关键的沟通技巧——积极聆听

发送完信息后，对方就要去接收信息，即聆听。发送信息和聆听信息哪一个更重要一些呢？冷静地思考后你会发现，其实在沟通中听比说更重要，我们有时听别人说了很多的话，却没有认真去聆听对方真实传递的信息，导致沟通失败。所以说聆听是一种重要的非语言性沟通技巧。

（1）聆听的原则。

- 聆听者要适应讲话者的风格。每个人发送信息的时候，他说话的音量和语速是不一样的，你要尽可能地适应他的风格，尽可能接收他更多、更全面、更准确的信息。
- 聆听不仅是用耳朵在听，还应该用你的眼睛去看。你耳朵听到的仅仅是一些信息，而眼睛看到的是他传递给你更多的一种思想和情感，因为这需要更多的肢体语言去传递，所以听是耳朵和眼睛在共同工作。
- 首先是要理解对方。听的过程中一定要注意，站在对方的角度去想问题，而不是去评论对方。
- 鼓励对方。在听的过程中，看着对方保持目光交流，并且适当地去点头示意，表现出有兴趣的聆听。

（2）有效聆听的四步骤如下：

- 步骤1：准备聆听。首先，就是你给讲话者一个信号，说我做好准备了，给讲话者以充分的注意。其次，准备聆听与你不同的意见，从对方的角度想问题。
- 步骤2：发出准备聆听的信息。通常在听之前会和讲话者有一个眼神上的交流，显示你给予发出信息者的充分注意，这就告诉对方：我准备好了，你可以说了。要经常用眼神交流，不要东张西望，应该看着对方。
- 步骤3：采取积极的行动。积极的行为包括我们刚才说的频繁地点头，鼓励对方去说。那么，在听的过程中，也可以身体略微地前倾而不是后仰，这是一种积极的姿态，这种积极的姿态表示你愿意去听，努力在听。同时，对方也会有更多的信息发送给你。
- 步骤4：理解对方全部的信息。聆听的目的是为了理解对方全部的信息。在沟通的过程中你没有听清楚、没有理解时，应该及时告诉对方，请对方重复或者是解释，而不是不懂装懂。不懂装懂是我们在沟通过程中常犯的错误。所以在沟通时，如果没有听清楚时要及时通知对方。

当你没有听清或者没有听懂的时候，要及时反映。很多专业的沟通者在说话之前都会说："在我讲的过程中，诸位如果有不明白的地方可以随时举手提问。"这证明他懂得在沟通的过程中，要说、要听、要问。而不是说："大家要安静，一定要安静，听我说，你们不要提问。"那样就不是一个良好的沟通。沟通的过程是一个双向的循环：发送、聆听、反馈。

（3）聆听效果的五个层次。在沟通聆听的过程中，因为我们每个人的聆听技巧不一样，所以看似普通的聆听却可分为五种不同层次的聆听效果。

- 听而不闻。所谓听而不闻，简而言之，可以说是不做任何努力地去听。我们不妨回忆一下，在平时的工作中，什么时候会发生听而不闻？如何处理听而不闻？听而不闻的表现是不做任何努力，你可以从他的肢体语言看出，他的眼神没有和你交流，他可能会左顾右盼，他的身体也可能会倒向一边。听而不闻，意味着不可能有一个好的结果，当然更不可能达成一个协议。

● 假装聆听。假装聆听就是做出聆听的样子让对方看到，没有用心在听。在工作中常有假装聆听现象的发生，例如你和客户之间交谈的时候，客户有另外一种想法，出于礼貌他在假装聆听，其实他根本没有听进去；上下级在沟通的过程中，下级惧怕上级的权力，所以做出聆听的样子，实际上没有在听。假装聆听的人会努力做出聆听的样子，他的身体大幅度前倾，甚至用手托着下巴，实际上是没有在听。

● 选择性的聆听。选择性的聆听，就是只听一部分内容，倾向于聆听所期望或想听到的内容，这也不是一个好的聆听。

● 专注地聆听。专注地聆听就是认真地聆听讲话的内容，同时与自己的亲身经历做比较。

● 设身处地的聆听。不仅是听，而且努力理解讲话者所说的内容，所以用心和脑，站在对方的利益上去听、去理解，这才是真正的、设身处地的聆听。设身处地的聆听是为了理解对方，多从对方的角度着想：他为什么要这么说？他这么说是为了表达什么样的信息、思想和情感？如果你的上级和你说话的过程中，他的身体却向后仰过去，那就证明他没有认真地与你沟通，不愿意与你沟通。在对方和你沟通的过程中，频繁地看表也说明他现在想赶快结束这次沟通，你必须去理解对方：是否对方有急事？可以约好时间下次再谈，对方会非常感激你的通情达理，这样做将为你们的合作建立基础。

3.2 横向沟通

3.2.1 横向沟通概述

1. 横向沟通的含义

横向沟通指的是组织机构中具有相对同等职权地位的人之间的沟通。横向沟通一般体现为部门间员工的沟通，这种沟通既可以是正式的，也可以是非正式的。此沟通在秘书协调两个或两个以上的部门或企业之间的关系时，或是秘书在协调与同事的关系时经常采用。横向沟通的目的是为了增强部门和同事及与其他企业之间的合作，减少摩擦。

2. 横向沟通的类型

（1）根据沟通主体是否来自同一部门可分为：

● 同一部门内的横向沟通。

● 不同部门间的横向沟通。

✽ 部门管理者间的沟通。

✽ 部门管理者和其他部门员工之间的沟通。

- 不同部门员工间的沟通。

（2）根据沟通主体是否来自同一管理阶层可分为：

- 同一层次中成员间的横向沟通。
- 处于不同层次的没有隶属关系的成员间的交叉沟通。

秘书横向沟通的类型有其独特性。它包括与同事的沟通、与职能部门的沟通和与协作单位的沟通等几个方面。

3. 横向沟通的形式

- 跨部门的横向沟通通常采取的形式包括：会议、备忘录、报告等。其中会议是最经常采用的沟通形式，包括决策性的会议、咨询性的会议和通知性的会议等。
- 部门内部员工间的横向沟通，多采用面谈、备忘录的形式。
- 部门员工与其他部门的管理者和员工的沟通，面谈、信函和备忘录是较好的形式。

4. 横向沟通中可能会遭遇的障碍

（1）部门本位主义和员工短视现象。工作业绩评估体系的存在，是造成部门本位主义泛滥，部门员工存在短视行为的一个主要原因。对员工来说，为获得晋升和嘉奖以及业绩的认可机会，会不自觉地表现出维护本部门的利益，强调本部门业绩的倾向。

（2）"一叶障目"，对公司组织结构的偏见。有些部门对其他部门产生的先入为主的偏见会影响部门沟通的顺利进行。例如，营销部门认为本部门天生比其他部门重要，这种认为组织部门有贵贱等级之分的成见，显然会降低正常横向沟通的效果。

（3）性格冲突。跨部门沟通失败、低效的另一个主要原因是沟通各方性格、思维方式和行为习惯的冲突。每个人因为其独特的工作领域、成长经历和生活体验，会形成独特的思维方式和沟通方式。如果缺乏对沟通对象特定的沟通方式的了解，沟通往往会失败。

（4）猜疑、威胁和恐惧。缺乏信任的后果，不完全是猜疑和恐惧。但引发猜疑、威胁和恐惧的原因，一定是缺乏信任。由于过去经历的负面沟通，会使人产生猜疑，或感觉到威胁。当然，这也与沟通中的主体个人性格有关。

5. 横向沟通策略

针对横向沟通中出现的问题、存在的障碍，秘书可以通过以下策略消除障碍：

（1）选择针对性的沟通形式。例如，对于决策性会议，与会的人数可以少而精，以提高集合面；对于咨询性的会议，其目的就是集思广益，应该扩大与会人数，选择不同背景的与会人员，以提高覆盖面；对于通知性的会议，只要让所有需要知晓信息的人员接收到信息就可以。同时注意反馈，确保沟通接收者准确无误地理解信息。

（2）树立"内部客户"的理念。"内部客户"的理念认为工作的下一个环节就是本工作的客户。要用对待外部客户、最终顾客的态度和热情去服务内部客户。

（3）耐心倾听而不是叙述。在交流会谈中，每个部门的参加者最擅长的就是描述本部门的困难和麻烦，同时指责其部门如何不合拍、不协同，很少花时间耐心倾听。当沟通的各方仅仅关注如何组织发言，去阐述、强调本部门、本岗位中遇到的阻碍和困难时，在别人发言时，他们就不会去倾听。

（4）换位思考。试着采用他人的思维和沟通框架、设身处地地替他人着想，并体会他人的看法，会是很有益的。跳出自我的模式，进入他人的心境，未必要同意他人，但能了解他人看待事物和认识事物的方式，这样才能找到行之有效的沟通方式。

3.2.2　秘书与同事关系的沟通

秘书与同事之间的关系是秘书最广泛、最复杂的一种横向人际关系。秘书与同事一起共事，彼此地位平等，保持相互间良好的合作关系，对秘书的工作、心情、发展都有很大影响。

1. 秘书与同事相处应遵循的原则

(1) 平等原则。平等是人与人之间建立感情的基础，是公共关系的一项基本原则，平等是建立良好人际关系的前提。人际交往中着重的是人格平等，即尊重他人的人身权利、自尊心、感情，不涉及他人的隐私权。心理学研究表明，人都有受人尊敬的要求，每一个人都渴望成为家庭、组织、社会中真正的一员，平等地同他人进行沟通。只有在交往中以平等的姿态出现，不盛气凌人，不高人一等，给人以充分的尊敬，才能形成人与人之间的心理相容，产生愉悦、满足心境，建立和谐的人际关系。

(2) 真诚原则。真诚是人际交往最基本的要求，所有人际交往的手段、技巧，都应建立在真诚交往的基础上。在秘书工作中诚信有着重要的价值。它实际上是单位或个人的无形资产，是单位或个人忠诚的表现。它反映了单位或个人行为的规律和稳定性。秘书在人际交往中“诚而有信”，就能发挥自身能力，得到他人或组织的支持和鼓励，更好地表现自身价值。

(3) 宽容原则。宽容指心胸宽广，忍耐力强，不计较个人利益得失。“海纳百川，有容乃大。”人际交往中要求秘书严于律己，宽以待人，关心人、理解人，大事清楚、小事糊涂，原则要坚持，方法要灵活，以德报怨，得理让人。“金无足赤，人无完人”，交往时，只有对别人的不足和过失宽以待之，才能获得更近的交往距离。

(4) 知人知言原则。社会中每个人的气质、性格皆不同，交往的动机和目的也不同，秘书人员在开展人际交往时，对交往对象应该有较深刻的了解与把握，以掌握主动。

(5) 人际互动原则。我们都希望别人能够承认自己的价值，希望别人能够接纳自己、喜欢自己。出于这个目的，我们在社会交往中往往更注意自身的自我表现，注意吸引别人的注意力，处处期待别人首先接纳自己。这种从自我单方面出发考虑问题本无可非议，可是它却实实在在地影响着我们的交往。我们应该首先学会赞美同事、欣赏同事，同事才能喜欢你，所谓“投之以桃，报之以礼”也。

2. 与同事进行沟通的技巧

如何与同级的同事相处，如何与下级同事相处，这是一门关于人际关系的艺术。下面我们从不同的方面，谈一谈与同事们相处的技巧。

(1) 千方百计去了解同事。让自己去适应人文环境，而不是要人文环境来适应自己。即使这是一个非常痛苦的过程，我们也得经历这番痛苦，最终达到适应人文环境的目的。新到一个地方或单位工作，要想法尽快对自己的同级同事、上级同事或下级同事的基本情况了解一个大概。不仅要了解他们的个性，而且要了解他们的为人和工作的态度，以便于自己今后与他们交往。

（2）学会自省和换位思考。在工作中无论发生什么事情，都要首先想到是不是自己做错了。如果自己没错，那么也要站在对方的角度，体验一下对方的感觉。任何人在工作中，都无法避免差错的产生。如果自己工作出了什么差错，就应该勇敢地自我批评，主动认错，比被同事指出来要好得多。

（3）工作要低调一点。人的能力有大小，有时可能同事的工作能力不如自己，甚至有的上级的能力也不如自己。遇到这种境况，千万不要处处逞能，对谁也看不起。工作低调一点，再低调一点，这对自己会有好处。现在用人的制度灵活，可能许多不在编制的那些被人瞧不起的短期工人的能力比你自己还要强。所以，在一个单位工作，低调很重要。

（4）学会大方。在一个单位工作，大方很重要。大方主要是与同事们一起共事要相互关心、相互帮助。有时对别人一点小小的物质帮助，就会使人感动得不行。大方不会使自己吃亏，最终会使自己受益。

（5）学会真诚地赞美同事。嘴巴要“甜”，不要吝惜你的喝彩声。与同事相处，得要学会经常夸奖别人。适时地对同事进行夸奖，会让人产生愉悦感，会使同事产生与你的亲近感。但这种夸奖，应该是真心实意、实事求是的，而不应该是虚情假意、夸大事实的。

（6）与同事相处要讲文明礼貌。平时打招呼时要看着对方的眼睛。在与同事打交道时，应该做到尊老敬长。与年纪大的同事交往沟通，应该要尊称对方。与上司交往，更应该注意称呼对方的职务，让对方感到你是尊敬他的。千万不要无大无小，目中无人。就是与比自己年龄小的人交往，也要注意用平等的姿态。

（7）在单位工作，正确的做法是少说多做。不要轻易地去评价别人的工作。自己不是管事的负责人，对同事的工作优劣，最好不要去说三道四。话说多了，就有可能失误，就有可能得罪人。有时，把人得罪了，自己还不知道错在哪里。俗语说“祸从口出”，就是这个道理。

（8）要知道感恩。平时同事对自己关心爱护，自己心里应该有数。千万不要把别人对自己的好，视为理所当然。

（9）在一个单位工作，在工作能力水平的展示上，正确的做法是把自己的本分工作干得出色一些。在别人面前，千万不要去炫耀自己。炫耀自己，只会是孤立隔离自己，只会使自己与同事们的关系搞得越来越不顺畅。

（10）对单位的工作制度和工作时间，应该严格遵守。不要看着别人不遵守，就产生心理上的不平衡，就拿话指责人家，这样会使人际关系变糟糕的。

（11）信守自己对别人的承诺。说出去的话，就一定要做到。比如，答应帮助同事，承诺借钱，话说出后，不要反悔。若遇同事不自觉主动归还所借之款，不要天天去催要。对人不要轻易许诺。不要把别人对你的承诺一直记在心上，对别人的宽容，就是对自己的宽容。

（12）工作中要敢于揽过。是自己的错，就不要想法推脱责任。即使是别人的责任，如果有人怪罪你，你也最好不要去争辩，相信时间会证明你没有问题。

（13）面对工作，要经常检查自己是不是又自负了，又骄傲了，又看不起别人了。即使你自己有通天的本事，你也要想到，没有他人的合作和帮助，也不是事事能办成的。

（14）正确面对别人的嫉妒，学会忍耐别人的嫉妒。你在一个单位工作，也许你的能力比别人强许多，也许你在这个单位上上下下的人缘关系比较好，也许你的某方面的社会关系很硬，也许有许多人在觊觎着你现在的岗位想有朝一日取而代之，你不要着急，遇到这种情况，要理智理智再理智，冷静冷静再冷静，不要头脑发热去责问、去辱骂、去回应。正确的态度是不理不问也不去听。用一点阿 Q 精神，用一些沉默来对待这一切的嫉妒。用一颗平常心，来对待一切对你的非议。

（15）学会尊重老同事。在一个单位工作，资历非常重要。不要因为对老同事瞧不上眼，就要心眼斗法。否则，你失败了，还不知道问题出在哪里，自己错在哪里。

（16）不揽功推过。如果你带领一个团队，在总结工作时要把问题、教训、不足都揽在自己身上，把成绩功劳多记在下属身上。当上司和下属同时在场时要舍得用语言及时表扬你的下属。批评人的时候一定要在只有你们两个人的情况下进行为好。这样，你既会赢得上司的信任，也会赢得下属的拥护。

（17）不忘幽默。保持对生活的感性与幽默，享受建立人际网络的过程。

3.2.3　秘书与职能部门的关系沟通

在各个独立的组织机构中，各个职级部门在上司中枢的指挥和控制下，具体负责某一方面的业务工作，如组织、人事、财务、后勤等。各职能部门各司其职、互相配合，保证一个组织机构的正常运转，从而保证上司的决策完整、准确地得到实施。离开了职能部门，上司中枢和与上司中枢紧密相连的秘书部门就成了空中楼阁。因此，秘书要想履行自己的职责，做好上司交代的工作，一方面要搞好与各职能部门的关系，另一方面要协调好各职能部门之间的关系。

1. 与职能部门搞好关系的方法

（1）强化部门观念。秘书人员虽然接近的是上司，直接辅助上司的工作，常常秉承上司的意图并传达给各职能部门，但实际上秘书部门与各职能部门是相互依赖的，秘书人员与职能部门的一般工作人员同样是平等的同事关系，只不过分工不同、具体职责任务不同、工作空间不同而已。秘书工作的“三服务”指导思想，实际上也适用于此，即秘书部门、秘书人员应为职能部门服务，而切忌因为位置的特殊就自视高人一等，动不动以上司的名义对有关职能部门的人员指手画脚，动辄要求人家如何如何，这样做是不符合秘书的身份和地位的，也极易引起职能部门人员的反感。而没有职能部门人员的信赖和配合，不仅秘书的本职工作无法顺利进行，整个单位的工作也将受到影响。秘书应主动了解职能部门的情况，体谅职能部门的难处。

各职能部门相对自成一体、独当一面，要完成许多具体而繁杂的工作。平时各职能部门为了搞清上司的意图，或向上司反映情况、提出要求等，常常要通过秘书人员与上司联系，或由秘书人员作为中介进行沟通，自然对秘书人员有所求，这是因为工作的需要和秘书人员所处的特殊位置决定的。反过来，秘书人员为了贯彻上司的决策、完成上司交代的具体任务，常常必须依赖于职能部门的支持和具体执行，尤其是在任务紧、上司要求高的情况下，秘书往往对职能部门催得也紧，有时容易忽略职能部门的难处。如果平时不注意向职能部门了解情况，加强沟通和联络，培养信任与感情，而等到有了任务时一味地催促，要求职能部门的人员限时完成，恐怕很难如愿。

年末，总经理办公室的小赵打电话去财会室催要工资统计表，他提起电话就嚷道："财会室吗？我是总经理办公室。今年全年的工资统计表你们做出来了吗？"财会室回答说："统计出来了。"这位秘书一听极不耐烦地说："那你们还不快点送过来！我正在给上司写年终总结，急等着要用。别耽误了我的工作。"财会室的人听了这颐指气使的话，很不高兴地说："我们也正忙着，你自己来抄好了。"啪！电话断了。而此时总经理办公室的另外一位秘书小范也正打电话向人力资源部催要职工档案，他拨通了电话对方很久没接，他并不气恼，待对方接了后主动招呼："人力资源部吗，我是总经理办公室的小范。你们最近忙吧？"对方有些不好意思说道："最近确实很忙，忙得都来不及接电话。"小范口气友好地说道："也难怪你们，年底了大家都忙啊，人事档案整理好了没？你们整理好了没时间送过来的话我去你们那拿好了。"对方一听，更加不好意思了，连忙说道："整理好了，我们马上送过去，这是我们的分内之事，哪能让你亲自来拿啊。"

分析

通过上面两位秘书的行为和收到的截然不同的效果，我们可以从中看到秘书在和其他职能部门打交道时应该持有的态度和应该注意的问题。

（2）加强沟通，平等相处。秘书平时就要与职能部门的人员多接触，建立正常的合作关系，主动帮助他们与上司沟通，在职责权限允许的范围内帮助职能部门解决工作中的困难，特别要注意平等对待不同职能部门的人员，不搞厚此薄彼。只有这样，关键时刻才能得到职能部门的积极配合与支持，促进职能部门的协调。

2. 协调好各职能部门之间的关系

当职能部门之间有了矛盾，或为了保证政策、事务等各方面的步调一致，或为了共同完成工作任务，需要各职能部门相互配合协作时，秘书人员常常受上司的指派，出面协调各职能部门之间的关系，解决相互之间的矛盾，这是秘书人员，尤其是高级秘书人员的一项重要任务。在促进职能部门协调的过程中，秘书人员既要忠实于上司的意图，明确协调的基本原则，又要针对具体情况，认真做好被协调各方即不同职能部门的工作，要切实解决他们的问题，消除他们的隔阂，促使他们抛弃成见、化解矛盾。这一过程实际上是为职能部门服务的过程。对于秘书人员来说，也是熟悉部门职能、了解部门实情，建立与部门的联系的过程。处理得当，将建立起对工作有利的人际关系，对日后的工作可能长期有用。所以，秘书人员应将促进各职能部门的协调当做自己的职责，主动积极地做好这项工作，并通过做好这项工作，进一步促进各职能部门之间、秘书人员与各职能部门之间的人际关系朝着良性循环的方向发展。

（1）协调部门之间关系的方法。一项重大的工作布置下来，往往不是一个部门能够独立完成的。这时，就需要单位内各部门之间的合作，共同将这项工作按时、按质地完成。

在有重大任务的时候，上司往往这样批示："秘书牵头，有关部门参加，分工合作，把工作做好。"作为秘书，怎样才能牵好头呢？

- 应认真分析工作涉及的部门，根据各部门的职责范围，落实具体任务，并初步提出完成时间。

- 工作开展后，要经常了解各部门的工作进度，并向上司汇报，征得上司同意后，再提出新的要求。
- 秘书可在征得上司同意后，召集财务、生产经营、企划、劳资等部门共同协商，由他们提出本部门工作的大致安排和设想。

（2）协调部门之间关系的要求。秘书在协调沟通本单位内各部门之间关系的时候，应特别注意以下两点：

- 工作开展之后，秘书还要及时了解进度，以免因某一部门不能按时完成而影响整个工作。
- 牵头颇有学问，须张弛有度。牵得太紧，工作追得太急，参与部门不能按要求完成，最后秘书也许只能把某些具体工作揽到自己身上；牵得太松，不能引起参与部门的重视，干干停停，时冷时热，也会影响整个工作的完成。

3.2.4 秘书与协作单位的关系沟通

1. 协作单位的关系

一般来说，任何一个社会组织都有与之协作的单位，与协作单位保持一种良好的协作关系，是组织内上到上司，下到每一个组织成员应该做到的。在这里，谈到的是秘书人员与组织内的协作单位的人际关系。何谓协作单位？作为企业而言，协作单位包括原材料和能源供应单位，零部件加工和标准件供应单位，产品运输、批发、经销单位等。这些环节在一定程度上决定着产品能否顺利地生产出来并到达消费者手中。企业信誉的建立一刻也离不开这些中间环节的支持和配合，无论哪一个环节出了问题，顾客都往往会怪罪于生产厂家。作为社会公共组织而言，社会公共事务总是由特定的公共组织或部门来管理，由于社会问题的复杂性，任何一个社会问题总是牵扯到多个公共组织或部门，它们之间便形成了复杂的协作关系。任何一个社会问题解决得好与坏，往往牵扯到管理组织或部门协作单位的好与坏，因此，处理好协作单位关系尤其重要。

不同类型的社会组织，其业务协作单位也不尽相同，但在现代社会，任何一类社会组织都不可能自始至终单独完成对社会的服务。所以，组织在外部公关活动中要注重处理好与协作单位的关系。秘书人员作为机关的形象和上司工作的代言人，更应重视处理与协作单位的关系。

2. 秘书人员如何处理好与协作单位的关系

秘书与上司、同事以及基层群众的关系都属于组织内部关系，任何一个社会组织仅仅能够处理好内部关系，对于该组织的发展还远远不够，秘书人员还应重视与组织发展相关联的协作单位的关系。

（1）立足“互利互惠，建立稳固合作关系”这一原则，对于企业而言，这是很好理解的。美国一位企业家在谈到组织与消费者时说，我们要使我们的顾客获得从别处得不到的利益，而公司也有合理的利润可图，真正遵循所谓的“黄金法则”：你希望别人怎样待你，你就怎样待人。这一互利互惠的原则同样地适用于秘书人员代表企业处理与协作单位的关系。只有这样，才能在协作单位中提高自己组织的信誉，树立良好的个人形象乃至组织形象，与对方形成稳固的合作关系，使组织在激烈的市场竞争中免除后顾之忧。对于一定的社会组织或部门而言，秘书人员在处理好与协作单位的关系时，一定要注意在互通信息、考虑自身利益的同时兼顾社会利益和协作单位的利益，只有这样才能建立比较稳固的合作关系。

（2）互相帮助，保持融洽的伙伴关系。任何社会组织的秘书人员要使自己的组织同协作单位保持良好的关系，仅仅保证让对方有利可图还不够，应当配合组织内有关部门，在力所能及的情况下帮助协作单位解决面临的实际困难，把对方的困难看成自己的困难。这样两个组织之间就不只是经济利益的互相依存，而是融入了牢固的友谊和感情。事实上，如果协作单位因无力解决困难而中止协作，自己的组织也会受到一定影响。假如在对方最困难的时候给予它们体谅与帮助，那么当自己的单位面临困难时，也不会失去对方的友谊。

（3）交流信息，及时通报双方非保密情况。在许多情况下，秘书人员向协作单位提供有用的信息，也是加深双方友谊的一项措施。尽管有时候对方可能已经掌握了这类信息，但仍能从中感到你以及你所代表的组织的关心和友情。在协作双方的信息交流中，要注意随时了解对方的业务发展情况，对可能出现的问题早做准备。对于企业而言，同时要将本组织有可能增加或减少订货或供货的情况，在适当的时候向协作单位通报，使对方早做打算，以免造成被动；对于社会公共组织而言，要及时将本组织的非保密方案通报给对方，避免协作单位产生误解乃至采取不协作的行动。

总之，秘书在工作过程中处理好与上司间的关系固然重要，但也理应重视与同事间、基层群众间和协作单位间的各种特定业缘关系。在市场经济环境下，新事物、新思维不断涌现，秘书工作在注重窗口形象的同时，也应注重工作效率。和谐的业缘关系是提高工作效率的前提，按上司意图办事，辅助上司决策的同时，注重处理好同事间、基层群众间和协作单位间的特定业缘关系，是新时期秘书工作的新要求。

3.3 纵向沟通

3.3.1 纵向沟通概述

纵向沟通包括自上而下、自下而上两种沟通。在纵向沟通中，从上至下进行下行沟通是纵向沟通的主体，而自下而上的上行沟通是纵向沟通的关键。下行沟通是管理沟通的主体——公司管理层所涉及的种种活动，如计划实施、控制授权和激励促进等基本上依赖下行沟通去实现。而上行沟通则开辟了一条管理人员听取员工意见、想法和建议的通路，给员工提供了参与管理的机会，从而减少了员工因不能理解下达的信息而造成的损失。

秘书代替上司与群众进行的沟通是一种下行沟通。下行沟通在组织中的表现形式通常为公司政策、报告、信函、备忘录、谈话、口头指示、会议、传真、电子信箱等。

秘书与上司的沟通就是一种上行沟通。上行沟通在组织中的表现形式通常为建议系统、申诉和请求程序、员工座谈会等。

1. 纵向沟通可能遇到的障碍

（1）接收者沟通技能上的障碍。对员工来讲，沟通技能之一是理解力。但由于员工在组织内部所处的时间长短不一，员工自身的理解能力等因素也存在差异性，管理人员对一个新进员工采用简单的命令式进行沟通，可能造成员工误解信息或一知半解，致使沟通失效。

（2）沟通各方心理活动引起的障碍。研究表明，下行沟通中容易出现信息膨胀或扭曲。之所以出现信息膨胀，主要来自信息传递方对沟通效果的顾虑。

（3）不善聆听。一些人习惯于口若悬河，而不善于侧耳聆听。于是，在别人说话时，听众甚至会粗暴地插进谈话和议论。要做到聆听，首先必须自我克制，同时全神贯注。

（4）草率评判。信息接收方在与对方进行谈话时，不是试图去理解对方的意思，而是企图进行评判，或进行推论和引申。有时，在没有充分理解的情况下，就下结论，在内心表示赞同或否定。这样的沟通不会有成功的结果。

（5）语义表达和理解方面的歧义。希腊有一个神话：一个人向神许愿，希望长生，但却对神说成“不死”。结果，一般人“生老病死”，他却老是“病而不死”，永远也解脱不了。在管理沟通中，类似这种因为语义歧义而引起的误解和沟通失效的例子比比皆是。

2. 纵向沟通策略

（1）下行沟通策略。

- 制定沟通计划。
- 减少沟通环节，提高沟通效率。
- “去繁从简”，减轻沟通任务。
- 言简意赅，提倡简约的沟通。
- 运用反馈，鼓励接收者对信息进行评价。
- 多介质组合，比如，书面形式与电话相结合。

（2）上行沟通策略。

- 建立信任。
- 适时采用走动管理，安排非正式的上行沟通。非正式沟通采用的形式多为社交性活动，如一起喝茶、进餐、参加晚会、郊游、进行文体活动等。与正式沟通相比，来自信息接收方的障碍要低得多，沟通效果也非常好。
- 维护管理层的内部一致性，请示、汇报工作严格按照职责分工、分层管理的原则进行，不越级，不在背后议论。

3.3.2 秘书与上司关系的沟通协调

秘书与上司的关系是最为复杂、最为微妙的一种。不仅存在着领导与被领导、服务与被服务的工作关系，同时也交织着人与人之间在思想、知识、情感等方面的交往关系。

如何处理好与各位上司的关系，是办公室秘书首先面临的问题。为上司服务是秘书的重要职责，秘书在履行这一职责时，首先要从思想上、心理上对所有的上司一视同仁，同样尊重。在尊重上司的前提下，不应该唯命是从，而要做上司的参谋帮手，帮助上司来做一些决定，防止上司发生一些错误。给上司提意见只是本职工作中的一小部分，尽力完善、改进，使工作迈上新台阶才是最终目的。要让上司接受你的观点，应在尊重的前提下，有礼节、有分寸地提出。在与多位上司相处时，一定要以事业为重，从工作出发，尽量维护领导班子的团结与威信，不论是在思想感情上还是行为活动上都不能产生偏斜，不能表现出靠近谁、疏远谁、听从谁、不听从谁的行为。要始终与多位上司保持经得起考验的纯洁、真诚的友谊。

1. 了解上司的性格特征和管理风格

（1）了解上司的性格特征。性格特征是上司最具个性化的表现。作为上司“左右手”的秘书，如果不能了解上司的性格特征，就很难顺利开展工作。因此，要想当好秘书，首先得在工作和平常的相处中，尽快了解上司的性格。

尽管人的性格特征多种多样，但并非不可捉摸，我们可以将上司分为以下几种类型，并分别说明秘书应怎样与每种类型的上司相处。

- 与自信型性格的上司相处。自信型性格的上司对自己充满信心，凡事都认为自己能做好，相信自己的能力。这样的人充满自信，不怕失败，具有不屈不挠的精神，做事有冲劲、有胆量。但是，自信过度，便成自负。秘书与自信型性格的上司相处，必须完成上司计划和布置好的工作。只要完成了这些工作，上司就会对秘书满意。

- 与优柔寡断型性格的上司相处。优柔寡断型性格的上司，认为凡事得三思而后行，对事情的前因后果及成败得失希望能考虑周全，做到万无一失。面对这样的上司，秘书在处理事务时会有些困难。遇到这种情形，秘书有两种选择：一是适应其性格特征；二是影响其性格特征，帮助其下定决心，果断决策。秘书应将事情的可行性分析工作做好，把利弊得失汇报清楚，并备好多份方案，这样既帮助了上司，也成就了自己。

- 与细心稳重型性格的上司相处。细心稳重型性格的上司通常注意细节，看重过程又看重结果，考虑问题细心周到，观察问题仔细认真。细心稳重的上司对待下属也很细致体贴；他不喜欢冒险的下属，而喜欢稳重的下属。面对细心稳重型性格的上司，秘书应表现出稳重老练的一面，凡事要有成熟的方案再向上司汇报，不可随便提出不成熟的建议。

- 与粗犷型性格的上司相处。粗犷型性格特征的上司办事豪爽果断，处事灵活，不拘小节。粗犷型性格的上司对朋友和下属讲究缘分，很讲义气，做出决断的时间短。面对粗犷型性格的上司，秘书不要有太多的书生气，你必须讲义气、很豪爽、办事果断，依照上司吩咐的意思去办事。粗犷型的上司办事可能会有疏漏之处，因此，秘书有责任帮助上司把事情办理得更周全、更细致。

- 与实干型性格的上司相处。实干型性格的上司相信工作是做出来的，因此，他认为必须建立最适当的工作程序来保证工作效率。这样的上司必然是重制度、重考核、重业绩、重奖励的人。为了实施某个项目或决策，他要建立足够的考核与奖惩制度，会亲自监督工作过程，并检验验收结果。面对实干型性格的上司，秘书必须显示实力，具备独立完成工作的能力。而且，你的工作必须脚踏实地，一丝不苟。成功就是成功，失败就是失败，失败了不能强调客观原因。在实干型的上司看来，将事情办糟了就是你的无能。

（2）了解上司的管理风格。

- 与民主型的上司相处。民主型的上司是受欢迎的上司，处事民主，愿意接受不同意见和见解。在作出决策时，民主型上司会要求下属参加讨论，提供选择方案，一起商议。

他要求的工作氛围是上下融洽，左右协调，齐心协力。有幸遇上这种类型的上司，秘书可以尽情施展才华。与这样的上司共事，秘书可以对上司的工作提出意见、建议、劝告等。但不能因上司处事民主而随意批评其决策，损害其权威。

● 与专制型上司相处。专制型上司希望在工作中一切由他说了算，要求下属绝对服从，对其绝对忠诚，绝不允许有背叛的行为。专制型上司认为决策是自己的事情，下属只要遵照执行，自己不需要参谋。与这样的上司实际上很容易相处，你不必花太多的心思去揣摩、讨好或应酬他，只需严格执行其意图或方案就能令他满意了。但凡事应先请示，不宜自作主张，自我决断。

● 与制度型上司相处。一切按章办事，赏罚分明的上司较为常见。这种类型的上司，在工作中喜欢制定种种制度，按制度进行管理。他认为制度可以约束人、改变人，而制度的核心是奖与罚。这种上司对待下属往往只关心成绩，不关心过程。只要业绩不佳，即使你付出了很大的努力，他也不会原谅你。与这样的上司相处，秘书应将主要精力集中在工作上。因为只要你有能力，有业绩，就能得到上司的青睐，无须再动其他的脑筋。

● 与洒脱型上司相处。洒脱型上司对下属的工作很放手，做他的秘书，你可以甩开膀子，大胆工作。这种类型的上司往往可以分为两种情况：一是外松内紧型，即表面上对秘书放得很开，实际上是在暗中观察秘书的工作能力和工作水平；二是真正的放手而疏于管理，下属可能借助上司的威风为所欲为。面对洒脱型上司不同的工作作风，秘书应学会透过现象看本质，不要掉以轻心。对于内紧外松的上司，秘书不可大意，应切实做好本职工作，以此回报上司对自己的信任。对疏于管理自己下属的上司，秘书切不可狐假虎威，欺上瞒下，中饱私囊。

2. 与上司相处的方法与技巧

（1）摆正位置，自觉服务。秘书是上司的参谋与助手，是为上司服务的。秘书人员要想处理好与上司的关系，必须首先增强角色意识，树立服务观念。怎样才能摆正自己的位置，更好地为上司服务呢？

秘书人员要尊重上司、服从上司。上司是一个单位的决策者和指挥者，对单位负有重大的责任。一般情况下，上司多数是由一些德才兼备、经验丰富的人来担任的，他们一般具有较高的威信，深受群众的拥护和支持。秘书人员对上司的尊重应做到以下四点：

● 要维护上司的威信。一个秘书人员在任何情况下都不能故意破坏上司的威信，不能散布有损上司威信的言论。即使上司在工作中出现了差错或失误，也不能随便乱发议论，而应通过正当的方式和正常的渠道向有关方面反映自己的意见，以求得合理妥善的解决。

某公司召开年终总结大会，主任讲话时出了个错，他说："今年本公司的合作单位进一步扩充，到现在已发展到47个。"话音未落，他的秘书站起来，冲着台上正讲得眉飞色舞的主任高声纠正道："讲错了！讲错了！那是年初的数字，现在已达到63个。"结果全场哗然，主任羞得面红耳赤，情绪顿时低落下来，他的面子因这一句突如其来的话而丢得干干净净。

上司出现失误或漏洞时，作为秘书应该提醒，这是秘书的分内之职，但是要注意提醒的方式和场合，不能让上司当众出丑丢面子，可以事后私下悄悄地告诉上司，也可以当场以巧妙的方式暗示上司，让上司及时更正。切忌当场、当众指责上司，让上司下不了台。

● 要尊重上司的意见和决策。上司的意见和决策大多是经过全盘考虑和深思熟虑的。一般情况下，这些意见和决策是正确的，秘书人员应坚决按照这些正确的意见和决策去做，特别是当这些意见和决策不被人们理解或有人反对时，秘书人员要挺身而出，站在上司一边，给予大力支持，不装"老好人"，不在是非面前装聋作哑。这样不仅坚持了真理，主持了正义，而且也会获得上司的充分信任和尊重，进一步密切相互间的关系。

● 要尊重上司的职权。秘书人员是辅助性人员，不是决策者，因此必须按职责规定办事，不能越职代权，借上司的名义发号施令。秘书必须明确自己为上司服务的界限，克服那种自己的意见未被采纳就感到委屈、失望的心理。在处理一些较重要的事情时，应该及时向有关上司汇报请示，而不能自作主张。

● 要体谅上司的困难，为上司分忧。一个上司不是全能的，在工作中会遇到这样或那样的困难，如工作中的、学习中的、家庭生活中的各种困难。秘书要积极地去帮助上司克服这些困难，多出主意，多提供服务，尽可能解除上司的后顾之忧。只有真正做到和上司同甘苦、共患难，才有可能和上司密切关系，建立起深厚的感情。如果一个秘书在上司遇到困难时袖手旁观，就会伤害相互的感情，恶化相互的关系。这些是秘书人员必须注意的。秘书人员要自觉地为上司服务，应该有一种任劳任怨、不计名利的思想。那种一心只想着自己的人是不可能干好秘书工作的。我国著名学者邹韬奋曾说过，一个人光溜溜地到这个世界上来，最后光溜溜地离开这个世界而去，彻底想起，名利都是身外之物，只有尽个人的心力，使社会上的人多得其工作的裨益，是为人生最愉快的事情。秘书在处理与上司的关系时应具有这样的胸怀。

周红长得并不好看，学历也不太高，在一家房地产公司做文字秘书。周红的打字室与老板的办公室之间只隔着一块大玻璃，老板的举止她只要愿意就可以看得清清楚楚，但她很少向那边多看一眼，周红每天都有打不完的材料，她知道工作认真刻苦是她唯一可以和别人一争短长的资本。她处处为公司打算，打印纸舍不得浪费一张，如果不是要紧的文件，她会把一张打印纸两面用。一年后，公司资金运作困难，员工工资开始告急，同事纷纷跳槽，最后总经理办公室的工作人员就剩下她一个。人少了，周红的工作量也陡然加重，除了打字，还要做些接听电话、为老板整理文件的杂活儿。有一天，周红走进老板的办公室，直截了当地问老板："您认为您的公司已经垮了吗？"老板很惊讶地说："没有！""既然没有，您就不应该这样消沉。现在的情况确实不好，可很多公司都面临着同样的问题，并非只是我们一家。而且虽然您的 2 000 万美元砸在了工程上，成了一笔死钱，可公司没有全死呀！我们不是还有一个公寓项目吗？只要好好做，这个项目就可以成为公司重振旗鼓的开始。"说完她拿出那个项目的策划文案。隔了几天周红被派去负责那个项目，两个月后，那片位置不算好的公寓全部先期出售。周红为公司拿到了 2 000 万美元的支票，公司终于有了起色。过了三年，公司改成股份制，老板当了董事长，周红则成了新公司第一任总经理。老板在新公司的周年庆上当着全体员工的面热泪满眶的对周红说道："谢谢你，当初没有你的那番话和你的支持我不可能走出那次危机，也不可能有今天。我永远感激你在我最困难的时候给予我的鼓励和帮助。"周红却说道："这是我的分内之事，也是每一个公司员工应该做的。"台下顿时掌声雷动。

从上面的案例中我们应该明白作为秘书要具有基本的职业操守，在上司遇到困难或公司出现危机的时候，第一反应不应是明哲保身或辞职跳槽，甚至乘人之危，落井下石。患难见真情，如果秘书人员能在危机中忠心耿耿，风雨同舟，以自己最大的努力帮助上司渡过难关，将会和上司建立起深厚的情谊。

（2）正确领会、贯彻、执行上司意图。秘书要围绕上司意图进行工作。正确领会、贯彻、执行上司意图，是秘书处理好同上司关系的基本出发点。什么是上司意图？上司意图是指领导人、领导班子或领导机关在指导其社会组织实现目标的过程中所提出的意见和目标的实质，是上司工作思想的具体体现。上司意图的形成过程，实质就是上司决策的过程。上司意图的具体表现形式往往都是通过命令、指示、决定、通知等正式文件或部署安排、签批意见、口头要求等非正式文件的形式进行传达贯彻的。

那么，秘书人员应如何对待上司意图呢？首先，秘书人员应在上司意图的形成过程中做好大量辅助性的服务工作。例如：收集提供各种信息情况，及时反映工作中出现的各种问题，拟订一些活动的可选性方案，针对某些问题经常提出自己的合理化建议等，以便为上司决策形成正确的工作意图提供参考依据。在这方面，秘书工作有着较大的活动空间，秘书人员应该充分调动自己的学识才干，发挥参谋作用，履行参谋职能。其次，秘书人员必须正确理解、领会上司意图，只有对上司意图的形成背景及目的、作用有正确的认识和理解，才能把握上司意图的真正实质，从而做到正确地传达、贯彻、执行上司意图。最后，秘书人员应做好上司意图贯彻执行中的信息反馈工作，及时了解上司意图执行中的情况，并将发现的问题或现象及时反映给上司，使上司能根据具体情况及时做出新的调整和安排。

秘书在传达贯彻上司意图时应注意以下问题：一是莫误传达时间。有些工作有着较强的时限性，不按上司要求在规定的时间内去传达落实，就有可能造成工作的被动，甚至出现不可挽回的损失。二是不能截留上司意图。不能因为自己对上司某些决定有不同看法而有意"扣压"上司的指示决定，这是与秘书的基本职业道德相违背的。三是不能随意解释或歪曲上司意图，使上司的指示决定在传达贯彻中变形、走样，这同样会给工作带来危害。四是在上司意图传达贯彻中遇到执行者抵触时，秘书人员既要坚持原则，又要机动灵活地多做工作，使执行者自觉接受。

有一位姓王的处长，不问青红皂白，写信把另外一个部门的属下严厉地批评了一顿，批评他办事不力。结果过了几天之后，真相大白，是王处长冤枉了那位属下，王处长十分后悔，决定亲自打电话向那个属下道歉，这时一旁的李秘书得意地说："不用了，你那封信我根本没有发出去，因为我知道你会后悔的。所以我就把信压下了。”王处长听了后如释重负，然后又怀疑地问她：“压了整整三个星期?”李秘书说：“是的。”“那么最近发到欧洲的那几封信也压下了吗?”李秘书说：“我没有，因为我知道那些信是不该压的。”结果没想到王处长大怒：“这事是你做主还是我做主?!”李秘书说：“我做错了吗?”王处长说：“是的。”就这样李秘书被记了一个小过，只是没有公开。当然李秘书觉得自己满肚子的委屈，逢人便倒苦水、诉委屈。不久整个机关都知道了这件事情。结果，半月之后，李秘书被调走了。

分析

- 李秘书不该自作主张地将上司的信件扣押，而没有与上司进行任何沟通。以后一旦有什么问题，将会带来严重的后果，这样自作主张的秘书上司是不能容忍的。
- 她不该自以为是，觉得上司在这件事情上做错了并且一定会后悔，以为自己帮上司避免了一个错误就洋洋自得，以功臣自居。
- 她不应该逢人就替自己申冤，把原本不大的事情搞得人尽皆知，有损上司的威严。

实际上，秘书和上司的关系是最为微妙和复杂的，一定要谨慎处理，即使你的出发点是好的，也不能越俎代庖，让上司感觉自己的权威受到了挑战。其实在现实生活中，这样的例子并不少见，尤其是初涉社会的年轻人，一些刚刚踏出校门的大学生，因为他们自恃有才学，有一定的能力，有的甚至自视很高，总是觉得别人是错的。殊不知，上司毕竟是上司，他们很在乎自己的威信，你的不当言行一旦引起上司的不满，后果将十分严重。

总之，秘书人员在工作中，既要体现出在协助上司形成上司意图过程中的主动性，又要体现出在上司意图形成之后的服从性，还要体现出在执行上司意图过程中的创造性，从而使上司意图经过秘书人员的努力能够得到准确无误的传达、贯彻、执行。

（3）提高自身素养，增强办事能力。秘书要处理好与上司的关系，关键在于做好本职工作，提供有效服务。秘书怎样提供有效服务呢？首先，必须具有较强的办事能力。这种办事能力就是秘书的职业才干。秘书人员仅有合理的知识结构和能力结构是不够的，还必须具有能将这些知识、能力灵活地运用到工作中去的本领。秘书人员的职业才干是做好秘书工作的基本功。如果一个秘书人员不具备一定的职业才干，不能胜任秘书工作职务，就不可能很好地完成上司交办的事项，那么这样的秘书即使有很高的工作热情、有很好的工作态度，也不会使上司感到满意。因此，秘书人员练好自己的基本功，提高办事能力，增强职业才干，这是做好秘书工作的基础，也是处理好与上司关系的基本出发点。其次，提高品德素养也是秘书人员搞好同上司关系的重要影响因素。李欣在《中国现代秘书工作基础》一书中指出，要提高秘书人员的品德素养，除了要热爱事业外，也要有良好的职业操守。

- 诚实而不做假弄权。做秘书，根本的一条就是踏踏实实、尽职尽责地工作。秘书的高尚可贵之处，恰恰在他的献身精神、埋头苦干精神、热爱事业的精神、不计报酬的精神。如果秘书人员弄虚作假、假传旨意，利用上司名义批条子、拉关系，就无从谈及和上司搞好关系，甚至还会走到违反纪律的道路上去。

● 当参谋而不自以为是。在工作中，秘书人员给上司提供信息、提出个人建议、想点子、拟订方案，那是参谋作用的民主体现。但是，上司在决策时是否采纳秘书的意见，那是上司的权力。秘书人员要明白自己只有建议权，而无强求上司必须采纳的权力。即使认为自己的建议是正确合理的，而上司的决定是不正确的，也必须遵守组织原则，按上司意图办事，而不能与之对抗。

● 公正而不搬弄是非。秘书人员在向上司汇报情况时或上司要求秘书人员谈看法时，要做到公正、客观、超脱。特别是涉及人事问题，绝不可借工作之便挟私向上司说其他人的坏话，但是过多地美言也是不应该的，要做到不徇私情。

● 受批评而不急不怨。秘书人员受批评可能有两种情况：一是工作做得不好，没有满足上司的要求，这种情况挨批评是应该的，秘书应虚心接受，及时改进工作。另一种是因上司有误解而批评错了。这种情况秘书人员可能会感到委屈，但从维护大局及上司威信出发，秘书人员不可急于争辩，特别在公共场合更应冷静，要有忍耐性，要识大体，给上司留一定的面子，不要让上司下不来台。待事情过后，气氛缓和之后，再采用适当方式加以解释，这样有益于处理好与上司的关系。

（4）树立沟通意识，学会进谏。秘书人员作为上司的参谋和助手，必须时时与上司保持良好的沟通状态，但是如何才能有效地与上司沟通，并且让上司接纳自己的意见和建议呢？我们认为，必须做到以下四点：

● 适时。沟通的时机选择对沟通的效果有直接、重要的影响。当上司情绪烦闷、焦躁的时候，秘书即使动机再好、理由再充足，也往往难以使上司认真倾听。因为从心理学角度讲，人在情绪低落、焦躁时，非理智情绪往往较强大，理智分析和自控能力会有所减弱或受到抑制。此时如果秘书想与上司沟通，不仅不能起到应有的作用，反而会使效果适得其反。另外，注意不要在上司吃饭、开会、看文件、听别人汇报情况时进行思想沟通。因为此时上司往往不能集中注意力，可能一句话听半句，影响沟通质量。如果有了较好的交谈时机，秘书人员也要掌握好交谈的时间限度，话题紧凑，不要滔滔不绝、口若悬河，占用过多的时间，使上司听得生厌。

● 适地。沟通的空间选择同样关系到沟通的实施效果。适当的交谈场合，需要根据交谈内容而定。比较正式、严肃的交换地点可选择在办公室内进行，使双方以角色身份进行沟通。但是，秘书人员应更多地利用非角色身份在非正式场合下与上司谈心，以缩短彼此的心理距离，使沟通气氛比较轻松，减轻彼此的心理负担，这时的沟通效果可能更好。特别应该指出的是，秘书向上司进谏应避免在公开场合或有陌生人在场的情况下进行，这样会使上司显得尴尬、窘迫，甚至会使上司为维护自己的面子而固执己见，听不进不同意见。

● 适人。秘书在与上司沟通时，要根据上司的不同情况，采取不同的方式、方法。对文化修养高、胸怀宽广、能容纳不同意见的上司，在选择沟通时机、场合方面自由度更大一些。对气量较小、易怒易暴的上司，则应注意采取较谨慎的沟通方式、方法。

• 适言。一个人作出某种决定，本身既包含了他的学识才智，也包含了他的尊严和自信心。特别是作为上司的决定，因为角色规定的权威性而使上司的尊严显得更为突出，放弃某种决定，改变某些观点，往往意味着上司学识和尊严的降低。因此，秘书人员在处理与上司的关系时，应特别注意维护上司的尊严和自尊。在一般情况下汇报工作、请示问题可不必咬文嚼字，但向上司进谏之时，应特别注意进言时的场合、地点、时机及语言的选择。要做到进言时，态度诚恳、表情自然、口气婉转、语调平和，切忌理直气壮、态度傲慢、口气粗大。因为一旦上司感到自尊受到伤害，就很难平心静气地听意见。正在气头上的上司，依靠正式规劝起不到效果，甚至会适得其反。

本章小结

本章介绍了沟通的定义，指出沟通是为了设定的目标，把信息、思想和情感在个人或群体间传递，并达成共同协议的过程。指出了沟通的三大要素：明确的目标，共同的协议，沟通信息、思想和感情。接着，本章介绍了沟通的两种方式：语言沟通和肢体语言沟通。本章的重点是关于秘书工作的纵向沟通和横向沟通。纵向沟通包括上行沟通、下行沟通。上行沟通是秘书与上司之间的沟通，而下行沟通则是秘书代表上司与下属部门以及群众之间的沟通。纵向沟通中从上至下进行的下行沟通是纵向沟通的主体，而自下而上的上行沟通是纵向沟通的关键。横向沟通指的是流动于组织机构中具有相对同等职权地位的人之间的沟通。横向沟通一般体现为部门间员工的沟通，这种沟通既可以是正式的，也可以是非正式的。秘书的横向沟通包括与同事的沟通、与职能部门的沟通以及与协作单位的沟通等方面。处理好与职能部门的关系是秘书横向沟通的关键。

关键术语

沟通　　沟通要素　　沟通形式　　沟通原则　　沟通技巧　　横向沟通　　纵向沟通

复习思考题

1. 沟通的要素有哪些？
2. 沟通的形式有哪几种？
3. 简述沟通的 7C 原则。
4. 沟通的技巧是什么？
5. 横向沟通的障碍有哪些？
6. 简述秘书与同事沟通应遵循的原则。
7. 简述纵向沟通的障碍。
8. 简述秘书与上司相处的方法和技巧。

实务训练题

某商业公司的孙副经理与童副经理有点小隔阂。一天，该公司的曹秘书去向分管商品购销的孙副经理请示了一项业务处理意见后，在返回的路上碰到负责广告宣传的童副经理，于是，曹秘书又向这位副经理谈了这件事。童副经理听了以后也作出指示，结果，两位经理的处理意见还不一致。孙副经理责怪曹秘书多事，不按他的意见办，而且认为曹秘书与童关系亲近些，曾在一些事情上支持过童。还认为曹秘书有意与他作对。而童副经理则认为，此业务是他引介的，曹秘书应先同他通气。

训练题：

曹秘书应该选择以下哪种方案？

（1）按孙副经理意见办事，因为他是主管这项业务的。

（2）按照童副经理意见处理，因为他是业务引介人。

（3）建议孙、童通气协商，形成统一意见后，再作处理。

（4）找主要决策人——总经理裁定后，按其意见处理，这是按组织原则办事。

某商业公司赵副总经理因一项对外业务工作，与焦总经理争执起来。后来，赵副总经理在与王秘书外出乘车中，埋怨焦总经理主观、武断、不尊重他的意见，导致决策失误，给公司经营造成了损失。王秘书知道总经理与副总经理因工作意见不同，有些分歧。总经理是一位有能力、有魄力、办事雷厉风行的人，但不太注意方法，工作中得罪了不少人，职员中对他这一点也颇有意见。副总经理考虑问题周到，群众关系好，也关心别人，但决断能力差些。从心底讲，王秘书个人感情上更倾向副总经理。今天，副总经理谈起他与焦总的分歧，明显是想争得秘书对他的支持和同情。

训练题：

王秘书应该选择以下哪种方案？

（1）投其所好，表示对赵副总经理的支持和同情，并对总经理的缺陷颇有微词。

（2）维护第一把手的权威，指出总经理为公司发展做出的种种努力、取得的累累成效。

（3）直言相谏，指出副总经理把领导之间分歧讲给下级听，这样不利于领导班子团结，也弄得下级无所适从。

（4）保持沉默，对副总经理的话不表态，或转移话题，谈其他事情。

（5）耐心解释，说好话不说闲话，以弥合领导间的裂痕。

某公司与一家制衣厂已经合作了近两年，成交了近百万元的生意，双方关系一直比较融洽。最近，因为一批进口面料的质量问题，双方有了摩擦。该公司总经理写了一封信，制衣厂的彭总经理看了很生气，随即把秘书冯小姐叫进来，把那封信丢过去，说：“给他们公司回封信，以后不和他们做生意了！”

训练题：

冯小姐应该选择以下哪种方案？

（1）立即照办。很快拟好回信，让彭总经理签字后马上发出。

（2）进行劝阻，给彭总经理讲明利害关系，劝他不要因为一时气愤作出错误决定。

（3）暂时不办，估计彭总经理会改变主意，等待新的指示。

（4）拟好回信，不马上送去签字，过了 20 分钟，再去问彭总经理：这样写可以吗？这信要不要发出去？

第4章

办公室事务管理

办公室事务管理是秘书工作的一个重要范畴，是秘书工作辅助职能的一个主要体现，有效的办公室事务管理，可以促使组织整体功能得到更大程度的发挥。那么，什么叫办公室事务管理？它有哪些内容？如何才能做好办公室事务管理工作？要了解这些问题，首先必须要正确了解办公室的含义。

关于办公室的含义，不同的语境下有不同的理解。主要有两个方面：（1）办公的房子，是工作人员办理公务的地方；（2）机关和企事业单位内部办理行政事务的工作机构（级别高的为办公厅），是设在上司身边直接为上司服务的综合部门。本章中所提到的“办公室”概念，在“办公室环境管理”部分，侧重于指作为办公处所的含义，其他部分则侧重于指作为办事机构的含义。

办公室事务管理工作，简单来说，就是操办办公室工作中有关的事务和实务，如办公环境管理、接打电话、时间管理、值班工作、文件办理、印信管理等。

4.1 办公室的环境管理

办公室环境有广义和狭义之分。从广义上说，是指一定组织机构的所有成员所处的大环境；从狭义上讲，是指一定的组织机构的秘书部门所处的环境。它包括人文环境和自然环境。人文环境包括文化、教育、人际关系等因素。自然环境包括办公室所在地、建筑设计，室内空气、光线、颜色、办公设备和办公室的布局、布置等因素。

4.1.1 优化办公环境的内涵

秘书都希望在良好的办公环境中工作，以提高工作的效率，这就要求优化办公环境。

从管理的角度来说，就是通过对办公室自然环境加以合理的设计（planning）、控制（controlling）和组织（organizing），使其达到最优状态。

4.1.2 优化办公环境的原则

1. 方便

办公室的布局应该从方便出发，这样才能提高工作效率。一个高效的办公室，不一定要有高档的设备，只要适当地放置一些工艺品或绿色植物，就可以改善办公室的单调风格，但注意不要流于粗俗，否则，将会影响整个组织的形象，因为，办公室是一个组织的门面和“窗口”。

2. 舒适整洁

采光、色彩、温度、噪声、环境布置等在不同程度上都会对办公室工作人员产生影响，所以，对一个办公室来说，很重要的就是要舒适整洁。在办公室、办公桌、抽屉中都不要放置与办公无关的东西，办公用品的摆放要井然有序。窗户玻璃要擦抹干净，做到窗明几净。在这样的环境里工作，人们会感到心情舒畅，自然办事效率也高。

3. 和谐统一

在干净的自然环境里，如果再有一个和谐的人际关系，就能激发办公室人员的团队精神，取得更佳的工作效果。

4. 安全

保证组织的物品和信息安全是秘书人员的重要职责之一，也是优化办公室环境不可忽略的一个原则。

4.1.3 优化办公环境的方法

1. 办公室的布局

办公室布局合理与否，对工作人员的精神状态及工作效率有着很大的影响，因此，合理地设计好办公室布局，是优化办公环境的重要内容，对于创造最佳的工作环境至关重要。办公室按布局可分为开放式办公室、封闭式办公室以及混合式办公室三种。

（1）开放式办公室。开放式办公室是大的空间包含众多单个工作位置的组合，每一个工作位置通常包括该员工的办公桌、文件柜和文具、椅子、电话、计算机等的存放空间（见图 4—1）。有的开放式办公室完全敞开，没有任何隔板，直接见到所有员工的座位，称为全开放式办公室。有的工作位置可用高低不等的隔板分开，以吸收噪声和区分不同的工作部门，称为半开放式办公室。

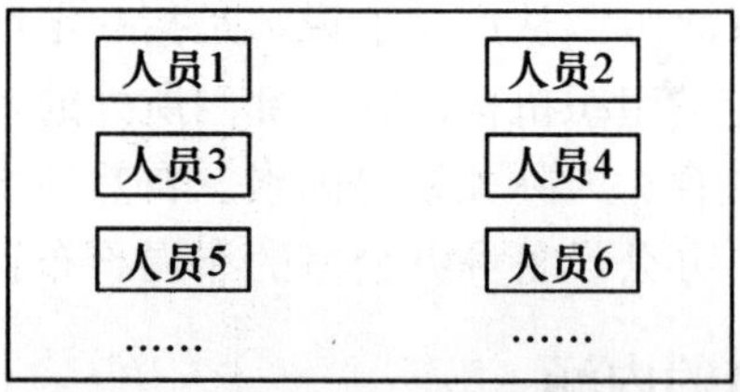

图 4—1 开放式办公室布局示例

● 开放式布局的特点：

✻ 在这种布局的办公室里是没有私人空间的。每个工作空间通过可移动的物品来分割，如办公桌椅、活动屏风、档案柜等，但不改变固定的设施，如电灯、暖气、隔墙及地面覆盖物等。

✻ 每次进行工作间布局规划时并不考虑窗户或其他常规结构的限制，而是以信息流和工作运转的自然路线所形成的不统一的形式来安排。

✻ 工作人员的地位更多的是由分配给他们的任务，而不是由他们的位置来确定的，比如：较高级的行政人员可以有较大的办公场所及不同颜色、不同形状的办公桌，但除此之外，就几乎没有可以看得见的等级标志了。

● 开放式布局的优点：开放式设计可为各组织机构带来许多好处，所有这些好处都有助于降低成本、提高工作效率。

✻ 建筑成本的降低。使用开放式设计，可使建筑成本节约 50%之多。家具和设备成本增加时，成本差额缩小了，这是因为开放式设计的家具和部件比传统办公室的家具和设备成本高一些。但另一方面，开放式设计提供了较大的灵活性，办公室重新布局的成本较低。

✻ 开放式的办公室中，空间利用率大于常规的一排排格子式的设计中的可用面积。在美化布局的办公室中，场地利用率高达 80%～90%。

✻ 重新布局的灵活性。如果按照新设计方案对各办公室进行重新布局，工作位置能够随需要而移动、改变。

✻ 易于沟通，便于交流。员工对他们工作场所的感受直接影响其工作效率的发挥。所以说员工对工作场所的感受也就成了开放式设计的办公室成功与否的标志之一。拆掉了办公室的墙壁，管理者和员工之间交流的障碍减少了，管理者可以有更多的机会和员工接触，有更多的机会观察员工之间的相互影响，有利于管理工作的进行。

✻ 易受上司的监督。主管如果和员工在一起办公，员工的一举一动都可在其督察之下。

✻ 容易集中化服务及共享办公设备。

● 开放式布局的缺点：

✻ 缺乏单独办公的机会。经理、管理员和机关雇员抱怨开放式设计剥夺了他们单独办公的权利，特别是在他们处理个人事务时。此外由于不再有私人办公室，某些经理和管理人员会感到自己降低了身份和地位。而且工作人员感到他们总是处于某人的监控之下。

✻ 不容易集中精力，员工易受电话、人们来回走动等干扰。

✻ 很难进行机密性工作。现在很多公司意识到，开放式设计对于某些行政部门，比如对于法律部门和会计部门来说不能有效地进行工作，因为这些部门要求高度保密和精力集中。

✻ 噪声太大。办公室工作人员们对高噪声提出抗议，相邻工作人员的谈话声、机器设备声特别是复印机工作时的喧闹声以及电话铃声等都对其工作造成了干扰。

✻ 开放式办公体系设计粗糙。某些公司在从传统的固定隔间的办公室转换成开放式设计的时候，没有细致地设计它们的办公场所，如建立了太多的排列得乱七八糟的、隔断工作人员之间交往用的小格子。

（2）封闭式办公室。封闭式办公室又称为传统办公室、网格式办公室，是指分隔成若干带有门、窗的独立的小房间的办公室结构，每个房间给一个或几个人使用，带有办公桌等相应设备（见图 4—2）。我国的企事业单位大多采用这种布局模式。

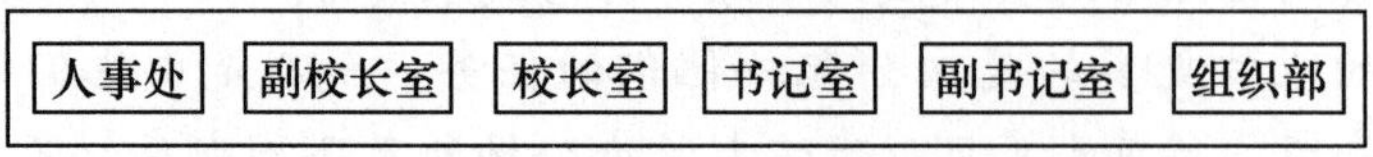

图 4—2 封闭式办公室布局示例

- 封闭式办公室的优点：
  - ✱ 比较安全，便于锁门。
  - ✱ 可以保证工作的秘密性。
  - ✱ 易于员工集中注意力，专心致志于细致和专业的工作。
  - ✱ 保护私人空间，易于保护隐私。
- 封闭式办公室的缺点：
  - ✱ 建筑成本高，隔墙、门、走廊等占用空间多并要装修。
  - ✱ 难以监督员工的活动。
  - ✱ 难以进行沟通。员工被分隔开，容易感觉孤独。

（3）混合式办公室。混合式办公室是指在开放式布局的大办公室内，把组织内部的各职能部门用组合式办公用具或其他材料分隔开来，组成若干个工作区域（见图 4—3）。

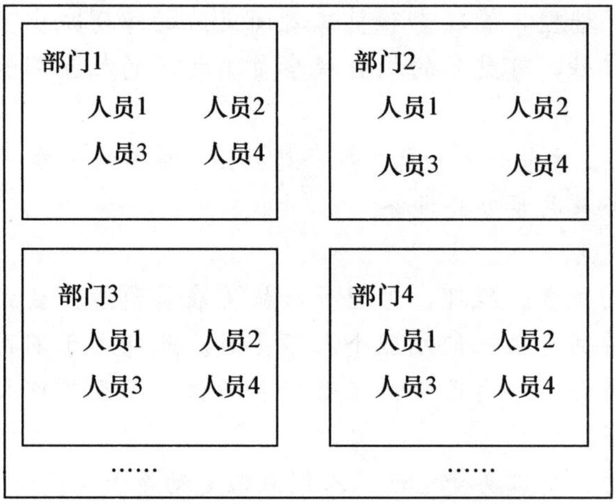

图 4—3 混合式办公室布局示例

这种布局模式把开放式和封闭式结合起来，“扬长避短”，使各部门既相对集中，又在一定程度上避免了相互干扰，是目前较为科学合理的布局模式，因此，尽管它需要相当量的资金投入，但还是被许多“三资”企业所采用。

某公司准备在上海开办一家销售分公司，租用了某写字楼一层的大厅，其中，大门左边作为产品展厅，大门右边作为销售分公司办公区，包括正副经理办公区、接待区、销售部、财务部。该销售分公司的负责人将整个一层大厅全部设计为当今很流行的全开放式办公室和半开放式办公室，用能够移动的间隔物来分隔，没有门，所有人的工作都清楚可见。

分析

运用办公室结构和布局需要考虑的因素，我们可以对案例中的结果进行分析。该公司在上海开办的销售分公司，产品展厅用开放式办公室是可行的，而销售分公司办公区中的各个部门全部采用全开放式办公室和半开放式办公室就不合适了。例如大量销售业务使得财务部门工作量会很大，现金和支票的流通和保管极为重要，应该在安全和保密的封闭式办公室中操作。因此，该公司的办公室应设计为一个混合式办公室。

2. 办公室的布置及日常维护

为了完成上司交办的各项工作，并领会他们对于办公室整体布置的要求，秘书的办公桌和办公室的安排非常重要。工作习惯及所营造的办公室环境将显示出一个人的性格类型。当然也可以按照自己的性格来安排工作环境，但是如果认真考虑了办公桌的摆设、工作柜的排列、办公室的清洁及房间管理的责任，无疑将会提高自己在别人心目中的地位，为自己工作的开展创造出一个良好的人际关系氛围。

（1）办公室的直接工作空间。秘书的直接工作空间，即是各种办公设备的布置。这个直接工作空间是由秘书本人亲自布置的。布置时要使自身感觉舒适，这样可以提高工作效率。直接工作空间主要包括办公桌、办公椅、计算机等自动化办公设备等。放置这些设备或物品的时候，要考虑本人的工作需求、效率以及上司的工作习惯和他对办公室环境的希望。

- 办公桌。办公桌大小要适中，以足够放置常用的办公用品，并有空余的位置进行工作。要摆放好办公桌上的东西，将最常用的物品，如电话、文具盒、便笺等，放在不必起身就可以伸手拿到的地方，离办公桌不远的地方则可放置常用的参考书和文件盒。办公桌上应尽可能少放东西，桌上所放的东西应以够用为度。办公桌的抽屉里，可以排列有序地放好信封、公文纸、订书机、复写纸、胶水、涂改液等。

- 办公椅。办公椅应有靠背，坐得舒适。用旋转椅可以调节方位，既方便工作，也可以缓解疲劳。

- 照明。办公时，合适的光线十分重要，亮度不足容易引起眼睛疲劳、头疼、困乏甚至造成出错。特别是在做校对等精细的工作时，足够的亮度更加重要。自然光最为理想。手写时，亮光应来自左方，打字时，光线应来自两边。

- 计算机等自动化办公设备。以计算机为代表的自动化办公设备，是现代办公室直接工作空间的重要组成部分。这些自动设备一般应有自己独立的存放空间。与设备有关的资料和参考书等也都应放置好。如果办公室的其他人员也需要使用这些设备，放置时既要方便他人使用，又要不妨碍自己的工作。

（2）办公桌的布置。虽然秘书人员对于办公室的主体设计无法决定，但自己的办公桌完全在自己的控制之下，可以使之达到最有利于工作并给人良好印象的效果。如何布置办公桌呢？下面这个方法，不妨一试。

坐在桌子旁，面对桌子上的东西，伸直双臂，再双手合拢，然后在大约高于桌面15厘米的位置画个弧形，注意手臂在运行中能覆盖的桌子面积，然后在这个范围内，可以摆放与工作有关的一切物品。办公桌和椅子及其周围都应该保持整洁，防止杂乱。可以把刻有自己姓名的牌子放在那里，或者放一盆花或一两件不显眼的装饰品。具体做法见图4—4。

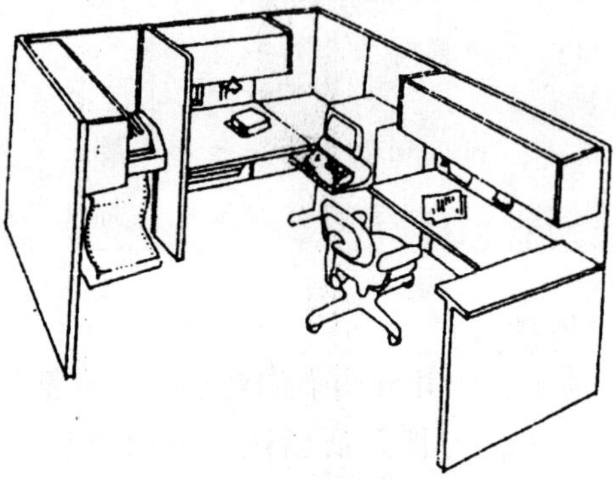

图4—4　半封闭式工作台示例

● 电话。如果电话不是装在便于使用的地方（比如习惯使用左手的人，而电话却安装在右边），这时就应该请求改变位置。

● 参考书。应该放在桌子上面或者伸手可以拿得到的抽屉里。可以购买或者制作一种能够转动的桌面，以便于在很小的空间里摆放各种各样的书。

● 办公桌表面。有可能秘书们喜欢给自己的办公桌表面盖上玻璃板或者蒙上一块塑料布，但为了眼睛的健康，办公桌表面最好没有反射光。

● 文具用品盒。这个用品盒可以用来存放纸张，还可以准备一个敞开的文件夹来存放需要翻译的速记资料、等待经理签署的文件、已经阅读的文件、处理完毕的计划或者其他材料等。

● 办公桌的抽屉。办公桌抽屉内物品的摆放也是十分重要的。要注意，胶带纸或其他胶质材料能把抽屉内的物件粘在一起，应妥善放置。印泥盒应该倒置放好，使印泥上层浸透印油。通常办公桌上会有一个带锁的抽屉，可以用来存放私人物品和有保密要求的东西。要经常收拾抽屉，及时清除没有价值的东西，以使内部井井有条。

在公司里，一个人如果办公桌面收拾得十分干净整齐，物品取用方便，那么他将会被很多人认为是一个善于组织的人。办公桌上没有摆放任何东西，并不意味着效率高，因为这可能不便于平时的使用，但是办公桌面上乱七八糟是绝对不可能使工作高效的。所以秘书一定要把自己的办公桌面收拾得井然有序，因为这既是门面，也是良好心境和工作高效的开始。

（3）日常维护。

✽ **办公室需要全面打扫的时候，应该通知管理部门的负责人，告诉他办公室需要彻**

底打扫。

- 每天下班离开办公室之前，留一张便条给清洁工人，要求他们认真打扫室内的死角，如积满灰尘的照明灯罩。
- 定期给电话号码按键和电话听筒消毒；装在书盒里的书必须摆放整齐，没有灰尘。
- 调整好百叶窗，使其保持一致的角度，还要根据百叶窗调整的情况，注意调节电灯光线。
- 暖气、空调、通风或音响系统等设备出现异常情况时，必须立即通知有关部门或管理人员。
- 如果有权对办公室的布局进行安排，记住，最好不要和别人面对面坐，更不要和上司在一个房间里。
- 房间里的办公桌等物件要合乎规律地放置，不要在通向老板办公室的路上设置不便于行走的障碍。
- 办公桌、椅子特别是客人坐的椅子，不应该放在灯下，以免他们的脸直接对着光源。

3. 办公室的美化

美国著名秘书学专著《韦氏秘书手册》中提到，办公室美化（office landscaping）实际上也就是最现代化的办公室布置。按照这种美化布置，办公室里除了有可以移动的隔板以外，没有墙壁，是个敞开的巨大空间。各种各样高度的屏蔽隔板，能使办公室工作不受干扰。彩色的组合器具可根据需要组合成最适宜的形状。地毯和现代化装饰品，自然的或人工的植物都会产生一种令人舒适的效果。要想达到这个效果，就必须予以认真的研究。对于一个秘书来说，美化办公室，至少可以从下面这几个方面来考虑：

（1）办公家具的选用。在办公家具的选用上，除了注意其实用和安全外，应尽可能使其规格、颜色、款式等和谐统一，风格一致、整齐划一的系列产品，可以增强办公室的美观效果。摆放大件家具（如档案柜、书架等）时，可将其背对背或尽量靠墙，充分依靠“墙体效益”，既可节省空间，也使办公室看起来更加整齐、美观。

条件许可的话，可以考虑采用OA（office automation，办公自动化）系列家具。它在设计上有机融合了“办公室整体规划系统”的主张和“人体工程学”的理念，充分考虑了办公设备的整合、环境景观的设计、整体规划及使用效率，考虑了管理、网络、照明、噪声处理及搭配等细节，不仅能提高员工的工作效率，更能提升企业的整体形象。而且，它在款式、规格、颜色等方面既考虑到使用的整体性，也考虑到了办公室的搬迁或扩展，虽然一次性投入的资金较多，但其预后效果却是比较好的。

（2）办公室的绿化。在办公室美化中，绿化是不可忽视的，因为绿化不但可以点缀、美化环境，也可以改变办公室周围的小气候，还会使人产生良好的视觉效应，因为绿色象征和平和生机，它能使人产生一种微妙的安全感，催人奋发向上。对于一些比较封闭的办公室来说，室内绿化更被誉为“无声音乐”，在室内放置几盆小花草，可使人心旷神怡，从而提高工作效率。但要注意不宜放置太多，避免出现植物跟人“争氧”的情况，因为绿色植物在没有光照的情况下，吸入的是氧气，吐出的是二氧化碳，这样，久而久之就会降低空气中氧的浓度而提高二氧化碳的浓度，影响室内空气的清洁度。

（3）办公室的装饰。办公室里不宜有过多的装饰品，但适当悬挂或放置一些有品位的油画及工艺品，能适当改变办公室单调的气氛，不过要注意，过于鲜艳的廉价作品，如低劣的绘画、明星印烫画等，只会使办公室显得浮躁和不雅。

进行办公室装饰时还要注意，应结合组织的性质，既力戒奢侈浪费，又突出本组织的特色，避免俗气。如政府机关办公室应以庄重、简洁为好；商业企业办公室则可以相对华丽些；科技企业办公室可以适当地把技术糅合进装饰里，以显示自己的技术实力。

4.1.4 正确选择办公的模式

1. 办公模式的种类

工作模式及环境的变化必然会对秘书工作产生影响。一些企业保留传统的工作惯例，但有些企业的工作模式正在迅速发生变化。为此导致工作模式出现下列变化：

- 在家工作。
- 弹性时间。
- 虚拟办公室。
- 临时办公桌。
- 兼职工作。
- 合同工作。
- 交叉工作。

2. 各办公模式的管理方法

（1）在家工作。迫于办公场所拥挤的压力，或为了减少花在交通上的时间和改善交通拥挤问题，在家工作的人员数量在增多。一些研发部门的科技人员，不需要与其他员工或客户有太多的接触，可安排在家工作。在家工作模式的管理方法为：

- 组织可以要求在家工作人员在电子工作日志上记录其工作时间和工作情况，以掌握每个人的工作进度，保证工作质量和完成时间。
- 组织可以通过定期会议通知在家工作人员去办公室参与活动。
- 在家工作人员的上司应经常与之联系，要督察员工的工作。

（2）弹性时间。选择弹性时间这种工作模式，员工可自己选择一天的上班、午餐及下班时间，并征得组织许可，其工作时间累计计算，但必须达到组织规定的工时标准，如每周满40小时。目前弹性时间工作模式已经引入许多企业，作为激励员工的方式，也给工作人员在工作时间方面更大的灵活性。弹性时间工作模式的管理方法为：

- 弹性时间工作模式只适用于某些部门，有些部门必须保持正常的工作时间。
- 实施前，先确定员工工作的时间带宽，如早7:00—晚7:00。
- 实施时，要明确告知员工一周弹性时间工作累计时数以及午餐时间，例如一周累计工作时数40小时。
- 安排人员时先了解每个员工的意愿，再根据具体情况，统一协调每个员工的上班时间，保证有足够的人力完成工作任务。

- 安排弹性时间工作，要注意避免节假日前夕或周末下午出现无人的现象。
- 选择准确记录每个员工工作时间的方法，如手工签到、机器计时、刷卡、记录日志等。
- 选择管理、监督和跟踪员工工作表现和进展的方法，保证工作质量。
- 组织要对远程工作人员同样给予工作环境的保障，实施相应的安全规范等。由于对远程工作人员的监督和控制会更加困难，要求远程工作人员必须经常与总部联络，若有可能，在人员较集中的地方应安排较高级别的主管进行监督和管理。

(3) 虚拟办公室。从桌面到计算机的引入，虚拟办公室改变了工作环境的焦点。虚拟办公室工作模式的管理方法为：

- 当计算机工作场所是在办公室中时，企业需提供工作人员工作的临时办公桌。
- 当工作人员在家中或其他远程位置工作时，需要给他们提供计算机。
- 要极为注意计算机环境的健康和安全，教育工作人员养成正确、安全的工作习惯。

(4) 临时办公桌。由于在家工作、远程工作、弹性时间工作及兼职工作人员没有或不需要有固定的办公桌，来到企业工作时可临时安排空闲的工作位置办公。工作人员没有固定的办公桌，文件和信息存放在计算机网络中，书面文件存放在存储间的一辆小推车上，当他们来工作时，员工领取手推车，然后使用企业中一个空闲的工作位置。

(5) 兼职工作。选择兼职工作模式可使工作人员充分展示在多家单位工作的多种技能。这些技能可以合同或收费的形式提供给一家企业，还可以在一周或短期内，再为几家不同的企业兼职工作。典型的例子是一个人拥有管理、记账和 IT 技能，在自己经营的基础上，再提供这种技能给不同的单位。

(6) 合同工作。由于聘用人员的隐性成本，包括养老金、医疗费和假期等，促使各企业聘用最少量的固定工作人员。聘用承包人和顾问可提供一种灵活的选择来完成特定的工作量。这些工作人员可能在企业内部工作或在企业外部他们自己的地方工作。他们可能是以下方面的人员：

- 以自由职业为基础工作的个人。
- 在自由顾问组工作的个人。
- 由合同公司聘用的个人。

(7) 交叉工作。交叉工作是由两个人员分担全部时间的工作；他们一起工作，共同管理这个工作并完成任务。每个人员通常工作半周，两个人重叠的时间可以交换信息和更新进展。例如：

人员 A——星期一和星期二全天；星期三 9:00—18:00。

人员 B——星期三 12:00—17:00 星期四和星期五全天。

星期三 12:00—15:00 是传递和交换信息的时间。

3. 导致办公模式变化的原因

随着竞争的加剧，组织为了节省人、财、物等各方面的开支，提高经营效益，对传统的工作模式进行了改变。导致办公模式发生变化的原因是：

- 办公场地的费用过高，企业都想方设法压缩办公室的面积，以最小的面积创造最大的效益。
- 城市中日益严重的交通拥挤问题和上班高峰时段的拥堵，使人们在工作模式上重新安排。
- 高科技的发展，尤其是通信技术的改变，使人们的联络更加方便，不在办公场所也能相互沟通。
- 企业自身的发展需要更加灵活地聘用人力资源，如一些短期项目就不需聘用长期的正式员工。
- 企业间竞争的加剧，使得企业不断压缩工资、管理费、差旅费等人工成本。
- 一些企业的组织结构进行了改变，需要用人制度相应改变。
- 在宽松的社会环境中，人们希望最大限度地发挥自己的才干，多做工作，也需要不同企业实施多种办公模式。

4.1.5 办公室的健康和安全管理

1. 办公室的安全隐患及处理

（1）办公环境中常见的有碍健康和安全的隐患。

- 地、墙、天花板、门、窗中的隐患，如离开办公室前不锁门。
- 室内光线、温度、通风、隔音、通道方面的隐患，如光线不足或光线耀眼。
- 办公家具方面的隐患，如电脑键盘桌面过高，难以用正确的姿态操作。
- 办公设备及操作中的隐患，如设备电器插头老化或电线磨损、裸露。
- 工作中疏忽大意造成伤害的隐患，如站在带轮子的椅子上举放物品。
- 工作中疏忽大意造成泄密的隐患，如复印时将保密原件忘在复印机玻璃板上。

（2）健康、安全的办公环境的基本要求。

- 办公区建筑必须坚固安全，地面、墙面、天花板完好整洁，门窗开启灵活，且可以上锁，室内有基本装修。
- 光线应充足，局部照明要达到要求，且灯光不闪烁，直射的窗户应安装挡板或窗帘，注意光线不应引起计算机屏幕的反射。
- 温度要适宜，根据天气设置供暖、供冷设备，最好室温不低于16℃。
- 布局应注意通风，保持工作场所空气流通和空气的质量，禁止在办公室吸烟，需要时可在工作区外设立吸烟区。
- 办公室空间及座位空间要适当，座位间要留有通道，力求员工工作的舒适。
- 办公室噪声要低，可利用屏障、地毯、设备隔音罩等减少噪声。
- 办公家具要满足工作所需并符合健康、安全要求，包括工作台面、座椅、各种存储设备及必要的锁具等。
- 办公设备、办公用品和易耗品要满足工作所需并符合健康、安全要求，包括工作台上的电话、计算机、文具及公用设备和物品。
- 办公设备的安装、操作要符合要求，操作指南和注意事项要明晰展示。
- 办公区及办公室要设置相应的消防设施、设备及必要的报警装置。

- 办公室提供符合健康、安全要求的饮水。
- 办公区或办公室设置急救包，并定期更换。
- 建立相应的规章和制度，包括人员进出规定、保密规定等。
- 室内有符合组织目标的装饰、标志和适当的绿色植物。

秘书在对办公环境和办公设备进行安全方面的检查时，可以对照上述各项进行。

2. 做好信息的保密工作

信息的保密是所有员工基本的和重要的职责之一，是保证国家和组织利益的起码要求。

（1）信息的安全及保密工作分类。从载体上把信息的安全及保密工作分为：

- 口头信息的安全及保密工作。
- 纸面信息的安全及保密工作。
- 电子信息的安全及保密工作。

（2）做好口头信息安全的措施主要有：

- 员工在岗前培训时即应被告知不要在组织内部或外部谈论有关单位的保密信息，包括对其他工作人员、客户、朋友或亲属。
- 在没有确认对方身份和是否被授权获得信息之前，不要通过电话、手机等给出保密信息。
- 只向来访者提供组织允许提供的信息，若超出范围，应向上司汇报。
- 遵照会议的要求传达会议信息。

（3）做好纸面信息安全的措施。纸面信息包括用纸张、各种胶片等物质作为载体的文字、表格、图形等信息。做好纸面信息的安全，可采用下述措施：

- 接收任何保密文件、资料等都要签收并登记。
- 文件或其他纸面保密信息只发给或传阅到被授权的人员，并要签收。
- 在传递保密文件或资料时，要放在文件夹、文件盒中携带，以防泄密或散落丢失。
- 所有保密的信息应归类在专用文件夹中，并清楚标明“机密”，保存在带锁的、防火的柜子里。
- 离开办公室时，不把机密信息和文件留在办公桌上，应锁入抽屉或柜子，并锁好门窗。
- 用信件发送保密信息，信封要贴封口，并标记“秘密”或“保密”。
- 为了确保安全，高密级信息可以由工作人员亲自送交收件人。
- 复印完成后应将保密原件取走，不要留在玻璃板上。
- 当传真保密信息时，需使用具有保密功能的接收设备或要求接收人等在传真机旁即时收取。
- 极为重要且不常使用的纸面信息可以制成缩微胶片，保存到银行保险柜里。
- 不再需要的保密文档要粉碎。

（4）做好电子信息安全的措施主要有：

- 计算机显示器应放置在他人看不到屏幕的地方，如果来访者走近，应迅速滚动页面或关小亮度，或保存你的信息并关闭显示器。

- 打印保密材料时要人不离机，并亲自负责保存和传递。
- 在提交电子信息给他人之前，应向上级核对，不能给未被授权的人。
- 每一个使用者应该有自己的识别码，密码必须保密，且经常更换。
- 应该使用密码来保护计算机数据，并定期更换。
- 计算机必须经常进行查毒、杀毒，为了安全，不要安装借来的程序。
- 重要的文件要做备份，并存储在安全、加锁的地方。
- 有保密信息的软盘或其他移动存储介质不应该带出单位，以防数据落到不应得到这些信息的人手里。
- 有条件时计算机应该安装报警系统，防止信息被盗。

（5）秘书人员在保密工作中需要注意的问题：

● 文件保密。秘书经常要与各种文件、资料、图表等打交道，这是秘书工作的一大特点。因此秘书人员要有很强的保密意识，对保密文件、资料，应自觉做好接收、传递、保管方面的保密工作，并且不该看的坚决不看，不该说的坚决不说。

● 会议保密。秘书人员经常要参加各种会议，有不少是领导层参与的会议。这些会议内容中常有不少信息需要保密，是否公开、何时公开、向谁公开都由主管领导决定，秘书人员不得随意扩散和泄露，要严格按照会议要求做好保密工作。

● 科技保密。任何组织开展经营活动都需要科学技术以及研发创新等方面的工作做支持，可以说它是企业的生命，是企业在激烈竞争中保持不败的关键。因此相关的情况都需要保密。秘书的工作性质决定了其会与各种人接触，包括客户、同行、媒体人员、政府部门人员等，做好科技方面的保密工作是非常重要的。

4.2 日常办公事务管理

4.2.1 日常办公事务概述

1. 日常办公事务管理的内容

办公室的日常事务管理主要包括电话管理、值班管理、印信管理，以及办公室零用现金管理、商务旅行管理等。

2. 日常办公事务管理的作用和特点

日常办公事务管理是指促使办公室的参谋职能、管理职能、服务职能、协调职能、监督职能等得以发挥良好作用的辅助性服务工作，是办公室的整体运转机制中重要的组成部分，对服务工作的完成起着保障和推动作用。

日常办公事务管理具有服务性、分散性、专业性、主动性、繁杂性的特点。

（1）服务性是日常办公事务管理的本质特征。办公事务管理工作主要是辅助政务，办公事务管理的服务性十分鲜明，它决定了秘书职业“三服务”的宗旨。“三服务”主要包括：一是为领导服务，使领导摆脱繁杂的事务，能有更多的时间精力去思考处理重大的问题；二是为机关服务，为机关工作人员创造良好的工作、生活环境，为职工排忧解难，上传下达，保证组织的正常运转；三是为人民群众服务，这是“三服务”的实质和最终目标。办公室要保障信息渠道的畅通，使下情上达，并使上面的各项决策指示能得以贯彻。服务性的特点要求每位秘书人员都要树立牢固的服务意识，要主动热情地搞好各方面的服务，勤勤恳恳，廉洁奉公，无私奉献。

（2）日常办公事务管理的繁杂、琐碎决定了其具有分散性的特点。具体体现在两个方面：一是人员分散。由于工作性质的不同，办公事务管理所涉及的财务、旅行等工作都有一定的独立性，工作场所也较分散。二是工作分散。组织机关内部的办公秩序的管理，以及生产经营部门、业务部门、后勤服务部门等方面的工作管理都具有特殊性，难以集中统一。对于各职能部门的工作，办公室虽不参与其具体的领导，但处理具体问题时却要介入过问，要了解情况、掌握信息、调解矛盾、牵头协调。办公事务管理工作难度大、头绪多、范围广，因此，秘书人员需要充分考虑工作分散性的特点，抓住重点，注意轻重缓急，以点带面，抓住关键，使工作环环相扣，衔接紧密。

（3）日常办公事务管理工作具有一定的专业性。它主要体现在知识人才的专业性和工作性质的专业性两大方面。知识人才的专业性是由办公事务管理工作的广泛涉及面所决定的。许多管理工作的内容专业性都很强，如财务管理、医疗保健管理、房管基建、后勤维修保障都需要一定的专业知识和专业技能，不是这一方面的专业人才难以胜任。因此，办公室工作人员就需要“精通数门，掌握一方，熟悉全局”，当好“杂家”。

（4）日常办公事务管理工作具有主动性。这有三方面的原因：一是领导和机关的精力主要放在职能作用的发挥上，使办公室工作人员有了自己调配工作的余地；二是领导和机关的主要工作对办公事务工作的制约不大；三是事务性管理工作的可预见性强，目标明确，便于按计划实施。总之，由于办公事务管理工作的目的标准明确，工作的可塑性强，发挥潜力的余地也很大，这就对办公室工作人员的思想素质、业务素质、工作作风提出了很高的要求。办公室工作人员不仅要有良好的思想素质和职业道德修养，还要有合理的知识结构和扎实的技能修养。

（5）日常办公事务管理工作具有繁杂性。因办公事务管理要承担政务工作之外的所有工作，所以办公室的工作人员面对的工作必然是繁杂的，工作量大，涉及的范围广，内容琐碎，但每一件事又都需要准确无误地完成，因此办公室工作人员要端正思想认识，提高办事能力和效率。秘书人员应了解办公事务管理工作的各项特点，坚持一切从实际出发，充分发挥办公室工作的政务服务与事务管理两大职能，做好办公室工作。

4.2.2　电话管理

1. 电话沟通概述

（1）电话沟通的特点。现在，即使有了互联网，电话仍然是工作交流中最常用的工具。电话使用率高，是因为它有以下优势：

✻ 速度快。

- 即使人们不能相见，也可以相互交谈。
- 平等。地位、外表和环境都看不到。
- 有很强的遮盖作用。不受与客户面对面时的环境影响。
- 对于要达到的目的来说，多数电话谈话同面对面的会谈一样有效。由于具有节省时间、成本等优势，它可以取代多数会议。

（2）电话沟通的缺点。电话虽有方便和快捷的特点，但也会造成传递信息失误的现象。

（3）电话沟通的原则。

● 简明。要让别人清楚地了解沟通目的，就不能对别人生硬和无理。与面对面谈话相比，打电话时缺乏信任感常导致人们浪费更多的时间。

● 礼貌。打电话时避免让对方产生不好的印象是特别重要的，因为一旦留下不好的印象是很难改变的。说话的语调同使用的词汇一样十分关键。即使没有使用可视电话，面部表情仍然能影响人们讲话的语调。要微笑，微笑时的语调听起来是愉快和令人感兴趣的。如果绷着脸或皱着眉，从声音上能够听出来缺乏热情。

● 机智。通话时不要反应迟钝。要时刻想着自己可能是最能提供帮助的人。如果接电话的人正在同时接听另一个电话，就要找到一个充分理由，说服他（她）暂时结束那个通话。如果一个电话已经打进来，但无人知道其所咨询的事，那么就要快速思考，迅速为其找到可以提供帮助的人。如果实在不能提供帮助，要向对方解释清楚，说话要诚恳，不要没耐心。

● 声音清楚。声音清楚对接电话的秘书来讲至关重要。由于电话线的声音质量较差和没有面对面沟通时的口形帮助，特别清楚的发音吐字就显得尤为重要了。说姓名和数字时，如果有读音模棱两可的字词，就必须再重复一遍，以便使意思清楚明了。

● 说话慢些。在电话里讲话时，放慢说话的速度是一个好主意。当声音被机械地传递时，语言似乎同时快速运动。这是电视播音员播音经常比日常讲话要慢的原因。对电话录音讲话时，放慢速度这一点特别重要。说出电话号码时更要放慢速度，以便电话另一端的人能把它记下来。

● 显出积极的个性。秘书人员应怎样接电话？他们在电话中应表现出什么样的个性？注意以下几点：

- 打电话时，不要担心外表会产生什么不利影响。
- 把注意力集中在正在说或正在听的话上。
- 在面部表情上要反映出积极向上的感觉。如果讲话时微笑，就会把这种微笑带到声音中去。
- 努力放松，肌肉紧张和呼吸急促会直接反映到声音中，并给人造成一种负面的印象。
- 不要使用专业语言（公司或职业行话）。对内部人使用的行话，对其他人可能如同外语。
- 不要嘴上说这件事，而实际上指的是另一件事。
- 说谎时，声音会不断升高，这在电话中会很容易被察觉。
- 讲话中对“你”、“你的”和打电话人的名字要加重语气。

- 要用语言来代替某些看不到的身体语言（点头、困惑的表情），如“当然”，“我说不准是否明白了最后一点”，“你能…… ”，等等。

2. 打电话的程序

（1）打电话前的准备。有的人可能会不假思索地拿起电话就拨通对方的号码。所以需要让他们明白，像所有其他书面和口头沟通一样，打电话之前也需要准备。尽管他们和对方不是面对面，他们的对话是声音对声音，但为了尽可能地做好，他们应注意做到：

- 先写下想说的事，其中的要点和问题，以及日期和事实等需要注意的问题。
- 知道接电话人的名字和职业（如果有关系的话）。有时这可能做不到，但最起码要有一本常用的电话通讯录。
- 在打电话前检查区号和号码是否正确。如果有疑问，赶紧查一下，记下来。
- 选一个打电话最合适的时间（对对方和自己都合适）。通常要避免吃饭前或下班前打电话。如果打长途电话，还要考虑时差问题，这可以参考电话簿，选择换算时差后的合适时间。在一天中的某些时候使用电话则价格较便宜。
- 计划好开始说什么。写下想问的问题，尽量只说一件重要的事。
- 在电话旁放上纸、笔以便记录。还要放好需要随时查阅的文件、数据、以前的函电，以及所有其他相关的材料。不要让对方等着自己到处查找有关的资料或打开计算机查找需要的文件。
- 拨号时要细心（如需接转要清楚地告诉接线员号码）。误拨号码是沟通失败和浪费时间的最主要原因，也是打电话时常犯的错误。

（2）正确拨号。摘机后要立即拨号。拨号时精神要集中，以免拨错。要耐心等待线路接通，至少要让电话铃响 6 次以上，确认对方没人应答才收线。掌握内地及港、澳、台、国际长途直拨电话的打法。

（3）介绍自己。自我介绍是通话的基本礼节。电话接通后，如果对方未自报家门，首先应用亲切的语调向对方问好并确认对方是否是自己要找的对象：“您好！请问是××公司吗?”在得到对方确认后，便应先作自我介绍（包括介绍自己的工作单位和自己），如“您好，我是××××办公室（或公司）的秘书×××。”

如果对方已自报家门，便可直接进行自我介绍并“直入主题”：“您好，我是××××办公室（或公司）的秘书×××，麻烦您请×××先生（或小姐）听电话。”（或“麻烦您转××××。”）如果接电话的正是你要找的人，便应亲切地称呼对方：“您好，×小姐（或×先生），我是××××办公室（或公司）的秘书×××。”

如果打的是长途电话，在开始就向对方说明。对方秘书如果知道打来的是长途电话，就会打断他们上司的工作，请上司及时通话。

要耐心等待接电话的人。如果被转接到秘书或某个部门处，这时应当重复上述内容。如果要找的人不在，问一下接电话的人什么时候找那个人合适。或者留下电话号码和可以通话的时间，让对方回电话。如果打错了电话，要表示歉意。在找到接电话的人后，要微笑。尽管别人看不到，但微笑时，声音听起来会令人愉悦。

（4）清楚陈述。简明扼要、准确清楚地陈述预先准备好的电话内容，特别重要和容易弄错的地方，如双方约定的时间、地点，谈妥的产品数量、种类，认同及分歧的地方，确定的解决方案等，可以重复，确认对方已明白无误地听清、记住。

如果线路出现故障，电话中途被切断，要马上重拨一次并说“不知什么原因，电话被切断了，真是很抱歉”之类的话。通话过程中如有紧急事项必须马上处理，须向对方道歉，处理完毕接着通话时，应再次致歉；如果处理的时间较长，可与对方另约时间通话。在涉外部门，因通话对象的不同，秘书还应熟练地掌握好相关语种的礼貌用语。通话过程要自始至终保持音量适中，吐字清楚，声音愉快。

（5）道别挂机。通话结束，要使用如“谢谢！”“再见！”“请多多关照！”等礼貌告别用语，然后轻轻挂机。挂机时应先把耳机一头朝下，按住叉簧，切断通话，再放下话筒一方。挂机后，要确保电话切实挂断，否则来电无法呼入，计费仍在延续，甚至无意间还有可能造成泄密。

3. 接听电话的程序

（1）及时应答。秘书人员在电话铃响后，应迅速接听。所谓“响铃不过三”，是指铃声响了三次以上才拿起话筒是缺乏效率的表现，势必给来电者留下不好的第一印象。如果耽搁了一会儿，拿起电话后，要先向来电者真诚地表示歉意：“对不起，让您久等了。”

接电话后要先问候，对外线报出单位名称，对内线报出部门名称。比如：“你好！海德公司。”或“你好，行政部办公室，我是高叶。”

如果来电要找的人不在或因开会不能来接电话，秘书可有以下三种选择：

- 如果知道上司何时回来，可以告诉对方到时再打来。如“很抱歉，李华先生正好不在，您过一会再打来好吗？估计他9点钟左右回来。”
- 可请对方留下姓名和电话号码，等上司回来后再同他（她）联系。如“请您留下电话号码好吗？这样李经理可以给您回电话。”
- 可询问对方是否愿意与其他人通话，但要告知对方你将转给人员的部门，并征求对方同意。如“关于合同一事，您想同其他人谈一谈吗？我们的销售部马经理正在办公室，要不要我把您的电话转过去？”

（2）记录并复述电话内容。通话时，秘书应用心倾听，准确领会对方意图，认真做好记录。重要的内容，应主动予以复述，以得到主叫方的确认。不明白、不清楚的地方，应不厌其烦地请主叫方重复或解释，保证信息的准确性。做好电话记录，还要注意处理电话记录的一般原则：

- 简洁。在记录留言时，要抓住要点，排除无用的话语，让收受人一看就明白。
- 完整。留言中若提到有关日期、时间、数字等重要信息，要非常仔细地记全，不要遗漏。
- 准确。要确保信息记录的正确，包括对方的姓名、单位、电话号码、来电日期、时间、来电的内容等。一定要在留言上签字，以防收到信息的人有什么疑问时可及时询问。在记录完留言后应将留言中的数字信息、地址等重要内容与对方作核查，确认准确无误。

（3）结束电话并及时送达留言。结束通话的礼节要求与拨打电话相类似，同时还要注意：一般应让主叫方先放下电话，如果对方是长辈或领导，更应如此。如果对方也在礼貌地等候，可以客气地说："还有事吗？我可以放下电话了吗?"通话结束后，一般来说，应贯彻"谁打出电话谁先挂断"的原则。

如果内容已讲完，对方仍喋喋不休地讲些无关紧要的事，不能生硬地打断对方，而应找适当的借口礼貌地结束电话，比如说"我已经都记下了，请放心吧!"或"我还有一个电话要接。""我手头还有急事要处理，我们下次再谈吧。"

记录者应尽早传递留言，如果留言是紧急内容，应将留言表（见表 4—1）中紧急一项标出，提醒接收者。当留言出错的时候，最好坦然向对方承认，取得谅解，并尽快采取补救措施。

表 4—1　　来电记录表样式

××××电话记录表

时间：________年________月________日________时________分 来电话人：________先生（女士、小姐） 单位：____________________ 电话号码：____________________ 紧急否：____________________ 电话内容： 处理结果： 接电话人：________

4. 接电话的注意事项

（1）接电话的语调。用清晰而愉快的语调接电话能显示出说话人的职业风度和可亲的性格。在说过"你好"并自报姓名后，你是热情还是心不在焉，全都会通过说话语调暴露出来。说话应稍慢而清晰，要注意措辞。说话时要面带微笑，使声音听起来更为热情。语调要平稳、安详，不可时而细语时而高声大叫，更不能陡然提高音调。电话语言沟通的三大特点是：声音和谐有序、态度和蔼可亲、言辞得体准确。

（2）排除干扰。如果在通话时不得不打喷嚏或咳嗽，应偏过头，掩住话筒，并说声："对不起。"千万不要边打电话边嚼口香糖或吃东西。应避免打电话时和旁边的人交谈。注意不要让房间里的背景声音干扰电话交谈。如果通话中遇到线路出现故障或串线，应尽快处理，并建议对方待会儿再打。这样做，也许会耽误一点时间，但比较礼貌。

4.2.3　值班管理

值班是指一个组织有相关的专门人员（即值班员）或由有关人员轮流交替坚守岗位，负责处理组织一些临时性的综合事务或专项性的特定事务（如安全值班）。

值班工作就是组织指定专职值班员或兼职人员在全天 24 小时，或在一定时间内（如中午、夜间和法定的节假日），负责值班，处理公务，以保证整个组织运转连续性的一项工作。

值班制的采用，可以使一个组织不管在什么时候都能保证不会中断与外界的沟通，急事、要事能得到及时处理。只是在实际的工作过程中，各个组织会根据自身工作性质的不同而采用不同的值班形式，如常设性值班（有专职值班员，全天候都有人值班，一些重要的党政机关或较大的非涉外组织及涉外组织，都有常设性的值班室），间歇性（轮流）值班（仅在下班时间或节假日期间安排有关人员轮流值班），临时性值班（在遇到或为了防范一些突发性事件时才临时设立的，如防汛防台风值班）。

1. 值班工作的主要内容

值班工作是保证组织及时获得准确信息，进行正确决策，以及出于安全防范的需要而开展的经常性工作。各个组织值班工作内容具有不同的特点。总的来说，值班人员应做好三项记录：

- 记好值班电话记录。主要包括来电时间、来电单位、来电人员姓名、来电内容。
- 记好值班接待记录。主要记录来访人员的姓名、单位、来访事由、联系方法等内容。
- 记好值班日记。主要对外来的信函、电报、反映情况、电话等，进行认真登记，使接班人员保持工作的连续性。表4—2可供参考。

表4—2 值班日志示例

××××××值班日志

值班员		月　　日	办理情况
值班 记事			

此外，值班人员还要做好信息传递，及时将重要或需紧急处理的信息向有关人员通报。

2. 值班工作的主要任务

值班工作是一项综合性很强的复杂的工作，主要任务有：

（1）及时传递信息。对于一个组织来说，其上级随时都可能下达指示、发布紧急通知等；下级及职工随时都可能会有新情况、新问题出现；组织与组织之间随时都有可能要及时沟通，而值班制的设立，可以使得组织贯通上下、联系左右的渠道随时都保持在畅通状态，因此，值班工作的主要任务之一，就是不管是来文、来函或来电，都要求值班人员在其职责范围之内，只要能直接处理的便一定要及时予以妥善处理，但要注意对于没有把握的疑难问题，不要随便许诺；重要或紧急的函电文要立即报告有关的领导或转告有关部门。有时，接收和分发各类书报杂志及公私邮件，也是值班人员的任务。

（2）做好接待工作。非正式上班期间，来访者一般先由值班人员负责接待。值班人员应根据来访者的目的意图，做出合理的安排和答复。凡符合规定手续的要热情接待并尽量提供方便；对来反映情况、提出要求的来访者，能直接给予解决的，要按政策有关规定给予解决或解释；不能解决的，应及时转交有关部门处理；对于直接找上司解决问题的来访者，应视情况加以甄别和过滤，或安排约见，或耐心解释、婉言谢绝，而不能来者不拒、有求必应。

（3）承办临时事项。值班人员除了要处理好日常的值班事务、完成值班任务外，有时还要负责承办上司交代和其他部门委托的临时事项，如购买物品、迎送客人、传话找人等，这些工作有着很强的随机性和繁杂性，但无论如何，值班人员都要认真对待，及时处理。

（4）处理突发事件。值班时可能会遇到一些突发性的紧急情况，如生产事故、交通事故、失火、偷盗、自然灾害等，值班人员要临危不乱，处变不惊，沉着、冷静地加以处理。如及时向上司汇报请示，或就近组织人力、物力抢险救灾，或依靠邻近的组织单位、部门，或保护好事故现场等，为保障人民群众生命财产的安全、尽量减少损失，值班人员有时在未得到上司指示前，可在可能的范围内适当采取临时应急措施。

（5）确保组织的安全。安全保卫工作也是值班任务的一个范畴。尤其对那些无警卫、无岗哨的组织，更要注意安全。值班人员对外来人员要严加审核，履行有关手续。如有异常情况发生，要及时报告有关部门及人员，协助有关的部门开展工作，以保证组织的安全。

（6）编写值班材料。对于一个组织来说，值班室是一个相对开放的机构，信息量很大，所以值班人员要有较强的信息观念，善于捕捉各类信息，及时加以汇总、处理和存储，为领导层的决策提供参考。同时还要做好值班工作记录，填写好值班日志，以保证整个值班工作的连续性。

3. 值班表的编制

值班表是将某一时间段中已经确定的值班人员姓名清晰地记载和标明的表格，提醒人们按照值班表的要求值班，以保证组织整体工作的连续和完整。

（1）编制值班表通常包括以下项目（见表 4—3）：

- 列出值班时间期限和具体值班时间。
- 按照要求填入值班人员姓名。
- 标明值班的地点。
- 标明负责人姓名或带班人姓名。
- 有时须用简明的文字标明值班的工作内容。
- 标明人员缺勤的备用方案或替班人员姓名。

表 4—3　　**值班表示例**

××××（单位名称）××（时间）值班表

（××××年×月×日—×月×日）

时间 人员 日期	上午 ×：×—×：×	下午 ×：×—×：×	晚上 ×：×—×：×	……
×月×日	×××	×××	×××	×××
×月×日	×××	×××	×××	×××
……	……	……	……	……
值班地点	××××	××××	××××	××××
注意事项	1. 做好交接班工作，不留空当。 2. 做好值班记录。 3. 有急事、要事可同×××联系，电话：××××××（宅） 手机：××××××××××× ……			
值班任务	1. ×××××××××× 2. ×××××××××× 3. ×××××××××× ……			
备注				

（2）值班表常用地方。

- 值班室。
- 平日需要有人值班的办公室。
- 节假日值班办公室。
- 为完成某项任务的值班办公室。

例如为在国际饭店举行的大型客户座谈会的接待工作值班表，还需要标明值班地点和值班的具体任务。值班表编制完成应与相应值班人员协商并报主管领导审定后执行。

4. 值班管理制度

有些大型企业设有专门的值班室，并有完善的值班管理制度，通常包括：

（1）信息处理制度。包括对各种渠道传递过来的信息的基本处理程序，比如下级单位用电话报送一条信息，值班工作人员应当如何记录、登记，哪一类信息应报哪一级领导。

（2）岗位责任制度。规定值班工作人员必须坚守岗位，无论发生什么事情，也不能擅离职守。

（3）保密制度。值班工作常常会接触到许多机密性文件和事件，应当制定严格的保密制度，包括外来人员的接待范围，各种信息材料的保管方式，不同密级的信息材料的传递方式等。

（4）请示报告制度。这一制度要求值班人员在值班期间对于所遇到的重要问题或无把握处理的问题，不可擅作主张，应先请示，后办理；对重要的、紧急的情况和重要信息，要及时报告，不得拖延或知而不报；对于一些特殊的、重要的突发紧急事件，也可边处理边报告，但不可办而不报。

（5）交接班制度。交接班制度是值班人员沟通情况、汇报工作、保持值班工作连续性的制度。

4.2.4 印信管理

印章和介绍信是各级各类组织对外联系的标志和行使职权的凭证。加强对印信的管理，严格按规定使用印信，是秘书部门和秘书人员的重要职责。

1. 印章的管理

印章是印和章的合称，我国古代称为印信，现代印章是指刻在固定质料上的代表机关、组织、单位和个人权力的图章。

（1）印章的种类。在现实工作中，印章多种多样，按其性质和作用，主要有以下几类：

- 正式印章。正式印章也叫公章，代表一个组织的正式署名。这种印章必须按照国家法定程序，由上级机关、主管部门正式颁发或同意刻制后使用，具有法定的权威性和凭证性。
- 套印章。套印章是指按照正式印章的原样制版而成，在需要铅印大批量文件时，以制版印刷的方式代替手工印刷。它与正式印章具有同等的法定效力。
- 专用印章。专用印章是指各级、各类组织为开展某一类专门性业务而使用的印章。

这类印章在印文中除刊有组织的法定名称外，还应刊有专门的用途，如“财务专用章”等，这类印章不代表整个组织，只代表组织下属某一专属部门的职权。

● 钢印。钢印不用印色，只利用压力凹凸成形，一般用于证明性公文或证件，盖在证件与相片的交接处。

● 个人名章。个人名章有领导人签名章（有的也叫领导人手章或手章）和个人名章两种。其基本作用都是以盖章代替手写签名。领导人签名章有三种：一是按领导人亲笔书写的姓名字样刻制，无外框，多用于重要凭证时的签字；二是用楷书、隶书等字体刻制，有外框，一般为方形或长方形，多用于一般签字；三是电子签名章，目前适用于电子商务领域。领导人签名章是为其行使职权而刻制的，它跟领导人的亲笔签字具有同样的效力，有些凭证须同时加盖公章和领导人签名章才有效，如学生毕业证书、支票等。

● 戳记。戳记是为标识特定信息而使用的印章。如保密章（一般分为内部文件、秘密、机密和绝密）、急件章、注销章等。秘书部门掌管的印章主要有三种：

* 单位印章（含钢印）。
* 单位领导人“公用”的私章。
* 秘书部门的公章。

（2）印章的式样。印章的式样由质料、形状、印文、图案、尺寸等组成。

● 质料。在我国古代，帝王的印章（玺）使用的是珍贵玉质，象征其地位，官印则依品级高低分别用金、银、铜等金属铸成。近代公章用过角质、木质材料，现代则多用橡胶、塑料、钢材等材料刻制。电子印章则是采用数字化技术制作。

● 形状。古代官印为正方形。现代党政机关、企事业单位和社会团体的正式印章则为正圆形，其他公务专用印章可视情况而自由选择，一般有正方形、长方形、三角形或椭圆形等。

● 印文。正式印章的印文必须使用机关和单位的法定名称，如名称过长，可采用规范化简称，同时，印文还必须使用国务院公布的规范简化汉字，字形为宋体，自左而右环行排列。领导人签名章则由个人书写习惯而定，民族自治机关的公章可并列刊有汉字和通用的民族文字。

● 图案。县及县以上政府机关、法院、检察院、驻外使领馆等的正式印章的中央应刊有国徽；其他企事业单位的正式印章中央则刊五角星图案。国务院的钢印、国务院有关部委外事用的火漆印，中央刊国徽；其他需使用钢印的单位，钢印中央刊五角星。党的各级机关印章刊有党徽。

● 尺寸。按国务院规定，国务院正式印章的直径为6厘米；省、部级政府机关的直径为5厘米；副部级、地、市、州、县级机关的为4.5厘米；其他机关、部门、企事业单位以及驻外使领馆的直径一律为4.2厘米。党的机关的正式印章尺寸规格一般与同级行政机关的正式印章相同。国务院的钢印，直径4.2厘米。其他单位使用的钢印，其直径最大不得超过4.2厘米，最小不得少于3.5厘米。其他印章和戳记的尺寸大小可由使用单位自行确定。

三资企业的公章多为圆形，也有的是椭圆形或方形。印文可用外文，也可中外文对照，外文在上方，中文在下方，自左向右横向书写。中文多用宋体和繁体字。也有的三资企业的公章上方刻外文，中间是一横线，横线下刻有“总经理”三个字，这种印章说明用印时必须同时有总经理的签名才有效。

（3）印章的作用。单位印章是单位对外行使权力的标志。其作用是：

- 标志作用。只有得到法律认可的机构或人员（亦具有法人资格）才备有印章，并在印章上以印文的形式标明其法定名称（全称），对外联系工作时就以印章作为标志。另外，印章还表现为密封的标志。
- 权威作用。人们习惯用“印把子”比作权力的象征。这是法律赋予的权力，具有相当的权威性，而这种权威性则是以印章为鉴证的。
- 法律作用。单位具有法人资格，其印章是单位的标志，按法定程序制发、用印后的公文和凭证就具有法律效力，在刑事诉讼和民事诉讼中负有法律责任和法律义务。
- 凭证作用。各种各样的文件、凭证、证据等，若不盖章则对外一律无效。

（4）印章的刻制。印章刻制是印章管理工作的首要环节，必须按照国家的有关规定严格执行。凡机关单位的正式印章，一律不得私自刻制，只能经公安部门批准后到指定单位刻制，或由其上级主管机关负责制发。单位内部的专用章、负责人印章等可由单位出具证明，然后到指定的刻制部门刻制。

刻制印章时，须由本机关提出申请，报经上级主管机关审核批准。报批时，需将上级主管机关同意本组织成立的批文、按有关规定预先拟好的印章式样、尺寸、印文、图案等一并上报。批准后，在组织所在地的公安部门办理登记手续，再到公安部门指定的专门的刻章单位刻制。

按照规定，正式印章刻制完毕，刻制单位一律不得留存章样，也不能擅自先行使用正式印章，因此，从刻制单位取来印章时，应先检查印章的质量是否符合要求，有无被使用过的痕迹。如质量不符合要求，应责成刻制单位重新刻制；如发现印章有使用过的痕迹（如印章版面上粘有红色印泥），应立即报告当地公安部门备案。

（5）印章的颁发。由上级主管机关负责刻制的印章，刻制后，一般由下级单位派专人持本单位领导人签名的介绍信前往领取，也可以由上级主管机关派专人送到受印单位。领取时，颁、领双方应当面验章，并严格履行登记、交接等手续，然后由颁发机关将印章密封和加盖密封标志，再交给领取人带回，确保安全。领取人接回印章后，要及时向组织领导汇报，经领导验证后，根据领导的指示交给印章管理人员验收管理。

（6）印章的启用。在正式印章启用通知所规定的生效日之前，印章不得使用，即使使用，也是无效的。印章的启用，要注意两点：

- 印章启用，应由制发或批准刻制机关先颁发启用通知，并附上印模。如由新印章取代旧印章，启用新印章后，旧印章同时作废。
- 印章启用时，使用的组织应将印模和启用日期一并报上级机关备案，而且都必须立卷归档，永久保存。

（7）印章的保管。一般说来，组织的印章大都交由秘书或秘书部门保管。印章应予以严格保管，其主要要求是：

- 专人负责制。印章是组织的代表性信物，盖印就是组织认可的标志。一般情况下，印章的管理者就是用印者，因此，秘书或秘书部门对于保管和使用印章的人员必须严格审查和挑选，选择政治可靠、工作负责、坚持原则的人员来负责管理。管印人接到印章后应做好接印登记，内容主要包括印章名称、颁发印章单位、领取人姓名、收到日期、收到枚数、启用时间、主管领导签名、管印人签名等。

● 妥善保管。按照保密要求，管印人不得委托他人代取、代用印章，印章应存放在安全可靠的地方，最好是放在保险柜内，并且要养成随用随开锁，用完即上锁的好习惯，以免印章被滥用、盗用，造成不良后果。节假日应特别小心，存放印章的地方一定要上好牢固的锁，必要时还要贴上封条。印章一旦发生异常情况，应保护好现场，立即报告，迅速查明情况，及时处理，必要时，还可请保卫、公安部门协助查处。管印人还要注意经常洗刷印章，保证图案和印文的清晰。如因机构变动或组织更名等原因而停止使用原印章时，应将其交回制发机关切角封存或销毁，不能随便弃置。

（8）印章的使用。管印人在用印过程中，应严格执行印章使用原则。

● 严格履行用印批准手续。常规用印，管印人员可在职责范围内盖章。非常规用印，需经分管领导或秘书长、办公室主任批准后方可盖章。若发现有不符合用章原则和手续规定的情况，管印人员或报请主管领导人批准，或暂缓用章，甚至可拒绝用章。非法用印者，根据情节将会受到行政处分甚至法律惩处。

● 严格监督用印。管印人员对印章使用有监督权。用印前，必须对用印内容予以审阅，协助上司把关，如发现问题，应在纠正后或报请有关领导同意后再盖章。一般情况下，除非有机关领导人的特别批准，管印人员不宜在空白凭证上盖印，更不能“以印谋私”，也不能“有求必印”。

● 严格执行用印登记制度。为了备查和更有效地发挥对用印的监督作用，应建立用印登记制度，除介绍信有存根外，一般来说，用印应进行登记，登记的主要内容可参见表 4—4。

表 4—4　　用印登记表

编号	用印时间	用印部门	用印内容	份数	批准人	经办人签名	备注

● 认真盖好印章。盖印要讲究质量，印章要盖得端正、清晰，按印泥时要轻重得当，用力均匀，使印色浓淡合适，并且要在规定位置盖印，一般来说，印章应上不压正文，下要骑年盖月，带有存根的文件材料如介绍信等用印，除在规定处用印外，还应加盖“骑缝章”，以备查考。对文件中的文字错误修正后，应在改正处加盖校对章。对于需证明各页之间完整联系的材料，应将同一文件的每一页均匀错开，骑各页加盖公章。秘密文件除在封套的正面加盖标明密级的保密章，封口处还应加盖公章或保密章。紧急文件则要在封套加盖标明紧急程度的急件章。盖印时还要避免倒歪、偏斜和模糊现象，避免减损印章的严肃性和美感。

加盖钢印时，应注意不得将钢印加盖在照片人的头部或脸上，以免影响辨认效果，因为钢印的凹凸作用会使面部发生细微的变化，正确的位置应是脖子和衣领以下与证件交接部位。

● 在办公室用印。一般情况下，管印人不能将印章带出机关或单位，在办公室以外地方用印。在印刷部门陶印有机关正式印章的文件时，印管人员应在现场监印。

其他专用章的使用，可参照上述有关原则执行。

2. 介绍信管理

介绍信是用来介绍被派遣人员的姓名、年龄、身份、接洽事项等情况的一种专用书信，具有介绍和证明双重作用。

介绍信有多种。从写作格式来看，主要有便函式（见表 4—5）和固定式（见表 4—6）两种。秘书部门掌握的主要是固定式介绍信，它是统一印制的。出具介绍信要经过单位内部的审批手续，填写清楚，与存根一致，加盖骑缝章，并有存根备查。介绍信有时限要求。

表 4—5　　便函式介绍信示例

×××××学院

地址：××××××××××　邮编：××××××　电话：×××××××××　传真：××××××

介绍信

×××××公司：

　　兹介绍我校×××、×××两位同志前来贵公司商谈学生实习事宜，望接洽为盼！

　　此致

敬礼！

（印章）

××××年×月×日

（有效期×天）

表 4—6　　固定式介绍信示例

NO. ××××××　　×××××公司介绍信（存根）

××介字第××号

________________：

　　兹介绍我公司________等_____位同志前往你处联系_______事宜。

××××年×月×日

（有效期×天）

- - - - - - - - - - - - - - - - - - - -

NO. ××××××

×××××公司

介绍信

________________：

　　兹介绍我公司________等_____位同志前往你处联系_______事宜，请接洽为荷。

　　此致

敬礼！

（印章）

××××年×月×日

（有效期×天）

顾名思义，便函式介绍信就是将内容用手写或计算机打印出来，但无论是手写还是打印，都要使用带有单位名称的信笺；固定式则是先设计好固定的格式，然后大批量印刷，使用时只需在相关条项内填上相应的内容则可，固定式介绍信一般都由持出和存根两部分组成。

不管是哪一种介绍信，都必须盖印（固定式介绍信应在虚线处盖骑缝章，且上压存根联的年月日），因此组织的介绍信通常由印管人员负责掌管。由于介绍信既是持信者的身份证明，也代表一个机关或单位对持信者的法定授权，所以，对于介绍信，同样要严格管理。

（1）要有一定的审批手续。介绍信多为商洽工作、联系事务所用，除常规外，一般要经过有关领导的批准，否则，不准随便开具介绍信。

（2）内容填写应真实、清楚。存根内容应与持出联内容一致。书写要工整，不得涂改，如果必须修改，要加盖更正章，或在修改处加盖公章。

（3）介绍信开出后，若因故未使用，应说明原因，立即退回，并将其粘贴在原存根处。

（4）非经主管领导批准，严禁开空白介绍信或外借、转卖介绍信，且一封介绍信只能写给一个单位。

（5）发放介绍信要进行登记，领用人要履行签字手续。固定式介绍信可在存根上签字，便函式介绍信在专用登记表上签字。表 4—7 是介绍信发放登记表示例。

表 4—7　　介绍信发放登记表

序号	发放时间	用途	前往单位	有效期限	使用人	批准人	领取人	备注

4.2.5　办公室零用现金管理

1. 零用现金的用途

由于用支票来支付小额费用难以实行，一些企业办公室中常设立有一笔零用现金（或称作备用金），以支付本市交通费、邮资、接待用茶点费、停车费和添置少量的办公用品。它通常是由企业领导和财务负责人批准后由秘书人员保管和支出的现金，也是一笔周转使用的现金。它的数额根据企业的规模和平时小额支出的数额多少来确定，秘书人员取得现金后，应将现金锁在保险箱内，并负起保管和支付备用的责任。

2. 办公室零用现金的管理程序

（1）秘书人员必须建立一本零用现金账簿，清楚注明收到现金的日期，收据编号、金额，支出现金的日期、用途，零用现金凭单编号、金额、余额等。有的还在账目上进行分析，了解花销的情况和去向。

（2）内部工作人员需要使用领取零用现金时，应填写《零用现金凭单》，提交花销的项目和用途、日期、金额。

（3）秘书人员要认真核对零用现金凭单，经行政主管签字后，方可将现金给付需用者。

（4）秘书人员要认真核对领取者提交的发票等凭据上的用途、内容、金额是否与零用现金凭单上填写的完全一致，然后将发票等证据附在零用现金凭单后面。

（5）每支出一笔现金时，秘书人员均须及时在零用现金账簿上记录。

（6）当支出的费用到一定数额后或月末，秘书人员再到财务部门报销并将现金返还到零用现金箱中进行周转。

4.2.6 商务旅行管理

1. 旅行计划的编制

商务旅行有不同的任务，如参加会议、实地考察、参观访问、业务洽谈、签订合同等；时间也有长有短，有的一两天，有的则长达数月。秘书在为上司作旅行安排时，必须向上司了解清楚本次旅行的目的、任务和要求，然后才能着手拟订旅行计划。所谓“磨刀不误砍柴工”，这样才会“事半功倍”。

拟订旅行计划，就是为了保证商务旅行的顺利。简而言之，就是要吃好、住好、休息好、工作好，使上司在有限的时间内，有条不紊地、高效率地完成预定的任务。秘书人员应力戒因旅行行程、工作计划安排不妥而造成不良后果。一般说来，旅行计划应包括：日期、时间、交通工具、住宿、备注等（见表4—8）。

表4—8　旅行计划表

日期	时间	交通工具	地点	事项
12月6日（星期一）	8:00—10:30	民航班机	广州——北京	出发
	11:00—12:00		北京	出席分公司业务报告会午餐
	15:00—16:00		北京	拜会某公司领导
	16:30—17:30		北京	参观某公司
	18:00—19:00		北京	晚餐及就宿于某宾馆
12月7日（星期二）	9:00—12:00		北京	出席某分公司新技术产品发布会
	12:00—13:00		北京	午餐会（某酒店）
	15:00—16:00		北京	会见某分公司经理
	17:20—19:50	民航班机	北京——广州	返回

（1）日期。指某月、某日、星期几。

（2）时间。旅行出发、返回的时间，写清某月、某日、星期几，包括各个目的地的抵离时间和中转时间；开展各项活动的时间；就餐、休息的时间等。

（3）交通工具。出发、返回时使用哪种交通工具，途经何地，以及沿途路线等。

（4）地点。住宿地点、住宿时间以及要求、规格等。

（5）事项。一是指商务活动内容，如访问、洽谈、会议、宴请、娱乐活动等；二是指私人事务活动。

（6）备注。记载提醒经理注意的事项，诸如抵达目的地需要中转时中转站的名称，休息时间，飞机起飞的时间，需要中转时转机机场的名称及时间，某国家为旅客提供了特殊服务等，或展开活动时、就餐时要注意携带哪些有关文件契约，应该遵守对方民族习惯的注意事项等。

2. 旅行计划的编制注意事项

要编制一份切实可行的旅行行程工作表，秘书必须注意以下几点：

（1）要明确上司旅行的意图、目的地、旅行时间、到达目的地后的工作安排。

（2）了解上司对交通工具及食宿的要求，熟悉公司对出差的有关规定。

（3）向公司所在国家的有关服务机构或向旅行目的地享有盛誉的旅游机构索取有关资料，了解当地的乃至其全国各交通（航空、航海、铁路、公路）工具运行情况，旅行路线，旅馆环境情况，目的地的货币、外汇管理规则，经商特点及有关护照、签证、健康规定等常识。需要中转时，尽量选择衔接时间在 2～4 小时的班机，将因中转而导致的时间浪费减少到最低限度。

（4）拟订行程计划时，若能直接利用定期航班的航线来设计旅行路线则应尽量做到。

（5）安排计划时，在时间一栏中必须考虑时差的变化，买机票（车票、船票）时也要注意时差。

（6）拟订几个旅行方案，与上司共同讨论，最后选定最佳方案，旅行行程工作计划表一式三份，上司及其家属各一份，最后留一份存档。

（7）旅行行程工作计划表制作要清楚（见表 4—8），离开和到达的时间都应以当地时间为准，秘书人员应熟悉国际时间计算的方法。国际上统一以英国格林尼治时间（Greenwich Mean Time，GMT）为标准时间（standard clock time ）。这样两半球就分为东八区和西八区。东八区的时间比 GMT 早，西八区的时间比 GMT 晚。

3. 旅行日程表的编制

旅行日程表通常是旅行及公务活动的综合，其内容一般较旅行计划更详细。旅行日程表应写清时间、地点、路线、交通工具等，其中包括每一段旅程的出发日期、时间、所乘交通工具的航班号或车次，到达目的地的时间和地点以及住宿的旅馆等。已经确定的约会和活动也应写明时间、地点、约会者、目的及所需要的文件等。秘书人员要将每日的日程表打印在纸上，并按时间顺序进行编号，供上司使用。可以参考下面一份公务旅行日程表实例（见表 4—9）。

表 4—9　　董浩经理旅法日程表

北京——巴黎	
2010 年 12 月 27—29 日	
时间	日程安排
12 月 27 日（星期一）	
上午 10：15	乘中国民航 CA987 次航班由北京至巴黎。
下午 14：45	抵巴黎（法郎丝小姐接），住法兰西宾馆。
下午 19：15	在宾馆与弗朗苏瓦先生共进晚餐。
12 月 28 日（星期二）	
上午 9：15	与弗朗苏瓦先生在其公司会议室会谈（需用的 02 号文件在公文包内）
中午 11：30	与弗朗苏瓦先生共进午餐。
下午 15：15	与弗朗苏瓦先生继续会谈。
下午 18：30	在宾馆用晚餐。
下午 19：30	拜访李云先生。
12 月 29 日（星期三）	
上午 8：30	乘 CA986 号班机返京。

具体来说，一份商务旅行日程表至少应包括以下内容：

- 出差的时间、起程及返回日期，接站安排。
- 出差的路线、终点及途经地点和住宿安排。
- 会晤计划（人员、地点、日期和时间）。
- 交通工具的选择：飞机、火车、大巴或轿车。
- 需要携带的文件资料，如合同、协议书、科技及产品资料、演讲稿和所到国的指南等。
- 上司或接待人员的特别要求。
- 旅行区域的天气状况。
- 行程安排，约会、会议计划，会晤人员的名单和背景，会晤主题。
- 差旅费用：现金，兑换外币，办理旅行支票。

4. 商务旅行费用报销

有些公务费用，例如上司出差到外地开会的交通费不能从零用现金中支付，而需要直接到财务部门申请费用和报销结算。通常情况下的工作步骤是：

（1）申请人提交费用申请报告或填写费用申请表，详细说明需要经费的人员、时间、用途、金额等情况，并亲自签字。

（2）该报告或该表必须经过组织确定的授权人审核同意，并签字批准。

（3）将获得批准的费用申请报告或费用申请表提交财务部门，领取支票或现金借款；或者是先由申请人垫付，完成工作。

（4）在进行商务工作中，无论是使用支票，还是使用现金，都要向对方获取相应的发票，其内容中填写的时间、项目、费用等应与使用者实际用途相符。

（5）工作结束后，申请者应将发票附在《出差报销单》后面，并亲自签字提交出纳部门，由出纳部门把先前领取的现金数额和支出情况进行结算。如果是先由申请人垫付的，在提交票据和《报销凭单》后，方可返还现金。

（6）如果实施工作时，计划的费用不够，需要超出时，应提前向有关领导报告，在得到许可和批准后，超出的部分才可得到报销。

4.2.7 邮件管理

邮件是组织开展工作的一个重要手段，因此邮件处理也就是秘书的一项重要工作。组织的邮件主要包括两大类，一类是传统的通过邮政系统或其他渠道（如在一些比较大的机关单位的收发部门便设有专门的交换站，不通过邮局而由专人负责信函的传递交换工作）传递的各类纸质信函、报刊、包裹等；另一类是电子信函，如传真、E-mail 等。随着办公自动化程度的不断提高，电子信函在组织中所占的比例越来越大，尤其是在涉外组织中。因此，如果组织已启用了电子邮件系统，那么，秘书上班后应及时打开电子邮箱或其他设备，如传真机等，检查晚上是否有信件传送进来，以免耽误了急事、要事的及时处理。

秘书的办公室邮件办理工作，一般来说分为收受和发出两部分，即秘书不但要对通过各种渠道投递而来的邮件进行有效快速的处理，而且还要根据工作的需要，及时寄发各种邮件。

1. 邮件的收受

一般来说，除了电子邮件和快递邮件可以随时传送外，大部分的邮件每天都会在大致固定的时间到达，因为邮件中可能会有重要的、紧急的信息，因此，当有邮件到来时，除特殊情况外，秘书都应停下手中的工作，及时对邮件进行处理。

（1）分类。面对众多的邮件，必须按照轻重缓急的原则予以办理，以保证要件、急件能得到优先处理，为此，就必须对邮件先行进行分类。邮件分类的方法有多种，秘书可根据实际的情况选择不同的方法，也可以多种方法结合使用。比较常见的方法有：

- 按邮件的重要程度，简单地将邮件分为重要邮件和普通邮件。邮件封皮上有“机要”（confidential mail）、“急件”（urgent mail）、“快递”（expressed mail）、“保价”（insured mail）、“挂号”（registered mail）等标记或其他带回执（certified mail）的邮件或落款是重要人物、重要单位的邮件，属重要邮件，其他为普通邮件。
- 按邮件的性质，把邮件分为公务邮件和私人邮件。公务邮件又细分为三类：重要邮件，普通邮件（即上一种分法中的重要邮件和普通邮件）和报刊、广告、小册子等印刷品。私人邮件既包括寄给组织中具体某一个人的邮件，也包括那些封皮上标有“亲启”、“私人”“保密”等字样的邮件，对于这类邮件，秘书一般都要将其直接交到收件人手里。
- 按邮件的紧急程度，将邮件分为急件、次急件和普通件。
- 按邮件的部门名称分类。

邮件分类后，要及时对邮件进行分发或拆封等方面的处理。分发邮件时，如果是重要的邮件，如保价信函、特快专递、机要邮件等，秘书应先制印好登记表，让收件人收到邮件后在上面签字，以备查考。如果是急件，收件时间应详细注明小时和分钟。表 4—10 为邮件分发登记表示例。

表 4—10　　邮件分发登记表

序号	发件时间	收件时间	邮件名称	来件人及单位名称	收件人	签名	备注

（2）拆封。邮件分类后，秘书应抓紧对属于自己处理的邮件予以拆封。拆封公务邮件，要求用剪刀、拆信器或电动邮件启封机等工具，不能用手撕，以避免不小心而破坏邮件上的一些重要信息，同时也可以保持邮件封皮（如信封）的美观。

一般来说，公务信件要从信封右侧开拆，开拆时，尽量不要损坏信封上的文字、邮戳和其他的标志。开拆后，信封不能丢掉，应和信纸、附件等用订书机或小夹子、回形针、大头针等订在一起，以备查阅。

开拆信件时，应先轻轻拍打几下，使信纸沉到一边，以防剪开时剪到信纸。打开信件后，秘书应对信件进行检查，检查的内容主要有三个方面：一是检查是否把信封内的物件（信纸及有关的附件）全部取出；二是检查信件中所提到的附件与信封内所附附件是否相符。三是检查信纸、信封上的地址、姓名是否一致。如果检查过程发现有不符的现象，应及时做好标记或与寄信人取得联系，予以确认。

如果是组织订购的邮件，打开后，应找出订购副本，核对订购物品的品种、规格、数量等是否与订购单一致。如果是传真信件，组织使用的传真纸是热敏纸，那么，必要时，秘书应将传真信件进行复印后再做处理，因为热敏纸上的字迹不能长久保留，因而不能直接存档。如果收到E-mail，上司不习惯于机上阅读时，秘书还要将它先打印出来。挂号信、保价信函中的单据、支票或账单、结算单等应及时转交给财会或付款等有关部门。

有时，由于一些原因，如有些信封上未标明“私人信件”、“亲启”、“保密”等字样，秘书对邮件分类时未能分辨出来，不慎误拆，这时，秘书应及时向收信人道歉并予以说明。如果不方便直接见到收信人，应在信封外另加一个信封，并在上面注明“对不起，误拆”之类的字样，并注上自己的名字。

（3）阅函。如果得到上司授权，秘书应及时对信函进行阅读处理。如果来信所涉及的内容属于自己的工作范围，便应根据来信人的要求及时予以办理。否则，可将信函中的重点内容圈点出来，或就来函中涉及的有关资料予以查对，或在需要说明解释的地方加注，比如催促发货的信，可在信纸眉首或左右的空白处，注明“我方已于×日发货”或简单解释未发货的原因，标注时要用黄色笔，这样当信函需复印时便不会留下痕迹。如果不便在信函上写字或内容较多，可写在自动粘贴之类的移动小纸条上，以方便上司阅读处理。上司授权处理的事宜，则可先行拟好回信，请上司过目、签字，这样可以提高工作效率。有的组织或上司反对秘书在来函上加注，这时，秘书便应按上司的要求来做。

（4）登记。在拆启邮件及阅函后，秘书还应对与组织有关的重要邮件进行登记，这样既方便秘书对重要邮件的去向、来函办理情况等的掌握和跟踪，也能保证重要信函的安全归档。登记表可根据实际情况自行设计，表4—11是邮件登记表示例。

表4—11　　邮件登记表

××邮件登记表　　年　月　日

序号	收件时间	邮件名称	来件人及单位名称	邮件内容或主题	承办人	办理期限	备注

（5）呈送。在对邮件进行拆封登记过程中，还要求秘书在邮件的右上角加盖或手写收件日期，这是因为有时对于一些信函来说，其成文时间与收件时间可能会有较大的间隔，同时也方便秘书分辨信函是否已经做过处理。同时，秘书还应按照轻重缓急程度对需呈送的邮件再做细分，保证重要信函得到优先处理。细分信函的方法主要有两个：一是可将信函分成U（urgent，需马上处理）、W（wait，需研究或查找相关资料后再做处理）、F（forward，可以交由其他人处理）、R（reference only，仅供参阅，不需回复）四类，按照顺序，需先行处理的放在最上面。二是可将信件分为急件、要件和普通函件三类，分别归入规格相同但颜色各异的专用文件夹内，然后再呈送各相关部门办理。当然，秘书也可根据工作的特点采用其他的分类方法。

在将邮件呈送有关部门或有关上司，特别是一份邮件要供多个上司传阅时，秘书也可根据实际情况在呈送的邮件上附上“邮件转送单”（见表 4—12）和“传阅顺序单”（见表 4—13）。

表 4—12　　邮件转送单

日期：　年　月　日　时　分
致：
发自：
供您参阅，阅后请交回于我 供您参阅，阅后不必交回 阅后请安排时间并通知我就此邮件作有关讨论 阅后请答复此邮件（答复件副本存档） 阅后请给我提供答复这份邮件的资料 阅后请注明您的意见
意见：
备注：

表 4—13　　传阅顺序单

自　年　月　日　时　分至　年　月　日　时　分				
（请按数字顺序传阅，阅后请签名、填写阅读日期并连同传阅顺序单直接传给下一个人，最后请交还给秘书王兰）				
顺序	阅读人员	签名	简单意见	日期
1	×××女士			
2	×××先生			
3	×××小姐			
4	×××女士			
5	×××先生			
6	×××先生			
备注				

阅读顺序基本上按职位高低排列。另外，秘书在呈送信函时，也可视情况将自己已处理的信函及处理结果汇总附上。

2. 上司外出时的邮件处理

上司外出时，秘书更应加强对邮件的处理力度，要特别注意下面几个环节：

（1）先行请示。在上司外出之前，秘书应主动向其请示在此期间邮件的处理方法。如授权于其他人，还是每天由其亲自作“遥控指挥”等。

（2）妥善处理。在上司出差期间，除非上司有所交代，否则秘书应把需上司亲自处理的邮件保存下来，可能的话可与对方联系，告诉对方因上司出差，可能要等到何时才能得到答复。如果是要转寄或委托其他人代转邮件时，应把原件留下存档，转寄复印件（未拆封的私人信件或保密信函除外）。

上司授权处理的邮件，如果回信，秘书应在信中向对方说明情况，签名时写上自己的职位，发出前复印一份，在上司回来时交与上司过目。如果是回电或面谈，也应注明时间和谈话的主要内容。

如果邮件比较多，秘书应对积压邮件做分类处理，分类方法可以根据实际情况而定，如可分成"待签邮件"、"待处理邮件"、"需阅读邮件"（这类邮件可能秘书已作了处理，只是提请上司过目）、"一般阅读材料"（如相关的广告或出版物等）；除了分类外，也可制作邮件摘要表（见表4—14）。

表4—14　　邮件摘要表

序号	收件时间	邮件名称	来件人及单位名称	邮件内容或主题	办理结果	办理时间	分类
1	×月×日	信函	××××××	询问商谈合作协议时间	安排×月×日	×月×日	代签
2	×月×日	××	××××××	××××××××××	××××××	×月×日	××

通过秘书细致的工作，上司便能够在回来后很快对工作有比较全面的了解和妥善的处理，这样可以保证信息链条的连续。

3. 邮件的寄发

寄发邮件也是办公室秘书的一项工作，秘书不能忽视。

(1) 检查附件。如果邮件有附件，秘书应认真检查，防止遗漏，确保附件的准确和齐全。

(2) 签发邮件。除紧急信件外，应把拟好的需上司过目签字的邮件集中在一起，请上司签字。

(3) 复印存档。重要邮件应复印存档。

(4) 打印信封。信封的书写格式，中文和英文不同，秘书应根据收件人来确定采用中文还是英文格式。如果需标注特殊的邮寄标记，如机要邮件（confidential mail）、私人邮件（personal mail）等，可以打在信封的左下侧（也有的是打印在邮票的左下侧），用英文时应全部使用大写字母。另外，邮寄标记还应同时打印在信纸上，只是用英语时既可以全部使用大写字母，也可以首写字母用大写，其他字母用小写。

(5) 核对名址。在交寄邮件之前，秘书必须认真核对收件人的姓名和地址等，确保邮件投递的准确。

(6) 装封登记。邮件装封除了要考虑方便收件人拆阅（故折叠时宜将信纸的上下或左右纸边留出大约0.5厘米的距离），还要注意整齐美观（根据所使用信封的大小，信纸可不折叠，也可采用二折法、三折法或四折法）。多页信纸应按顺序折叠成一叠，不能单页折叠。若有附件，附件应与信件正文分开，把附件折叠好放在正文的最后一叠中，这样收件人取信时，附件也会一同取出。秘书还应对发出的邮件予以登记，以便工作的落实跟踪（见表4—15）。

表4—15　　邮件发出登记表

序号	邮件名称	寄出时间	收件人及单位名称	邮件内容或主题	回信时间	回信人	备注

4.3　文件管理

4.3.1　文件概述

1. 文件定义

所谓文件，一般是指由法定组织依法制发，用来处理各种公务，如传布政令、颁布法律法规、提出工作意见、对外交往以及报告情况、请示问题、商洽事务、记载公务活动等，具有特定格式并要求行为客体具体实施办理的书面文字材料。这里的法定组织，既包括按照国际法规成立的国际性组织，又包括一个国家内的政党、政府、军队、团体、企事业等合法组织。这里的行为客体，是指接收文件的一方。上面的定义是在吸收各家之长基础上作出的，可能还不尽科学，但它基本上把握了文件的共性联系和本质属性，反映了不同时期文件在质上的连续性和稳定性。本节将以此作为统一标准来进行文件管理的研究。

2. 文件的特征

要加深对文件含义的理解，还必须循着定义所指出的思路，弄清文件的以下几个主要特征。

(1) 文件是以文字表达的，非文字表达的不是文件。顾名思义，文件必须以文字表达。古今中外，尽管书写材料多种多样，有甲骨、树皮、金石、竹简、丝帛、纸张等，但总的来看，文件都是一种书面文字材料。随着科学技术的发展，这些文件以电话、电报、传真、互联网等形式传递，但仍都要以文字来表达。现代通过电视发表的一些领导人的讲话，其原型也是用文字表达的，最终也要以文字的形式下达。尽管它们的传递方式不同，但都不能改变文件必须以文字表达这一基本特征。

对于非文字表达的，无论古代的结绳、象形契刻，还是后来的照片、图片、绘画、录音磁带等，尽管都可以作为档案资料看待，但却不是文件，即使有些已成为文件的附件，但也只能视为文件的组成部分，它们本身不能单独形成文件。非文字表达的，还有一种是法定组织领导人的口头指令、讲话。如在公务活动中，许多上司常对下属工作提一些意见，这种口头语言性的非文字表达的东西，就不能算作文件。

(2) 文件是由公务产生的，非公务产生的不是文件。公务是指法定组织管理众人之事而产生的各种事务，大的方面表现为管理国际、国家内部的各种活动，小的方面表现为管理企事业单位的各种活动。由公务活动产生的文字材料才可能成为文件，这是文件的一个重要特征。

(3) 文件是实际用于处理公务的，没有实际用于处理公务的不是文件。在公务中产生而又用来处理公务，这是文件的本质特征。文件是否实际用来处理公务，有一个实际颁发性问题。常有这种情况，一份文件完全是因公务而产生，但制好了却因某种原因没有实际颁发，即上报的未上报，下发的未下发，平行的未送对方。如一份工作计划制好后因故未上报审批，原确定的工作就不再进行；一份任职文件制好后因故没有下发，原确定的任职对象就不能担任有关职务。这些具体的文件就没有实际用于处理公务。文件应当具有实际颁发性的特征，一份文件制好了不发出，不要求接收文件一方即行为客体实施办理，也就失去了它作为管理工具的意义，就不能作为文件。当然执行中废止的文件应当是文件，因为已经实际用于处理公务了。

（4）文件是由法定作者制成的，非法定作者制成的不是文件。一般来讲，凡根据国家、政党的政策法律以及国际法规建立的组织，都是法定的作者，又称特定的作者。文件就是这些法定的作者根据自己的职能和权限制发的。但是任何非法存在的组织，如“文化大革命”中“造反派”组织所写的通令、通告、意见等都不是文件。在法定作者中，还涉及一部分个人制作文件的问题。法律规定某些个人可以制作某些文件，如我国《宪法》规定全国人大常委会委员长可以制作人大常委会委员长令，国家主席可以制作主席令。非法律规定的任何个人制作的“文件”都不是文件，如省以下人大常委会的主任就不能制作令，群众中个人发表的宣言、通电都不是文件。

（5）文件是有特定格式的，非具特定格式的不是文件。这里所指的特定格式，一般包括文件形成的特定程式（如撰制、审批、签发、登记等），文件的特定体式（包括文冠、文履和不同文种的书面形式）和用印等。由于文件代表制发机关的权威，历朝历代对文件的格式都规定得十分严格，如过去的“圣旨”，现代的总统令、主席令等文种都有具体的规定。新中国成立以来，我们党和国家在这方面多次提过要求，统一了主要文种和文件的格式。可以说，特定的格式是文件的重要特征和外部表现形式。文件有特定的格式，但在实际使用时，有时可以把有关格式省去。如常见的某某负责同志在某某会上讲话，在下发时往往省去法定组织的批语和印章。有些单位的工作总结、规划、调查报告在上报时常常省去报告的格式，即不用公文的形式而直接将其内容上报。这种省略，实际上是为工作的方便而形成的约定俗成，并不能否定它的特有格式。

综合上面的分析，可以看出文件与非文件的区别，文件具有“五位一体”的主要特征，并且只有同时具备这五方面特征时，才能称之为文件。

用上述定义及其表现特征来界定法定组织内各种文字材料时，可以看出，能够称作文件的只有如下一些种类，并由此而形成文件的三个层次。其中第一层次的属各种公文，是国家、政党规定的各种正规的上行文、下行文、平行文，包括各种法律文件、章程、条例、外交文件等，它是文件的核心部分，正规性、通用性最强；第二层次是省略了某些格式的文件，如领导人讲话、调查报告、总结规划等，这也是比较正规的文件；第三层次是各种法定组织的专业文件（如司法文件）、记录性文件（如纪要、记录）、慰问信电等杂体文件，有一定的格式，但在使用中又不太强调格式或省略了某些格式，也是管理公务必不可少的工具。

3. 文件工作的地位

文件工作是公务活动的组成部分，它使公务活动不可缺少的重要工具——公文得以形成并产生实际效用，它为国家档案事业积累并提供着赖以存在和发展的条件，因此，在公务活动中具有不可替代的重要地位。具体表现为：文件工作是机关实现职能的必要条件；文件工作是国家档案事业的基础。机关欲实现其职能，不能没有可靠而足够的信息支持，而由于公文具有独特的可有效传递公务活动所需信息的功能，因此，机关对信息的广泛依赖性就主要和直接地表现为对公文的广泛依赖。如果没有公文，创造出来的信息就无法在权威性、凭证性的保障之下被有效传递给需要这些信息的机关或个人；如果没有公文，外部的有用信息同样也无法被本机关有效地获取和加以充分利用。无论出现上述哪种情况都将意味着机关各项职能将因此而失去有效实现的前提。当然，公文是既不会自动生成，更不会自动产生实际效用的，它依赖于人的创造和一系列有目的的活动，而这种创造和有目的的活动就是文件工作。文件工作使机关实现管理职能所需要的公文得以形成并产生实效，为此，它构成了机关实现其职能的必要条件。

文件工作是国家档案事业的基础。档案事业是国家文化事业的一个组成部分，而这项事业的兴衰成败除了取决于自身和其他外界环境因素之外，在很大程度上还与文件工作活动为其提供的条件有很大关联。作为档案事业要素之一的档案主要是从公文转化而来的，今天的档案就是昨天的公文。这种“血缘关系”清楚地表明，档案工作的对象主要是由文件工作活动创造、积累并提供的。从这个意义上说，文件工作是国家档案事业的基础。客观事实告诉我们，档案事业的发展水平在很大程度上受制于文件工作的水平，因为，文件工作的质量会间接影响档案的质量，从而制约或促进整个档案事业的发展。

4.3.2　文件工作的管理

文件工作管理就是指以充分发挥并放大文件的功效，为本单位各项职能工作和社会有关方面提供适用信息服务为目的，而对构成文件工作的机构、人员、财物、信息、时间等因素及其流通过程所作的规划、组织、监督、控制、协调活动。

文件工作管理的主要任务包括两个方面：一个是使文件工作构成要素（人、物、财、时间、信息等）确立最佳组合关系，这需要由管理职能中的组织职能来实现；另一个是使文件工作构成要素的流通过程有序、有效、顺畅、快捷，相互间取得最佳配合，这就需要由管理职能中的监督控制、综合协调职能来实现。对文件工作构成要素的管理内容主要包括：重视并充分发挥人的决定性作用，并以优化组织结构、科学分工、合理配置人员、确立行为规范、全面培训、教育激励等方式扩大这种决定性作用的实际效果；合理配置、充分利用各种设备工具、材料、仪器和能源等，保持供需间的平衡关系；厉行节约，最大限度地避免或减少浪费，降低消耗；确立成本观念和制度，精打细算，合理使用资金，使有限的投入产出最大的效益；充分发挥时间的利用价值，科学安排时间，合理确定时间配置，维护文件信息的时效性；广泛收集，认真分析加工、系统整理和存贮有关信息，使其具备可供有效传递的条件，使信息资源得到充分利用。对文件工作构成要素的流通过程的管理内容主要包括：根据工作目标需要，以建立各种规范的方式，确定流通中各要素应处的最佳状态以及各要素相互间的最佳配合关系；通过控制文件数量、质量及运转传递过程的方式，不断调整各要素的实际状态，使其同目标需要保持一致；根据工作目标需要，统一调解流通过程中各要素间以及要素内部各方面的关系，有效解决有关矛盾和问题。

1. 文件处理的基本任务

文件处理就是对文件的创制、处置和管理，即在文件从形成、运转、办理、传递、存储到转换为档案或销毁的一个完整周期中，以特定的方法和原则对文件进行创制加工、使用保管，使其完善并获得功效的行为或过程。

文件处理的基本任务就是及时、准确、有效地创制、加工、传递、保管、处置文件，为公务活动提供适用的信息。其具体内容主要有：

（1）创制文件。即对有关的信息材料进行系统的收集、加工、整理，创造出适用的信息，然后将其记录下来撰拟成文稿，经完善并确认其正式效用之后，再经印制等工作环节最终形成正式公文。

（2）传递文件。即将创制完毕的文件，根据一定的规则以多种通信方式递送给收受者。

（3）办理文件。即根据法定的职责，收受来自各有关方面的文件，经过分办、批办、拟办、承办、传阅等工作环节，对文件进行阅读、加工，从中提取有用信息，了解有关事物的面貌，解决公文提出的工作问题。

（4）处置办毕文件。即根据一定的标准分别对已办理完毕的公文的归宿作出安排：或立卷归档，或清退，或销毁，或暂存。

（5）管理文件。即为使上述四项任务能有效完成，而对文件实施科学、系统的保管料理措施。做好文件的收发、传送、登记、清理分类、用印、签注；建立检索体系，提供查阅；对公文运转过程的组织与监控，以及对公文机密与安全的维护等。

2. 收文办理的一般过程

收文办理指对收到的公文的办理过程，包括签收、登记、审核、拟办、批办、承办、催办等程序。概括起来，可以分为以下四个步骤：

（1）文件的收受与分流。具体包括：签收、外收文登记、启封、内收文登记、分办、摘编、审核等。

● 签收。指履行规定的确认、清点、核对、检查、签注手续后，机关设置的外收发人员分别从发文机关、邮政部门、机要通信部门、文件交换站，或者通过自备通信设备收取公文。

● 外收文登记。即由外收发人员在完成签收工作后，对收文情况做出简要记载。

● 启封。外收文登记完成后，文件送至机关统一或分别按内部机构设置的内部收发部门（或人员），由其签收后，统一启封或直接送有关领导者亲启。

● 内收文登记。即由内收发人员对收文情况做出较详细记载。登记要分清轻重缓急，急件随到随登，平件分批登，但也应当日到当日登；登记序号不应留空号，不出重号；字迹工整，不滥用简称；所有登录项目都应完整准确；无标题文件应代为拟出简明、确切的标题；登记时应使用统一设计和印制的表格单。

● 分办。即经对收文进行分类筛选后，由指定的有关人员根据公文的重要程度、各部门职责分工及有关分文制度将公文分送有关领导、有关部门工作人员阅知办理。

● 摘编。由文件管理人员对部分准备投入办理过程的重要文件进行的加工活动，主要是针对这些文件编写文摘、提要、综述，汇集有关数据资料等。

（2）办理收文。具体包括：拟办、批办、承办、注办。

● 拟办。由部门负责人或有关具体工作人员对公文认真阅读分析，提出建议性的处置意见，供有关上司审核定夺。

● 批办。机关领导或部门负责人对公文（包括拟办意见）认真阅读分析之后，提出处置意见。

● 承办。有关工作人员按批办意见具体处置公文所针对的事务和问题。

● 注办。由承办人签注公文承办情况，以备忘待查。

（3）组织传阅与催办、督办。

● 组织传阅。指独份或份数很少的文件需经多个部门或多位工作人员阅知处理时，使文件在他们中间得到有效传递和阅读的活动。

● 催办。由文件处理管理机构根据承办时限和其他有关要求对公文承办过程实施的催促检查。

● 督办。由文件处理管理机构或其他专门组织对重要文件实际执行情况所进行的核查协办工作。

（4）处置办毕公文。包括立卷、归档、清退、暂存、销毁等。

● 公文立卷

✻ 立卷的范围。包括在工作活动中形成和使用，已经办理完毕且具有查考价值的文件材料。

✻ 立卷的工作程序。检查与整理归卷的文件，鉴定区分保管期限，具体组卷，拆除装订障碍，修补不合规范的文件，编写页号，登记《卷内目录》和《备考表》，拟定案卷标题，装订成卷，填写案卷封面，案卷排列与编号，编制《案卷目录》及编写归档号。

● 公文案卷归档。归档是指文书部门将立好的案卷定期向档案部门移交，以便集中保管。

● 公文销毁。

✻ 销毁的范围。已办毕的没有归档和存查价值的公文；特殊场合不立即销毁有可能造成严重失密的公文。

✻ 销毁的程序。由文秘部门对已办毕的公文进行鉴定；确认应销毁的文件后，逐件核定造册；将销毁文件目录送主管领导人审查签批；在有关人员监督下送往指定地点销毁。

✻ 销毁的方式。焚烧、粉碎、重新制成纸浆。

3. 发文处理的一般过程

发文处理是指以本机关名义制发公文的过程，包括草拟、拟制、审核、签发、复核、缮印、用印、登记、分发、处置办毕公文等程序。这一程序具有很强的确定性与不可逆性。

（1）草拟。草拟公文应当做到：

● 符合国家的法律、法规及其他有关规定。如提出新的政策、规定等，要切实可行并加以说明。

● 情况确实，观点明确，表述准确，结构严谨，条理清楚，直述不曲，字词规范，标点正确，篇幅力求简短。

● 公文的文种应当根据行文目的、发文的职权和与主送机关的行文关系确定。

● 拟制紧急公文，应当体现紧急的原因，并根据实际需要确定紧急程度。

● 人名、地名、数字、引文准确。引用公文应当先引标题，后引发文字号。引用外文应当注明中文含义。日期应当写明具体的年、月、日。

● 结构层次序数清晰，第一层为“一、”，第二层为“(一)”，第三层为“1.”，第四层为“(1)”。

● 使用国家法定计量单位。

● 文内使用非规范化简称，应当先用全称并注明简称。使用国际组织外文名称或其缩写形式，应当在第一次出现时注明准确的中文译名。

● 公文中的数字，除成文日期、部分结构层次序数和在词、词组、惯用语、缩略语、具有修辞色彩语句中作为词素的数字必须使用汉字外，应当使用阿拉伯数码。

(2) 拟制。即撰拟公文文稿。拟制公文，对涉及其他部门职权范围内的事项，主办部门应当主动与有关部门协商，取得一致意见后方可行文；如有分歧，主办部门的主要负责人应当出面协调，仍不能取得一致时，主办部门可以列明各方理据，提出建设性意见，并与有关部门会签后报请上级机关协调或裁定。

(3) 审核。公文送负责人签发前，应当由办公厅（室）进行审核。审核的重点是：是否需要行文，行文方式是否妥当，是否符合行文规则和拟制公文的有关要求，公文格式是否符合规定等。

(4) 签发。指由机关领导人或被授予专门权限的部门负责人对文稿终审核准之后，批注正式定稿和发出意见并签注姓名、日期的活动。以本机关的名义制发的上行文，由主要负责人或者主持工作的负责人签发；以本机关名义制发的下行文或平行文，由主要负责人或者由主要负责人授权的其他负责人签发。

(5) 复核。公文正式印制前，文秘部门应当进行复核，重点复核内容是：审批、签发手续是否完备，附件材料是否齐全，格式是否统一、规范等。经复核需要对文稿进行实质性修改的，应按程序复审。

(6) 缮印。即以誊录抄写、印刷等方式制作对外发出的公文。

(7) 用印。或称签署，即在印毕的公文上加盖发文机关的印章，或请有关领导在公文正本上签注姓名，其作用均为表明公文的正式性质和法定效力。

(8) 登记。公文登记的主要形式有簿式、卡片式、联单式三种。簿式是指使用预先装订成册的各种登记簿册进行登记的形式。其优点是易于保存，项目按日期依次登录，便于按时间查找公文和检查监督工作；缺点是排列不灵活。

卡片式是指使用单张卡片进行登记的形式。每张卡片登录一份或者若干份有关公文的相关项目。其优点是在文件数量多时可由数人同时操作，卡片还能根据管理需要灵活排列，满足多角度需要；缺点是易丢失和混乱，如分类不当也不易查找。

联单式是指使用一次复写两联或多联单据登记的形式。其优点是减少重复登记，一次登记可满足多种需要，也可按管理需要灵活分类排列，定期装订成册；缺点是易混乱、易丢失，纸张页薄不易保管。

(9) 分发。包括分装、发出等环节。

● 分装。指按照规定具体拣配和封装公文。

● 发出。将已封装完毕的公文以适宜的方式发送给受文者。

(10) 处置办毕公文。包括立卷、归档、暂存、清退、销毁等。

某公司总经理指示秘书王方查一下去年给锻接车间的批复件中规定他们今年减少生产 WWH—6 组件的具体数字是多少。王方督促文档室查找，结果管文档工作的人员查遍了去年所有文件也未找到，仅查到锻接车间“要求减少生产 WWH—6 组件”的请示。经工作人员回忆，当时移交文书时，就曾提出过未见“批复”件，但时间一长，也就不了了之了。因该文件最后一直未能查到，有关人员，包括办公室主任，都受到了应有的处分。

分析

这份批复件，显然是锻接车间在办完后，未能主动退回办公室，行政部门亦未组织清退而造成丢失，从而给以后的工作造成不便。

4.4　时间管理

人生最宝贵的两项资产，一是头脑，二是时间。无论你做什么事情，即使不用脑子，也要花费时间。因此，管理时间的水平高低，会决定你事业和生活的成败。时间是物质运动的顺序性和持续性，其特点是一维性，是一种特殊的资源。

4.4.1　时间管理概述

1. 时间管理的含义

所谓时间管理，是指在同样时间耗费的情况下，为提高时间的利用率和有效性而进行的一系列计划、组织、协调和控制。它所探索的是如何减少时间的浪费，以便有效地完成既定目标。时间管理是应用现代科学技术的管理方法，对时间消耗进行计划、实施、检查、总结评价和反馈等，以达到预期的目标。具体内容为：

- 决定时间的耗费标准，选定目标，制定计划。
- 用分割与集中的方法来增加自由时间，使时间耗费日趋合理。
- 诊断自己时间的耗费情况，找出非工作性时间和浪费的时间，并尽量消除。
- 应用现代系统论、控制论的方法定量使用时间，以提高工作时间的有效性。
- 对工作时间合理安排，进行控制。

总之，秘书人员时间管理的目的在于发现时间的各种规律，从而科学地安排和使用时间。

2. 时间管理的意义

时间管理的意义是如何面对时间的流动而进行自我管理，其所持的态度是将过去作为现在改进的参考，把未来作为现在努力的方向，好好地把握现在，运用正确的方法做正确的事。为了能掌握时间，每一个人可根据自己的目标安排十年的长期计划、三年或五年的中期计划、季或月的执行计划。计划亦可根据不同的职务层次来制定，经营层可安排十年的战略目标或三至五年的策略目标。

3. 时间管理的一般原则

时间管理的一般原则是：

（1）用精力最佳时间干最重要的工作。人和自然界的其他生物一样，各项生理活动都带有明显的时间节律，人的智力、体力、情感都不断发生着周期性的变化，这就是人体内“生物钟”的作用，科学家研究证明，人的一生要受 100 多种生物钟点的支配，各种生物钟的周期长短不一，但对人的影响很大。管理者应该熟悉自己体内的生物钟（可以通过科学的方法或积累经验检测），找出自己精力最旺盛的时间，用来处理最重要、最困难的工作，而把例行公事放在精力稍差的时间去做，这样可以提高时间利用率和有效性。

（2）时间安排要计划化、标准化、定量化。消耗在某工作上的时间要依这件工作对目标的作用程度来制定标准，预测出每项工作各需要多少时间，进行时间的定量分配，制定出耗时计划。秘书人员应以最有效的方式，利用定量的时间，有秩序地从一种行动转换到另一种行动。

（3）保持时间上的弹性。文武之道，一张一弛。使用时间要注意劳逸结合和精力的调节。“连轴转”是低能管理者的做法，只能劳民伤财，适当调节才能使工作有持久性，保证高效率。一般人都有这样的体会：较长时间的紧张工作后，喝杯茶，甚至伸几次懒腰，都可以使精神为之一振，提高工作效率。

（4）反省浪费的时间。养成定期检查时间利用情况的习惯。可充分利用台历、效率手册、时间耗用卡片、记事簿、计算机（包括台式电脑、手提电脑、掌上电脑）等工具，随时记录时间耗费情况，及时检查，力求发现浪费时间的因素并消除之。

（5）保持时间利用的相对连续性。集中你的时间，切不可把时间分割成零星碎片，这是合理利用时间的一个原则。心理学家认为，当人们正在专心致志做一件工作或思考某一个问题时，最好能够一气呵成，不要中断。因为中断的干扰会破坏人的集中力，要经过相当长的一段时间，才能使精神和思维重新集中起来。

（6）一般工作“案例化”，固定工作“标准化”。秘书部门对已经有条例、规定的事务要按章办事。科学管理之父——泰勒提出了一个管理“例外”原则，就是管理者只管条例、规章制度中没有规定的例外事件。同样的问题反复出现后，把结果和处理情况记录下来，列入规章制度，使其“案例化”，下次再处理，就有了标准，处理办法就标准化了。这是使管理人员摆脱琐事的有效方法。同时，要大力推进业务程序的标准化，把每项工作通过标准化的业务流程规定下来，使工作达到事半功倍的效果（见图 4—5）。

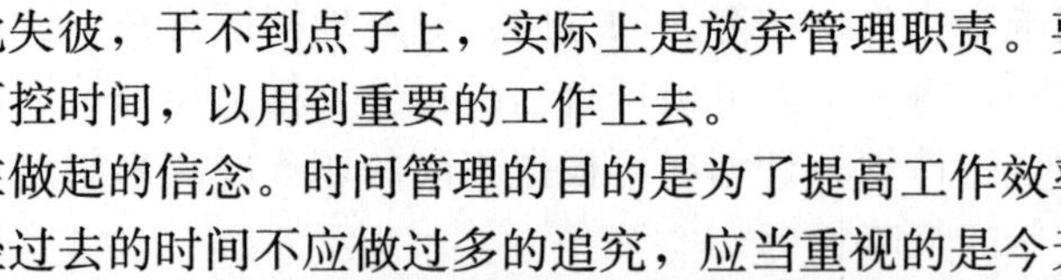

图 4—5　固定工作业务流程图

（7）严禁事必躬亲。事必躬亲是小生产的管理方法，不懂得授权，而满足于自己的辛辛苦苦，往往顾此失彼，干不到点子上，实际上是放弃管理职责。要从日常繁忙的工作中解放出来，增加可控时间，以用到重要的工作上去。

（8）坚持从现在做起的信念。时间管理的目的是为了提高工作效率，取得更大的工作成果。因此，对已经过去的时间不应做过多的追究，应当重视的是今天的工作不能等到明天来做。要时时向自己提出：这项工作的效率能否再提高？

（9）保留自我时间管理的最低批量时间。任何成功的管理者，都必须每天或隔一段时间给自己安排一段最低批量的自我时间管理的时间，用以计划、检查、总结自己的时间管理状况。

4.4.2　秘书时间管理的方法

管理现代化，不仅是外向管理现代化，也包括内向管理现代化，特别是自身时间管理的现代化。时间已成为现代管理的重要内容，现实要求秘书人员必须具备科学管理自己时间的能力，必须致力于时间资源的开发，应用现代化管理手段进行时间管理。因此，秘书人员需要学习科学管理时间的方法，尽量减少时间的浪费，提高利用时间的效率。

1．ABCD 分类法

秘书面临的工作纷繁复杂，有许多是无法预料的。如突如其来的上级命令、头绪不清的内外扯皮、千变万化的企业生产经营形势、令人头痛的人事关系等，占去了秘书的大量时间。所以必须把有限的时间科学地分配在自己所掌握的那个系统的关键上，只让少数重要的工作占用自己宝贵的时间，这样才能更好地实现预定的目标，这就是 ABCD 时间管理分类法的根据。

所谓 ABCD 分类法，其基本原理是将每天的工作划分为 ABCD 四类：重要并紧急的，必须立即做、优先做，它们属于 A 类；重要而不紧急的，属于 B 类，应接着处理；紧急而不太重要，属于 C 类的，有时间才做；D 类是既不重要，也不紧急的，可以不做（见图 4—6）。每日从 A 类依轻重缓急循序着手，就能充分利用时间，取得最佳效益。

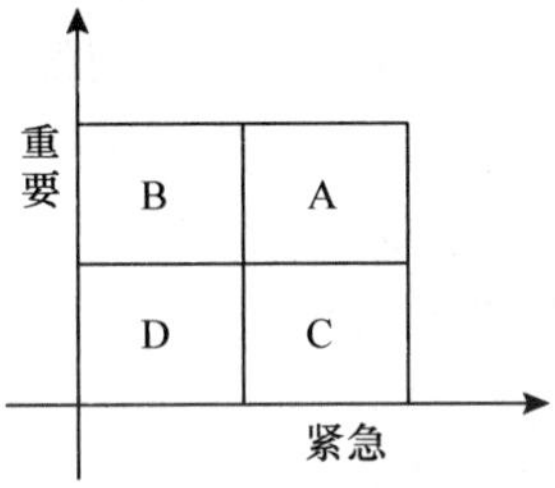

图 4—6　ABCD 分类法

周一刚上班，秘书小周需要完成很多工作。她迅速地开始工作，弄得手忙脚乱，临近下班时间，仍有部分工作没有完成。小周是这样安排自己一天的工作的：

（1）给某客户打电话，与对方联系自己的上司下周四将与他约会的事宜。

（2）下午部门经理会议所要讨论的报告为每人复印一份（8 人，每份 10 页）及制作会议日程表。

（3）给人力资源部门写报告，申请今年的休假日。

（4）复印一份将给某客户的答复信以备存，原件邮寄给对方。

（5）拆封、分类和传递今天收到的邮件。

（6）布置下午要使用的会议室，准备茶水和咖啡。

（7）为上司预订周末去天津的火车票（北京出发）。

（8）将财务部新发的办公经费报销规定复印一份备存，原件放置文件传阅夹中给部门同事传阅。

（9）在做这些事情的同时，她还做了接待三位访客、接听电话等事宜。

讨论问题：小周这样的安排有问题吗？小周应该怎么做？

时间既是一个常数，公平地分配给每一个人，又是一个变数，善用则多，妄用则少。珍惜时间，一分钟劳动就有一分钟成果。为了有效利用工作时间，秘书应该：

（1）明确自己的工作任务和职责。你必须非常清楚上司给你安排的工作任务中，哪些工作应由你亲自完成；哪些工作应协助他人做；哪些工作不参与。

（2）要区分常规工作和非常规工作。哪些是每日都有的工作，哪些是每周或定期的工作，哪些是无法预料、突然出现的工作。例如你分管邮件的分类、拆封和分发，那么每日邮件一到就要立即处理，以免贻误紧急的信件，这就是你每日的常规工作。又如你负责办公用品的分发，这项工作不必天天做，可以协商好定期进行。如果上司让你马上外出取文件，你就要放下手头工作，立即外出，这就是非常规工作。

（3）动脑筋思考，分清工作的轻重缓急。判断工作的先后次序，重要的工作、紧急的工作先做，科学有序地一项一项完成工作任务，而不是机械地来一件事干一件事。

（4）巧妙地运用一些方法，合理分配精力，精明地利用时间，以提高效率。有些时候可以合并同类任务，集中起来专心致志一次完成，避免多次重复；有的工作动动脑筋、思考周密，一次就应做好，不反复。在上面的案例中，小周可以将所有需要复印的文件集中在一起，集中复印；同时她还可以把所有要打的电话集中在某一时间段内统一处理。这都将帮助她节省大量的时间。

（5）使用办公辅助手段帮助组织工作。包括工作日志、时间表、计划表、日程安排或印制好的《效率手册》等，在上面编制日程安排和每周计划，帮助个人管理时间，使工作有条不紊。那些非常规的、重要的、紧急的或定时的工作，应在计划表中明显标注，以引起自己的注意，使那些无论如何要完成的事绝不留到下一天。

（6）安排工作要适应整个流程的正常运转，不间断、不延误、不降低团队的整体效益。在工作时，应考虑到你只是团队中的一员，考虑到周围上下左右的同事们，特别是有些工作要相互交接，要尽量在自己的范畴内多做些，给他人以方便。能与同事们协调你的工作，团队的工作效率才会提高。

（7）要遵照组织制定的规章制度和有关工作的承办期限，不能只凭个人想象和爱好安排工作。例如组织要求电子邮件的回复应在收到后 12 小时内发出，秘书就要严格执行，并在计划中安排。

（8）秘书应尽量坚持记工作日记。记载实际耗用时间，将每日计划时间安排与耗用时间对比，分析时间运用效率；重新调整自己的时间安排，更有效地工作。通过时间和活动的详细记录，认真分析、评估自己利用时间的有效程度，有哪些不合理的安排，有哪些工作浪费了时间，有哪些做法给他人带来了不便，从中得到启发，不断改进。

2. 时间计划表编制法

时间计划表是管理时间的一种手段，它是将某一时间段中已经明确的工作任务清晰地记载和标明的表格，是提醒使用人和相关人按照时间表的进程行动，从而有效地管理时间，达到完成工作任务的简单方法。

（1）时间计划表的形式。每年末作出下一年度工作规划；每季末作出下季度工作规划；每月 20～25 日作出下月工作计划；每周五作出下周工作计划。因此，时间计划安排表可以分为年度计划表、月计划表、周计划表和日程表四种形式。

● 年度计划表。公司在一年中的例行活动或公司所属母公司在一年中的例行活动，商界在一年中的例行活动，以及根据公司年度工作计划，可以确认的必须参加的活动，要事先列入表中。

● 月计划表。从全年计划表中抄下日程安排，填写出差和聚会等预定事项，要抓住当月的重大活动。

● 周计划表。正确地填写会议、约会等预定活动，包括时间等安排。在周末要向上司报告下周计划，并得以确认。周计划表的安排要考虑上司的忙碌程度以及其他因素，如果上司本周身体不好，或临时事情太多，则可以将一个月内必须完成的已知事项，安排在其他周完成。

● 日程表。上司在一天中要做许多工作，为使其能事先掌握自己所要从事的重要活动，必须给上司提供日程表。在前一日下午或者当日清晨，根据周计划表，抄制当日日程表，并得到上司确认（如果不制作日程表，根据周计划表安排工作时，也必须于前一日或当日清晨得到确认）。

此外，按照不同的分类标准，还有出差计划表、旅行计划表等。无论采取哪一种计划表，或哪几种计划表相互配合使用，均应该根据上司的身体状况、忙碌程度、公司经营情况、业务进展情况等作出选择和统筹安排。

（2）时间计划表的编制。有许多种简单的时间管理辅助手段有助于秘书有效地分配和管理时间，例如效率手册、时间表、待办文件夹、墙上计划板、商务通、值班表、“在不在”布告板等。这些表格的制作方法基本相似，目的也都是通过记录或可视化信息帮助人们记忆和相互之间沟通。

● 时间计划表的编制步骤。重大的商务活动，一般都在年计划表或季度计划表中及时地作妥善安排，由高级管理人员商讨研究后，定下重大活动项目，交秘书制作成文。所以说秘书在日程安排方面的经常性工作就是编制日志、周计划表和月计划表。周计划表（见表 4—16）编制步骤如下：

- 于本周的前几天，将工作预定表分给每个高级管理人员，请他们将自己下一周内的预定事项写清楚。
- 周末，要将每位高级管理人员的预定表收集上来加以整理。如果有的高级管理人员无暇填表，就要直接以口头询问的方式，得到回答后，帮他填表。
- 仔细阅读每位高级管理人员的预定表，并与月计划、备忘录进行核查，若发现有矛盾，应立即向本人询问，以便及时调整。
- 将预定表编制成下周计划表，复印成副本，将正本送给每位高级管理人员本人。

表 4—16　　**周计划**　　年　月　日

时间	星期一	星期二	星期三	星期四	星期五
8:00					
9:00					
10:00					
11:00					
12:00					
13:00					
14:00					
15:00					
16:00					
17:00					
18:00					

月计划表和周计划表制作步骤相同。下一个月的计划表一定要在本月内制作完成。一天的日程安排，按时间先后记载，要有敏锐地分清主次的判断力，将重要工作安排在一天中最佳时间内（关于日志的内容将在后面详细介绍）。

● 时间计划表的编制方法：

✻ 根据需求确定编制时间的周期。

✻ 收集并列出该阶段所有工作、活动或任务。

✻ 发现活动有矛盾，应主动与负责人协商，及时调整。

✻ 按照时间顺序将任务排列清晰。

✻ 绘制表格，标明日期、时间和适合的行、列项目。

✻ 用简明的文字将信息填入表格，包括内容、地点等。

在办公室中，也可以为多人执行工作的情况和行动编制时间表，这时表格中的行或列将填写人员姓名，使每个人都能通过时间表了解各人的工作日程。

● 编制时间计划表的注意事项：

✻ 不论是年、月、周和日哪一种计划表，都须归纳为一页，以便于查阅。画出表示时间的线段，以便可以掌握开始时间、所需时间等。这种线段是考虑上司的工作时间带，标明了某项活动的必要时间。

✻ 计划表设日期、时间、地点、预定事项、备注等几项内容。

✻ 不要把上司所交代的全部预定事项列入计划，而要以上司能否按计划行事为基点来编制计划表。

✻ 对于处理完毕的工作，从计划表上删除，这样可以清楚计划落实完成的情况。

✻ 秘书人员应谨慎地处理计划表中的变更事项，避免引起有关人员的误解。

✻ 周计划表和日志卡片用毕后要归档。

（3）工作日志的编制与管理。秘书人员的一项重要责任就是节省上司的时间，保证上司高效率地工作。工作日志就是秘书为了协助上司工作，通过与各方协商，对自己和上司的一天活动做出合理安排，并予以实施的辅助工具。工作日志分为手工填写的日志和电子日志两类。

● 手工填写的工作日志。对于手工填写的工作日志通常要准备两本，一本为上司使用，一本为自己使用。使用时的工作方法是：

✻ 提前了解上司工作和活动的信息，在两份日志上填入，并于当日一早再修订和补充。

✻ 提前在自己的日志上也清楚地标出自己当日应完成的工作。

✻ 填写的信息要清楚、方便阅读，保持日志整洁，最好先用铅笔填写，确认后，再用水笔正式标明，还可以使用不同色彩的笔填写。

✻ 填写的信息要完整，要标明各项活动的时间、地点、姓名、联络方式等必要信息。

✻ 填写的信息要准确，当日出现情况变化，应立即更新日志，并告知上司。

✻ 在上司日志变化的同时，应更改自己的日志，并做好变更的善后工作。

✻ 在自己的日志上要清楚地标出为上司的有关活动所做的准备，并逐项予以落实。

✻ 协助或提醒上司执行日志计划，在需要时能帮助上司排除干扰。

张红是某集团公司市场部秘书，一直填写自己和上司（市场部经理）的工作日志，打开 2007 年 8 月 25 日她的那页日志，可以看到如下信息（见表 4—17）：

表 4—17 **工作日志** 2007 年 8 月 25 日 星期四

时间	工作内容
8:00	
9:00	部门会议，7 层 705 室，带相关文件夹和下发的会议日程表
10:00	
11:00	确认上司与新客户的午餐
12:00	午餐前，将三位应聘人的资料分别送经理、副经理、人事经理阅
13:00	确认面试房间 315 室，摆桌椅，准备面试评估表
14:00	安排应聘人赵伟面试 40 分钟，14:50 安排应聘人孙璇面试
15:00	15:40 安排应聘人李渡克面试
16:00	16:30 面试小组讨论
17:00	检查、准备上司 26 日报告的资料和电脑投影幻灯片
18:00	

通过秘书张红的日志可以反映出市场部经理在 2007 年 8 月 25 日一天的工作：

- 上午 9:00 要召开市场部部门会议。
- 中午要与新客户一起用午餐。
- 下午 14:00 要进行三位应聘人的面试工作。
- 下午 16:30 要组织面试小组进行讨论。

● 电子工作日志。计算机程序现在可以提供日历、日志和计划的功能，并应用于联网的计算机中。因此，在现代办公室中，可以使用计算机电子日志来管理时间，通过电脑程序中的 Microsoft Outlook 可以打开个人文件夹，上面有当天的时间、本月和下月的日历，只要输入工作任务即可。输入的方法和内容与手工输入的相同。电子工作日志比手工填写的日志运用起来更加方便，可以迅速修改和更改日志内容，且不留痕迹。

● 工作日志填写的信息内容。无论手工填写的工作日志还是电子工作日志，填写的信息内容应相同，上司的日志内容通常包括：

- 上司在单位内部参加的会议、活动情况，要记录清楚时间、地点、内容。
- 上司在单位内部接待的来访者，要记录清楚来访者的姓名、单位详情、约会时间。
- 上司在单位外部参加的会议、活动、约会等情况，要记录清楚时间、地点的确切细节以及对方的联络办法等。
- 上司个人的安排，如去医院看病等，以保证秘书人员不会在这段时间安排其他事宜。
- 上司私人的信息，如亲属的生日，以提醒上司购买生日卡或礼物。

秘书人员的日志内容除了包含上司的日志内容外，还需要包括：

- 上司的各项活动需要秘书人员协助准备的事宜，例如为上司参加某个会议准备发言稿、会议议程、订机票；为上司的某个会谈草拟合同和订餐等。

- 上司交代的工作，例如为签字仪式联系地点、媒体等准备工作。
- 自己职责中应做的工作、活动，例如撰写半年工作总结，参加值班等。

● 处理工作日志的变化与调整。有时会因预想不到的事或对方的原因而必须改变日程安排，如果是己方原因变更安排，会造成一些有形无形的影响，甚至会影响企业的信誉和双方的信赖关系。因此，应尽量想办法将日程安排的变更限制在最小的范围。一般的变更包括：

- 原定结束时间延长超时。
- 追加紧急的或新添的项目。
- 项目的时间调整、变更。
- 项目终止或取消。

针对上述情况，秘书人员应注意：

- 安排的活动之间要留有 10 分钟左右的间隔或适当的空隙，以备活动时间的拖延或新添临时的、紧急的情况。
- 进行项目的时间调整、变更，仍然遵循先重急后轻缓的原则，并将变更的情况报告上司，慎重处理。
- 确定变更后，应立即做好有关善后工作，例如通知对方，说明理由等，以防止误解。
- 再次检查工作日志是否已经记录变更后的信息，不要漏记和不做修改。

本章小结

本章是本书重要的章节之一：办事。办公室事务的服务性和繁杂性，在本章中得到了具体的体现。首先，本章介绍了办公室环境管理。指出办公室环境有广义和狭义之分。从广义上说，是指一定组织机构的所有成员所处的大环境；从狭义上说，是指一定的组织机构的秘书部门所处的环境。对办公环境优化的方法也做了介绍：办公室的布局可根据办公性质和需要合理安排为开放式、封闭式或混合式；办公室的布置既要注意方便、舒适，又要考虑到美观大方。办公模式是近年来由信息技术发展带来的新变化，在家办公和弹性时间以及远程工作等都是网络技术发展的产物。办公室的健康和安全主要从如何处理办公室的安全隐患和办公室的信息保密两方面展开的。其次，介绍了办公室日常事务管理，一是电话管理，介绍了拨打电话和接听电话的程序、注意事项等。二是值班工作，作为秘书的日常工作之一，要求秘书明确值班工作的内容、任务以及需要遵守的规范。三是印信管理，秘书要掌握印信管理的程序和制度。四是零用现金管理，秘书虽然不是会计，但也要学会一些简单的财务管理。五是商务旅行管理，介绍了秘书要为上司的商务旅行所要准备和办理的事务：编制商务旅行计划、制作旅行日程表、商务费用的申请和报销等。六是邮件管理，即对每天收发的各种邮件进行分类、拆封、阅函、登记、呈送等。七是文件管理，就是对办公室收发文进行管理。其中重要的是关于发文程序和收文程序。最后是时间管理，秘书要学会管理时间，不仅要会管理自己的时间，还要会管理上司的时间。其中，各种时间计划表的编制是关键。工作日志是时间计划表管理中秘书每天都必须做的一项工作。秘书每天要编制两份时间表，一份交给上司，一份留给自己。

关键术语

办公环境优化　　办公室布局　　办公模式　　办公室健康和安全　　办公日常事务

复习思考题

1. 办公室的布局有哪几种？
2. 健康的办公室环境有哪些要求？
3. 办公室安全要从哪几个方面去抓？其具体要求是什么？
4. 办公模式有哪几种？
5. 简述接听电话的程序。
6. 简述值班工作的任务。
7. 简述印章的种类及作用。
8. 简述零用现金管理的程序。
9. 商务费用报销的步骤有哪些？
10. 邮件接收的程序是什么？
11. 文件收发的程序是什么？
12. 秘书编制时间计划表的方法是什么？

实务训练题

某县工商局办公室谢秘书星期天值班，下午 5 点，接到一个紧急电话。电话内容是：局里的一辆面包车与外单位的一辆大卡车相撞，面包车的司机及车内三人重伤，车损严重，不能开动，特请求局里急速处理。秘书做好电话记录，思考四种处理办法：一是等到第二天上班时，向领导汇报后，再按领导指示办；二是立即向主管领导汇报，请领导亲自到现场处理；三是自己立即到现场去做紧急处理；四是用电话方式联系有关部门，然后再向领导汇报。

训练题：

谢秘书应当采用哪种处理办法？应注意什么？

女秘书工作——典型的一日

秘书所负责任愈重，其日常工作愈无定规。她必须策划并组织每一件力所能及之事，否则将无法处理突如其来的紧急事项。

——美国国家秘书协会会长凯勒女士

苏珊小姐是一家饮料公司地区分公司的行政助理，她了解成功并没有绝对的保障，不过继续不断的进修以增进自己的技能与素养，则是绝对必要的。作为一位进修秘书课程的专科学校夜校生而言，应有旺盛的事业心。她接受邀请，详述她一天的工作实况，以供有志从事秘书工作者对办公室内的各项活动、所遭遇的问题与突发事件，以及秘书必须面临的职责有一个较清晰的观念。她的看法几乎与凯勒女士的前述一席话不谋而合。苏珊说："当我做速记员的工作时，我的日常工作极易描述，现在我所担负的责任较前为重，有许多紧急事件待处理，我发觉我的日常工作几乎无定规定制可言。不过典型的情况是：听写口授、誊清文件、安排访客的会见事宜、接听电话、准备行程表（我的上司经常作业务旅行）、处理邮件以及各项交办事项。"

苏珊从事秘书工作的背景

对于苏珊的背景作一个简单的描述，有助于读者了解她何以在20来岁的年龄就能担任一个负有重责的职位。苏珊18岁毕业于美国高级中学，然后接受1年的秘书专业课程训练。结业之后，苏珊对她的未来计划一筹莫展，曾经在一个就业辅导机构登记，其后6个月内，她曾经做过很多临时性工作，事后她说："这6个月我获得不少宝贵的经验。我学会了如何适应不同的雇主与工作环境。"

苏珊的一位友人有一天告诉她，一家饮料公司有一个速记员的缺额。经过了好几次测验和两度面谈之后，苏珊总算被雇用了。在她进入这家饮料公司工作6个月后，她到专科学校夜校就读。她所修习的课程有信函写作、高级秘书业务、市场学及市场调查、政治学及国际关系、心理学及人群关系、推销术及广告学，她目前在这家公司服务已6年多，并且数度获得晋升。

苏珊写下面这篇描述她一天工作的记载时，她担任该公司营业部经理麦克先生及广告部经理惠特先生两人的执行秘书已有一年半的时间。她已接获通知，将升任麦克经理的行政助理，并且当她训练杜娜小姐担任惠特经理的秘书而能独立作业时，即行生效。

苏珊选择星期四这一天作为示范，来说明一位秘书典型的一日。这一天，麦克经理已因公出差，而惠特经理正准备远行。苏珊告诉我们："这是典型的一日，两位经理同时出差是常有的事。时间正好相近，这一天确实相当忙，致使我速记了一些文件，准备过几天再行誊正。"

苏珊的一天工作详记

（办公时间从上午9时到下午5时，中间有1小时午餐时间，两次咖啡小憩各15分钟）。

8:30　抵达办公室。整理仪容，检查办公用品与文具。整理惠特经理办公室及检查麦克经理办公室。

8:55　检视手中的工作，开始誊正昨天听写的两封信，尽快送请惠特经理签名。完成信稿放入签名卷夹中，置于惠特经理案头（信件宜如此慎重处理，以免他人窥视）。

9:15　拆阅并处理第一批邮件，留下必须由我直接作答的。惠特经理到达办公室，嘱我到他办公室作大约5分钟的口授笔记，迅速整理出即将讨论的事项，因他即将于下午出差，时间两星期。

向惠特经理报到，听写时，两度因电话而中断，然后继续笔记。回到办公桌后，回复一紧急电话。请杜娜小姐听第二个电话。她正接受训练，一旦我担任麦克经理的行政助理后，她即将为惠特经理工作。

惠特经理把他的旅行计划交给我，交代他外出期间要我处理的事情，并电告杜娜小姐，以她能协助我工作表示高兴。惠特经理当面嘱咐如有需要可找他人帮忙，以完成交办事项，因为他知道我还得替麦克经理做不少事。

9:50 回到我的办公桌，检查档案，获取必要的资料，回复在惠特经理办公室所接听的电话。

拣出必须由惠特经理过目的航空信件。无特别紧要待复函件，摘记几项待办事项，到第二次邮件到来再处理。接听几个电话，其中一个为一位盛怒的客户B先生打来的，他要与麦克经理直接讲话。他不相信麦克经理已经外出，最后我婉转问明原委，并应允他立即查明，尽快打电话告诉他。

10:10 决定前往征信所，核对B先生的账目，请杜娜小姐照顾我的办公室，并告诉惠特经理我要到征信所去，征信所较忙，一时无法查对，答应中午以前电话告诉我。

10:20 回到办公桌，记下征信所午前会来电话，不然，我应打电话去问。咖啡小憩时间，但已无法分身了。告诉杜娜小姐旅行信用证书的用法并叫她到出纳室。稍后告诉她登记月支账的方法。杜娜小姐回来后，将准备交由她接替的工作：复制文件、校对、正式信件的打法、推销员所报费用数字的核实等，一一交代。

杜娜小姐从出纳室带款返回办公室，在我面前点清，当她交钱给惠特经理时也将当面点清，这一点很重要。一旦点清无讹，以后再有差错就无须负责。

10:40 开始誊清惠特经理口授信件。文书中心来电话说，他们为惠特经理打印推销业务会议议程表，因为事忙，无法如期在今天完成。我决定无论如何明天一定要做完(我通常会较实际需要时间提前几天，以防临时赶不及，但我并没有明确告诉他们)。

11:10 打好数封信函送请惠特经理签名，并影印其中部分信函。我在他办公室时，惠特经理接听一个私人电话，决定提早于3点，而不是原定的5点动身，因此，我最晚必须在2点半左右为他准备好应带的公事包。

11:15 回到办公桌，打三个电话分别通知同仁，将原定4点召开的会议提前到2点。惠特经理应带的文件几乎皆已备齐，为了慎重起见再检查一遍，并通知杜娜小姐来做实地见习。

征信所来电话，告知客户B先生的账目详情，既得完整资料，自可回复B先生电话。一面打电话，一面教杜娜小姐留心为惠特经理准备应带的文件。

与B先生通电话，他似乎很满意，将事情经过记下准备告知麦克经理，并将这种作业程序示知杜娜小姐，当我的上司远行期间，我皆将所有重要电话及访客谈话摘要记录，函件也做札记。惠特经理的公文包已准备妥当，只等最后一份资料。

11:45 整理档案并与同仁会议后，开始处理麦克经理的信件，他希望当天能知道来信大致内容。惠特经理提早离开办公室去吃午餐，当他经过我的办公室时，交给我一份简短的备忘录。说是回到办公室时再由他签名，我的案头始终准备好一本笔记簿。翻在空白的一页，以备不时之需。将备忘录立即誊正，并置于惠特经理办公室的签名卷夹内。第二批邮件到达，很快地过目一遍，其中有一件需要惠特经理立即处理，从档案中找出有关资料附于来信之后，一并置于惠特经理办公桌上的“速件”卷夹内。

12:15　正准备在办公桌进食三明治时，接待员通知一位客户要见麦克经理，假如麦克经理此时尚在办公室，照例会留访客共进午餐，于是决定请客人到我们的餐厅用膳，巧遇市场调查部门的高先生，一并邀他同桌进食，请来客在访客名簿上签名。杜娜小姐通常都在1点整吃午餐，征求她是否能改变计划，暂且照顾一下我的办公桌，留一便条与惠特经理，告知他我的去处。

1:15　重回办公桌，高先生仍陪着客户并将代为送客。将进餐时与客户谈话要点记下，留供麦克经理参考。并将来客姓名记入访客名单中。杜娜小姐将她接听的电话告诉我，即去进餐。并说在半小时内回办公室。

1:30　惠特经理嘱我听写午餐时留在他桌上的紧急来信的回函，他要我替他的太太办一些私人事情，问他假如我请杜娜小姐替我走一趟，他是否介意？他表示同意。

1:40　将紧急信件誊正，请惠特经理签名，并以副本一份纳入其公文包中。检查是否有致麦克经理的紧急邮件，其中有一封需于晨间转寄资料时一并转寄，在惠特经理离开后应立刻准备，杜娜小姐餐毕返回办公室。嘱她备妥惠特经理的最后资料。

2:00　惠特经理的三位同事到达办公室，他嘱我作笔录，杜娜小姐则接听所有的电话，使我们不致受到干扰。

2:20　三位同事离去，惠特经理希望尽快将会谈记录誊正，讨论一些其他事项。

2:30　重回办公桌，请杜娜小姐誊正我在会议中所作的笔录，告诉她如果有少数的字看不清不必担心，不妨从头至尾快读一遍，将有疑问的字句圈记出来，一并来问我。将惠特经理的公文包准备妥帖。

2:45　答复杜娜小姐所提出的会议笔录上的几个疑点，她正开始誊正。继续处理第二批来信，并备妥寄给麦克经理的资料。

3:00　惠特经理离开办公室，他能准时而且诸事齐备地动身，总算松了一口气。继续整理信件。

接到麦克经理的长途电话，他将延后两天回来，并嘱转告办公室有关同仁，他已打电话通知原先约定会面的某些客户，麦克经理希望立即寄给他某些已打印完成的资料。我决定于今晚投邮，现在按序检查一遍。

3:15　察看杜娜小姐誊正我的笔录的进度，已接近完成。告诉她完成后即可以休息了。

打电话给文书中心，询问是否可派人协助我打字，回答是无人可派，与营业部两位领班（麦克经理也是他们的上司）联系，是否可派来两位打字员，一位说很难帮忙，另一位说3点半之后可能派出两位打字员。一切准备妥当，在向她们有所指示之前，首先向两位打字员说明所有的资料必须在今晚付邮。如果她们中任何一位必须5点离开，现在就告诉我，以便找人替手。两人都说可以留下。

杜娜小姐也完成了初稿，并且协助下一步工作，她愿意不管多晚，一直陪我工作下去，感谢她的这番好意。

3:45 交代完毕，两位打字员与杜娜小姐全速进行工作，我把杜娜小姐的初稿复核一遍并作少数更改之后，也参加工作。

4:00 工作在忙碌中顺利进行。第三批邮件到，其中有两封限时信是给惠特经理的，一封今晚即行转寄，另一封我自己可以处理。

4:15 接获通知说明两位客人来拜访麦克经理，尽管心里不欢迎这种打扰，但是必须去见他们。正准备去招呼他们时，两位借调来的打字员中有一位告诉我，她不习惯在这种紧迫情形下赶工，要求免除这项工作。我设法安慰她，告诉她尽可能地做，而不要一心想到它是一件紧急的工作。我要她坐在我的写字台旁边，一方面以电话告知接待员，我稍迟几分钟便来，并请她打电话给营业部门的一位领班暂时招呼一下来访的客人。

重新安慰打字员，告诉她我了解她的感受，并请她尽可安心工作，不要在心理上受到干扰。假如在她必须离开的时刻而没能做完，我并不责怪她，于是这位打字员重新去打字。

我则前往接待室，那位领班正在与一位访客交谈，而我则招呼另外的来访者并将他们的来意记录下来，以便转告麦克经理。

4:40 电话铃响，原来是惠特经理从机场打来的，他忘了一件必须要携带的重要包裹（我忍不住自言自语地说："哦，真糟糕！"），所幸离他起飞时间还早，我希望能赶得及送给他。立即打电话到西联信差服务处，告诉他们时间急迫，他们答应在5点钟之前派人来办公室。将包裹交给接待员，并且告诉她西联公司即将派人来取。

4:45 一位打字员已完成她的紧急任务，我们一起校对后，我问她能否接替杜娜小姐未完的工作。而由杜娜小姐将2点的会议记录用复写纸打字誊清，因为这是密件不能假手于打字员。

打电话告诉母亲我会晚一些回家吃晚饭。也关照杜娜小姐及两位打字员打电话回家。

5:00 接待员来电话，告诉我西联公司的信差已取走了包裹，总算又舒了一口气。

两位打字员都已打好了字，我们一起检查一遍，她们在5点25分离开办公室。对于她们的全力帮忙面致谢意，并记下来明天早晨第一件事是向她们的主管致谢。

5:30 办公室只剩下我与杜娜小姐两人，杜娜小姐继续整理会议记录的誊清稿。当她完成后，告诉她处理邮件的程序，并且解释我整天保存麦克经理的封袋的原因。会议笔录原稿将送给惠特经理。

当杜娜小姐清理她的写字台，并在她的日历上记下明天待办事项之际，我急速赶办麦克经理交代之事。将材料纳入一牛皮纸信封，称过重量之后，贴上足够的邮票，即将投邮。

6:15 接惠特经理电话，说信差已将包裹送到。杜娜小姐问我还需要帮忙的事，我告诉她通常我喜欢每天做好归档工作，看样子今天只好破例了。我从不让该做的事积压到第二天，因而我把它记在行事历上作为明天紧急待办事项。嘱杜娜小姐共同再检查一遍。

尽管时间已晚，我仍然把许多“应办事项”记在行事历上。以便打电话给文书中心交代有关惠特经理交办之事。

苏珊为我们述说这个典型的星期四活动日程时，同时说：“不要以为我每天都加班工作，我并不是每天如此。只是在绝对必要时才这样做，我认为我必须时时有所准备，以迎接这种情况的发生。”

我们问她：“苏珊，你能不能举出两项使你得以从容不迫地忙过这个‘典型’的一天的秘诀?”

她略一沉思，接着回答说：“我想第一是我能专心致志，心无旁骛，其次便是自动自发的精神，不管我的上司是不是催促我，我总是按部就班地做好我该做的工作。”

训练题：

读了《女秘书工作——典型的一日》，你对秘书办公室工作有哪些感性认识?

中外合资的某贸易有限公司杨珊瑚小姐是位刚毕业的涉外秘书专业本科生，因总经理秘书吴小姐即将升任公共关系部经理，总经理安排杨小姐跟随吴小姐学习，有意让其接任吴小姐的职务。最近一段时间，总经理正好有事出差。由于有吴小姐的努力，公司的一切倒也井井有条。这一天，吴小姐代表公司外出协商一件事，杨珊瑚坐镇办公室。电话响了，下面是杨小姐与对方的一段谈话：

来电者：是××贸易有限公司吗?

杨小姐：是。

来电者：你们老板在吗?

杨小姐：不在，我是他的秘书，有什么事请跟我讲。

来电者：你们的乳胶手套多少钱一打?

杨小姐：1.8美元。

来电者：1.6美元卖不卖?

杨小姐：不行的，对不起。

杨小姐说完，“啪”挂上了电话。

训练题：

1. 仔细分析以上对话，你发现了什么问题?

2. 作为秘书应怎样接听有关业务的电话?

3. 杨小姐还有可能接替吴小姐担任总经理秘书吗?

某老客户来公司找经理，恰巧经理不在办公室，于是老客户坐到经理的电脑桌前上网。而电脑里有些机密文件还没有放到特定的文件夹，而是放在电脑桌面上。

训练题：

作为秘书，应该如何做好这些文件的保密工作又不至于得罪老客户?

沈小姐是某公司总经理的秘书，一清早进入办公楼，就到公司租用的信箱中把邮件取了出来，用专用信袋装好，提着走进了自己的办公室。略微整理了一下，就坐在自己的办公桌前开始工作了。

沈小姐数了下信件的数量，一共21封。她先把公函和私人信函分开，把有密级要求的、标有“某某亲启”的信件分开。然后她根据收件部门的名称分类：有5封是人事科的；7封是销售科的；1封是财务科的；1封写着教育科的，但公司没有这个部门，她把这封信归到培训部去了；1封信上写总经理亲启；另2封是总经理办公室的；剩下的4封是报纸杂志。

沈小姐拿出邮件登记簿，边登记边分拣。所有的来函和邮件都登记在册了，也按部门分拣归类了。接着沈小姐把总经理亲启的那封信放在总经理的办公桌上，把其他信放在各个部门的专用信格里，留下了2份报纸、2封总经理办公室的信。

在拆信前，她先把信拿到光亮地方照了下，一封信的信纸折得几乎与信封一样大小，沈小姐只好把信在桌上磕了几下，尽可能使信纸沉落下去，然后取出剪刀，小心翼翼地剪开了信口。把信封内的信纸一一展开，盖上日戳，再用回形针把信纸和信封一一别住。一封信写明有三份附件，但沈小姐仔细检查，只找到两份附件，她用红笔在信纸上写下：“缺少一份附件”，然后签上了自己的姓名。她想，这封信让总经理来处理吧。

另一封是对本公司提出业务方面意见的客户来信，按照惯例，沈小姐决定立即复信。她写道：

郭思源先生：

非常感谢您对我公司的关心。您所提到的服务质量和态度问题，我们正在研究改进，希望在不久之后，您看到的将是一个新的面貌。希望我们继续合作。再次向您致谢。敬请安好。

××公司敬上

2011年5月6日

拟写复信稿，本已坐到电脑前的沈小姐想了一下，还是拿出了钢笔，手写誊抄了一遍，并写好了信封，填好了发函登记。

训练题：

1. 沈小姐的收件程序是否正确？每一个细节是否都符合秘书的要求？
2. “缺少一份附件”的那封信为什么要由总经理自己处理？这封信有可能是什么内容的信？
3. 沈小姐最后为什么不用电脑打字回信，而要手写发出？

第5章

办公用品和设备管理

5.1　办公用品的管理

秘书办公用品的管理直接影响办公人员的工作效率，因此要保证办公用品适时、适量、按需要发放，并对办公用品进行科学、有效的管理。办公用品的具体分类有：一是纸簿类消耗品：A4、B5等办公复印纸、信纸、信封、笔记本、直线纸、复写纸、卷宗、标签纸。二是笔尺类消耗品：铅笔、刀片签字笔、橡皮擦、夹子、胶水、胶带、钢笔、打码机、姓名章、日期章、日期戳等。三是装订类消耗品：大头针、图钉、荧光笔、修正液、电池、剪刀、美工刀、订书机、打孔机。四是办公设备耗材：打印机墨盒、色带、计算机磁盘、空白光盘等。

5.1.1　办公用品的采购与进货

1. 采购办公设备和用品的程序

(1) 提出购买申请。由需要购买设备（用品）的人或部门填写《办公设备（用品）申购表》，并由部门领导签字，说明需要该设备的理由及其型号、数量等内容。

(2) 审批，落实经费。申请表填好后，交由财务部门根据本单位的全局情况进行综合平衡，确认采购费来源。财务主管签字后交采购人员。

(3) 招标，选择供应商。采购人员向供应商发出购买需求，各供应商提供报价单，采购人员进行比较、筛选，最终选定供应商。选择办公设备及用品供应商时要在以下几方面对其进行比较：

● 价格和费用。首先应该考虑价格，比较不同供应商的报价。供应商给出的价格会因某些情况而有水分，秘书应掌握一些降低价格的方法，如批量购买、利用其节日削价或将其指定为本单位唯一的办公用品供货商等。另外，在购买后还会有一定的费用支出，如存储中的损耗、设备更新所带来的存储用品的报废、存储所占用空间的费用等。因此，在购买时要综合考虑价格及费用。

● 质量和交货。应仔细检查比较货物的质量，最好选择那些可以更换不合格物品的供应商，以免买后发现与设备不配套造成浪费。还要比较供应商的交货时间，供应商应该能在需要时快速交货并按约定准时交货，以减少库存费用和少占用资金。

● 服务和位置。要比较供应商提供的服务是否方便，如是否可以电话、传真或上网订购；是否可以定期结算；是否可以退货；是否可以满足单位所需的所有办公用品和易耗品的供应等。供应商所在的地点也要考虑，尽量离本单位近一些，以方便联络和交货。

● 安全和可靠性。要比较供应商在送货的整个过程中能否保证货品的安全，供应商的卖货手续及相关发票、单据是否齐全等。还应了解商家规模的大小、经营的信誉度等。若是大额采购，一般实行招标采购，按以下程序进行：

- 在报刊或网络上发布招标公告，接受投标报名。
- 起草招标文件，交上司审定，由招标领导小组确定入围投标供应商名单。
- 向入围供应商发招标文件，并在规定时间、地点接受投标文件。
- 组织开标评标，由使用部门、财务部门等派人负责评标，根据评标结果确定中标单位。

（4）签订供货合同。选择好供应商后，与其签订供货合同。合同中应详细规定所订购货物的型号、规格、数量等细节，约定交货方式与付款方式等，由双方签字盖章。依据合同，双方填写订货单与交货单。

（5）货物入库。合同签订后，采购人员负责催促货物到货时间，确保货物能够按申购部门要求的时间及时到货。收到供应商的货物后，要对照交货单和自己的订购单检查货物，使用部门要及时组织验收，确认采购的物品是否符合要求。采购人员要根据收到的货物填写入库单，库房人员要签字表示货物进库。

（6）支付货款。会计部门收到发票后，对照交货单、入库单和订购单，单货名、数字应当相符，经财务主管签字批准，支付货款。

2. 办公设备和用品的订购方式

办公设备和用品的订购方式通常有以下几种：

（1）直接购买。直接去商店购买公司所需要的办公用品，这种方式的前提是你确认该商店能够提供你所需要的物品。

（2）电话订购。大多数的日常办公用品都可通过电话从供应商处订购。

（3）传真订购。有些设备和办公用品的订购，需给供应商发传真，详细列出订购货物名称、数量、类型、送货时间等细节，供应商在接到传真后，会按要求送货上门。

（4）因特网服务。访问因特网可得到电子商务服务，高级秘书应能够通过网上购物实现办公用品的采购。

3. 办公设备和办公用品的接收程序

（1）先用订货单和通知单核对对方交付货物时出具的交货单及货物。

（2）若发现数量不对，应立即通知采购部门联系供应商。

（3）接收数量的出入也应通知采购部门，以按真实数量支付货款。

（4）接收的每一类货物的详情，应输入到办公用品库存卡的接收项中。

（5）接收后，要及时更新库存余额。

（6）将接收的货物按照办公用品存储规定存放好。

（7）订立物品发放制度，确定物品发放人。

办公设备和办公用品进库后，必须保存在安全的地方并有序地摆放，以防物品损坏、浪费或失窃，注意消除事故和火灾隐患。当需要时又能容易地找到。

5.1.2 办公用品的库存保管与发放

1. 库存控制概述

（1）库存卡的内容。

● 项目。库存项目应准确描述，包括大小、颜色和数量，如“A4 白文件纸”。

● 单位。货物订购、存储和发放的单位，例如令、盒、包等。

● 库存参考号。给每一库存项编号，如与存放位置相联系，例如 C4，柜子编号 C，架板编号 4。

● 最大库存量。最大库存量是以防物品超量存储而保存的该项物品的最大数量，库存物品的数量在任何时候都不能超过这个最大量。它能使资金不被过多地浪费在库存物品上，能节约宝贵的库存空间，并使库存物品得到及时利用，不会因为长期存储而过期作废。这是一项物品应该存储的最大数量，这个数字考虑到费用、存储空间和保存期限。

● 再订货量。当库存余额达到这个水平，必须订购新的货物来使余额达到最大库存量，可以通过考虑多少物品需要能保证业务的运行、平均使用量、物品交货的时间长短来确定这个数字。这是提醒购买者需要重新订购用品的标准，它由以下几个因素决定：

日用量×运送时间＋最小量库存

例如：每天要用去 A4 纸张半令，运送时间需要 20 天，最小库存量是 10 令，因此重新订购量就是：

$1/2\times20+10=20$

● 最小库存量。最小库存量是以防物品全部被消耗完而保存的该项物品的最小数量，这样能够保证购买者在所有物品用完之前有充分的时间补充库存量。要有一个重新订购线，以提醒购买者进行重新订购。当库存余额达到这个水平，必须采取紧急行动检查是否已经订货，并与供应商联系，确定可以接受的交货时间。紧急时有必要向供应商紧急订购，以保证货物在很短的时间内就能交货。

● 日期。必须记录所有行动的日期。

● 接收。记录所有接收信息，包括发票号和供应商的名字。在一些记录卡片上，供应商的名字记录在卡片的前头。在这些情况下，物品的库存参考号可能是供应商的目录号。

● 发放。记录清楚发放物品的数量，所发放物品的申请号和物品发给的个人或部门名称。

● 余额。在每一次处理后计算物品库存余额。在物品接收时在余额上加上接收的数量，物品的发放将从余额中减去发放的数量。余额应该代表库存物品的实际数量，并用于执行库存检查。发现差异要通知和报告给管理人员。

库存的每一项应该记录在库存控制卡片上。秘书在每次物品发放或接收时填写库存控制卡，并记录该项库存的余额。秘书应学会使用库存记录，填写库存卡，保证填写的办公设备和办公用品的进货卡、出货卡和库存卡三卡一致。库存卡样式如表 5—1 所示。

表 5—1　　库存记录卡

库存参考号： 项目： 单位：				最大库存量： 最小库存量： 再订货量：			
日期	接收			发放			
	接收数量	发票号	供应商	发放数量	申请号	领用者	余额

（2）库存控制的必要性。我们必须做好办公室里设备和各种用品的存储工作，以保证我们的需要，这就要求我们要维持一个良好有效的库存系统。因为文具和其他办公用品必须要有足够的数量，保证在需要的时候能够充分供应。由于公司员工可能随时需要办公用品，所以办公用品供应的充足与否、及时与否又很大程度地决定着工作效率。如果没有一个合理的库存控制，每次有人用完了纸张和铅笔，秘书人员都要放下手中的工作，急急忙忙跑到外面去购买，工作效率就太低了。每一张纸、每一个信封的浪费，都会增加公司商业运行的成本，所有员工都要高度重视文具的利用，以确保经济、有效地利用文具。所以，一个有效的库存系统是极其重要的，它对于提高办公效率、保证工作的完成起着很大的作用。

每一种物品都要有一张库存卡，库存卡用以登记、接收和发放物品，并随时掌握用品的最大库存量、最小库存量和再订货量。

（3）库存控制的作用。

- 精确统计库存数量并防止被盗。
- 确保所需物品的充分供应。
- 将库存物品所占的空间减到最小。
- 避免物品被破坏或因过期而作废。

2. 登记库存目录

耗材的购买在库存卡上有记录，非耗材（如机器、固定设备、各种装置以及家具等）也要记录在库存目录单上，这个库存目录用于公司财产的审查。一个库存目录应该包含以下信息：

- 库存目录系列序号。
- 财产描述。
- 财产消耗。
- 供应商名称。
- 接收日期。
- 存放位置。

3. 物品库存保管中应采取的措施

（1）储藏间或物品柜要上锁，保证安全，减少丢失，储藏需要的面积取决于单位的大小。

（2）各类物品要清楚地贴上标签，表明类别和存放地，以便能迅速找到物品。

（3）新物品置于旧物品的下面或后面，先来的物品先发出去，保证物品不会因过时而不得不销毁。

（4）体积大、分量重的放置在最下面，以减少从架子上取物时发生事故的危险。

（5）小的物品、常用的物品，如订书钉盒，应放在较大物品的前面，以便于找到和领取。

（6）储藏间要有良好的通风，房间保持干燥。

（7）储藏办公用品应有良好的照明。

4. 物品的发放

（1）制作申请单。

（2）备案清单。

（3）发放物品。发放物品应有下列手续：

- 指定人员发放。
- 按单位的有关制度规定发放时间。
- 紧急需要物品时必须有相应的处理程序。
- 必须填写物品申请表，并由授权人签字批准。
- 物品申请表包括下列细节：申请表编号、申领部门、物品名称（项目）、数量、特殊要求、发放人签字、领取人签字、授权批准人签字、日期。
- 清点、核实、发放办公用品。
- 提醒使用部门和人员节约使用办公用品。

（4）监视控制。

5. 节约使用办公用品的措施

（1）复印机。申请复印时必须填写有细节要求的申请表，并在复印前由主管人员签字批准。还可以发复印卡以限制部门的使用。较昂贵的复印如彩色复印，一般不能自由使用，可由中心服务区按部门根据需要复印，并由各个部门独立核算成本。

（2）传真机。指定人员使用传真机，做登记并保留所有发送记录，其中包括日期、发送信息人的姓名和信息接收者的细节。

（3）计算机、打印机、网络设备。在使用中要注意成本控制，如彩色打印要集中管理并由各部门独立核算成本。

（4）电话、移动电话。减少私人电话；控制国内、国际长途电话的使用；定期检查并核对电话账单以控制开销。

5.2 办公设备的使用和管理

办公自动化技术的迅猛发展，为现代秘书办公提供了丰富的办公资源。由于计算机知识基础与应用已被列为专门课程，所以本书不讲。本章主要讨论最经常使用的办公设备，如复印机、传真机、打印机、数码相机等。

5.2.1　复印机的使用和管理

1. 复印机的基本原理

将原稿（包括文献资料、图纸、手稿等）按原样放大或缩小后复制出来，称为“复印”。我国的碑拓是世界上最早的一种复印方法。静电复印是一种综合性技术，这种技术是利用某些半导体材料在暗态时的电阻率较大，近似为绝缘体，而在受光线照射时，其电阻率则急剧下降，即变为导体的这种光电导效应和电磁原理及摩擦带电现象等而进行复印的。

静电复印技术是随着现代科学技术的发展产生和发展起来的新技术，是当代情报资料复制的科学手段，由于这种复制技术具有制作迅速、使用方便、信息准确、价格低廉等优点，因此备受人们的欢迎，已成为科研、生产、教学和办公等部门的重要工具。

静电复印机的基本原理是运用融电光学、计算机和精密机械为一体的摄影技术，将原稿的文字、图像转换为静电潜像，再由静电潜像转印成复印图像的过程。在静电复印中没有任何化学反应，是一个纯物理过程。静电复印机采用光导材料（光敏介质或光敏半导体）作为光接受体，通过曝光可以在其上形成能保持较长时间的静电潜像，使光导材料表面电位按曝光图像的规律变化。静电复印的显影过程是利用库仑定律的原理来实现的，即具有反极性电荷的墨粉或油墨靠静电吸附在静电潜像上，从而产生可见的图像。

静电复印机的工作流程可分为五个阶段，即充电（含预曝光/预带电和主带电）、扫描（含扫描带电和全面曝光）、显影、转印（含墨粉图像转印和定影）以及鼓面清洁。

2. 复印机的分类

基于静电复印技术及静电复印机的基本工作过程，对其可以做一个大致的分类。通过对静电复印机分类的了解，可以帮助我们进一步学习和掌握静电复印的有关技术。

（1）按复印介质区分，可以分为特殊涂层纸复印机（又称 EF 机或直接法复印机）和普通纸复印机（又称 PPC 机或间接法复印机）。

（2）按显影状态区分，可以分为湿法（液态）机和干法（固态）机。

（3）按潜像形成方法区分，可以分为放电成像法（Carlson 法）、电容成像或逆充电成像法（NP 法或 KIP 法）、充电成像法、持久内极化成像法（PIP 法）和电荷转移成像法（TESI 法）。

（4）按光导体材料区分，可以分为硒（包括硒—碲合金）静电复印机、ZnO 静电复印机、CdS 静电复印机和 OPC（有机光导体）静电复印机。

（5）按稿台方式区分，可以分为稿台移动式和稿台固定式静电复印机。如图 5—1 所示。

（6）按主机体型区分，可以分为台式复印机、落地式复印机和组合式复印机。

（7）按复印幅面尺寸区分，可以分为大型（Al 以上）复印机、中型（A3 或 A2）复印机和小型（A4 以下及袖珍式、卡片式）复印机。

（8）按色彩还原性能区分，可以分为黑白（不论原稿图像是何种颜色，只能表示为不同程度的黑色）、单彩色（不管原稿图像是何种颜色，复印品均为黑色以外的一种颜色）和全彩色三种功能的复印机。

（9）按特殊功能区分，可以分为具有信息存储功能、自动编辑功能、模拟功能、对开分页功能、自动进纸功能、自动双面复印功能和人机对话功能等的静电复印机。

图 5—1　稿台式静电复印机

3. 复印机的使用

（1）静电复印机的使用步骤。

- 预热。按下电源开关，机器开始预热。预热结束，复印键绿灯亮，就可以开始复印。标准方式为：复印倍率为等倍，复印曝光量为自动，复印张数为 1 张。
- 放置原稿。检查所选用的复印纸尺寸及纸张应横放还是竖放。盖板时要盖严。
- 设定份数。将复印份数输入控制面板中。
- 设定复印倍数。复印一般有固定缩放倍率和可调节缩放倍率两种，可按需调节。
- 选择复印纸尺寸。根据原稿尺寸、缩放倍率选取复印纸尺寸。
- 调节复印浓度。根据原稿纸张、字迹的色调深浅，调节复印浓度，复印图片和印刷品时一般需将浓度调浅。
- 当复印纸张较薄而底稿两面都有字时，可在该页背后垫上一张白纸，防止背面的字透印出来。当复印无法拆开的书本时，可两页中间夹一张厚白纸，遮挡暂不印的一页和中缝。

（2）送纸方式。复印送纸有两种：送纸盒自动送纸和手动送纸。一般情况使用自动送纸，如果制作胶片或载体纸张较厚，则使用手动方式送纸。

（3）复印机的使用常识。选择合适的地方安装复印机。要注意防高温、防尘、防震、防阳光直射，同时要保证通风换气。复印机会产生微量臭氧，操作人员工作一段时间后应到户外透透气，休息片刻。尽量减少搬动复印机的次数，如要移动，则一定要水平移动，不可倾斜。为保证最佳操作，至少应在机器左右留出 90 厘米、背面留出 13 厘米的空间（如机器接有分页器，大约需要 23 厘米的距离），使用复印机操作时应小心谨慎。

应使用稳定的交流电，电源的定额应为：220～240V，50Hz，15A。使用前，开机预热半小时左右，使复印机内保持干燥。保持复印机玻璃台清洁、无划痕，不能有涂改液、指印之类的斑迹效果。如有斑迹，使用软质的玻璃清洁物处理。在复印过程中一定要盖好盖板，以减少强光对眼睛的刺激。如果复印书籍等装订物，请选用具有“分离扫描”性能的复印机。这样，可以消除由于装订不平整而产生的阴影。如果复印品的背景有阴影，可能是因为复印机的镜头上有灰尘。此时，需要对复印机进行专业清洁。

当复印机面板显示红灯信号时，用户就应及时给复印机加碳粉，如果加粉不及时会造成复印机故障。加碳粉时应摇松碳粉并按照说明书进行操作，切不可使用代用粉（假粉），否则会造成飞粉、底灰大、缩短载体使用寿命等故障，而且由于它产生的废粉率高，实际的复印量还不到真粉的 2/3。

添加复印纸时，应先检查一下纸张是否干爽、洁净，然后理顺复印纸再放入与纸张大小规格一致的纸盒里。纸盒的纸不能超过复印机所允许放置的厚度。为了保持纸张干燥，可在复印机纸盒内放置一盒干燥剂，每天用完复印纸后将复印纸包好，放于干燥的柜子内。

4. 复印机的管理

（1）复印文件资料要办理登记审批手续，详细填写复印时间、保密等级、份数，经办公室主管批准签字后送文印室复印。

（2）为确保复印机的安全运转，每天下班时关机，过时送来的文件将延至次日复印，急件经办公室主管批准后，方可临时开机。

（3）不得擅自复印绝密文件和个人材料，复印机密文件需经公司领导批准。复印机由专人保管使用，其他人员不得自行开机。

（4）关闭复印机电源开关，切断电源。不可未关闭机器开关就去插拔电源插头，这样容易造成机器故障。

如果出现以下情况，如机器外壳变得过热、机器里发出异响、机器部分被损伤、机器被雨淋或机器内部进水应立即关掉电源，并请维修人员进行维修。

5. 复印机的维护和保养

静电复印机的维护和保养是提高复印质量、保证复印设备正常运转和延长设备使用寿命的重要前提。这是因为静电复印机经过一段时间的使用后，其显影部件产生的粉尘飞扬、机件的污染和磨损以及橡胶和塑料的疲劳或老化等都会影响到复印机的稳定运转，并使复印品的质量下降，严重时甚至造成机器停机。因此，必须对复印机进行定期保养和维护，也就是对静电复印机的感光鼓、电晕器、显影装置、光学系统、供输纸机构等进行检查、清洁、润滑、调整或更换。

当对复印机进行维护和保养操作时，应首先切断电源，打开各机门，卸下稿台玻璃，然后分别将清洁器、显影器、电晕装置（充电、NP 的 AC 消电电极、转印、消电、预转印、清洁电极等）、消电灯（全面曝光灯、预转印灯、消电灯、像间/像边缘消电灯等）等取出，再将定影器及纸盒等相继拉出，最后取感光鼓。在取出感光鼓及其周围部件时，一定要小心，绝不能划坏感光鼓，一旦划坏将在复印件留下与划痕相对应的污迹且很难修复。

5.2.2　传真机的使用和管理

1. 传真技术概述

传真通信是现代图像通信的重要组成部分，它是传递静止图像的重要手段。传真技术诞生的历史较久。它问世于 19 世纪 40 年代；20 世纪 20 年代传真技术基本成熟；第二次世界大战前后开始商用；进入 20 世纪 90 年代以来，传真技术随着世界新技术的不断发展，产生了光电技术及其器件的更新，光传真机也应运而生。这种机器抛开传统的光/电转换过程，直接用光缆将原稿图像经过光处理后无误地传至对方，它传送信息的速度大大提高，转送信息的容量也大大增加。

传统传真机的使用成本较高而使用效率相对低下，因此，目前各种规模的用户普遍将传真系统与计算机网络系统相结合，实现无纸化传真，通过与计算机连接上网，在电脑上收发传真就像发 E-mail 一样方便快捷，可以群发、自动拨号、自动快速重拨，还有地址簿管理、定时发送等功能，大大提高了发送传真的智能化程度，有效地提高了传真作业的效率。

传真数字化还可以对接收到的传真进行数字化的编辑。如可以加盖电子图章。新型 IP 数码传真机如图 5—2 所示。互联网工程任务组（IETF）已经成立了 Internet 传真工作组，与其他基于传统电路交换网络的技术一样，传真与 IP 网络融合的趋势也是不可逆转的，传统传真通过 Internet 路由传输就是其中的第一步。

图 5—2　IP 数码传真机

2. 传真机的操作方法

不同类型的传真机除了操作控制面板、电路结构和外形不同外，通常它们的操作步骤也不一样，所以各种传真机的使用，均应按其使用说明书进行。现将传真机的一般操作方法概括如下。

（1）传真准备。

● 调整传真机的工作状态。在传真通信前要根据发文要求和传输信道质量对传真机工作状态进行调整。传真机和电话机使用的是同一条电话线路，当开展传真业务时，必须将传真机后板上的"传真/电话"（FAX/TEL）开关，拨向"传真"（FAX）的位置。

当传输信道质量好时，应调整机内开关，使传真机采用 9 600b/s 的高传输速率，并应用自动纠错功能。这样，既可保证通信质量，又可缩短传输时间。当传输信道质量较差时，可选择 4 800b/s 或 2 400b/s 较低的传输速率，是否使用自动纠错功能则视情况而定。若线路质量非常差时，就不应使用。

● 装纸。

❋ 记录纸的幅面必须符合规格要求，纸卷两端不要卡得太紧。

❋ 记录纸卷要卷紧后再安放到机内，运输传真机前要将纸卷取出。

❋ 注意记录纸的正反。纸的正面应对着感热记录头（没有经验的操作者可在纸的两面划几下，有划痕的一面为正面）。

● 原稿。若传输不符合要求的原稿，传真过程中会出现卡纸。凡出现下列情况之一的原稿都不能使用：

※ 大于技术规格规定的最大幅面的原稿。

※ 纸张厚度大于 0.15 毫米或小于 0.06 毫米的原稿。

※ 纸上有大头针、曲别针或其他硬物的原稿。

● 放置文件。

※ 一次放置的文件页数不能超过规定页数。

※ 文件正反面应按要求放置。

※ 文件顶端要推进到能够启动自动输纸机关的地方。

※ 送多页文件时，两侧要排列整齐，靠近导纸板，前端要摆成楔形。

(2) 试运行。通常采用复印（COPY）方式，检查传真机是否能够正常工作。因为传真机的复印过程实际上是自发自收，若复印出的文件图像正常，就表明机器的各种技术性能也基本正常。反之，说明传真机有故障，需要修理。复印的具体操作步骤如下：

● 接通电源开关，观察液晶显示屏是否出现“准备好”（READY），或检查指示灯亮否，若处于 READY 状态或指示灯亮，则表明机器可以发送或接收。

● 将欲复印的原稿字面朝下放在引导板上。

● 选择扫描线密度的档次。一般置于“精细”级，此档的主扫描线密度为 8 线/毫米，副扫描线密度为 7.7 线/毫米。也可选择“标准”级或“超精细”级，不管选用哪个档次均有液晶显示或指示灯显示。

● 原稿灰度调整。当原稿图文颜色较深时，将“原稿深浅”键置于“浅色”位置；若图文颜色较淡时，就将该键调至“深色”位置。

● 最后按复印键。

(3) 发送方式。

● 发送文件前不通话的操作步骤如下：

※ 检查机器是否处于“准备好”（READY）状态。

※ 放置好要发送的原稿。

※ 摘取话机手柄，拨对方号码，并监听对方的应答信号（长鸣声）。

※ 按启动键（START），这时发送指示灯或液晶显示“TRANSMIT”，表明机器开始送文件。

※ 挂上话机，等待发送结束并收取对方记录报告。

※ 根据报告上的差错情况，再进行重发，直至全部无误为止。

● 发送文件前需要通话的操作步骤如下。

※ 检查机器是否处于“准备好”（READY）状态。

※ 放置好发送原稿。

※ 选择扫描线密度和对比度。

※ 摘取话机手柄，拨对方号码，并等待对方回答。

※ 双方通话。

※ 通话结束后，由收方先按启动键。

※ 当听到收方的应答信号时，发方按启动键，开始发送文件。

※ 挂上话机，等待发送结束。若发送出现差错，则应重发，直至收方正确接收为止。

● 发送操作时的注意事项：

※ 若按下“停止”（STOP）键时，发送马上停止，此时不能强行抽出卡在传真机中的原稿，只能掀开盖板取出。

※ 在发送期间，也不允许强行抽出原稿，否则会损坏机器和原稿。

※ 当出现原稿阻塞时，要先按“停止”（STOP）键，然后掀开盖板，小心取出原稿。若原稿出现破损，一定要将残片取出，否则将影响机器的正常工作。

※ 若听到对方的回铃音，而听不到机器的应答信号时，不要按启动键，应打电话问明情况后再作处理。

（4）接收方式。

● 自动接收。具有自动接收功能的传真机才能按此方式操作。在接收前首先要检查接收机内是否有记录纸，各显示灯或液晶显示是否正常，只有当接收机处于“准备好”状态才能接收。自动接收时，无须操作人员在场。过程如下：

※ 电话振铃一次，机器自动启动，液晶显示“RECEIVE”接收状态或接收指示灯亮，表示接收开始。

※ 接收结束，液晶显示“RECEIVE”消失或接收指示灯熄灭。

※ 机器自动回到“准备好”（READY）状态。

● 人工接收。

※ 使机器处于“准备好”（READY）状态。

※ 当电话振铃后，拿起话机与对方通话。

※ 通话结束，按发方要求，按启动键（START），开始接收。

※ 挂上话机。

※ 若接收出现差错或质量不好时，可与对方联络，要求重发，直至满意为止。

（5）解决“卡纸”问题。“卡纸”是传真机易出现的故障，解决的方法如下：

※ 定期保养。定期进行全面的清洁保养，可以减少“卡纸”率。

※ 选好纸张。对于普通纸传真来说，纸张的好坏对传真机的“卡纸”率及其使用寿命都会产生至关重要的影响。

※ 不选用同一包纸内厚薄不均，尺寸不一，甚至有缺损的传真纸。

※ 不选用边缘有毛茬的传真纸。

※ 不选用纸毛太多的传真纸。在干净的桌面上抖过后会留下一层白屑，说明纸毛太多，质量低劣，会影响机器内部清洁，加速机件磨损等。

※ 一旦发生“卡纸”现象，在取纸时只可扳动传真机说明书上允许动的部件，不要盲目拉扯上盖；尽可能一次将整纸取出，不要把破碎的纸片留在机器内。

3. 秘书如何收发传真

（1）发出传真。发出传真除了要熟悉其发送方法外，还要注意：

● 拟写文稿。发出的传真，除了一些有原来格式的文件，如发票、照片、公文等外，一般需临时拟写传真文稿，如果是传真业务比较多的组织，可制作专门的传真文件表，使用时只填上相关内容则可（见表 5—2）。

表 5—2　　传真文件表示例

×××（单位名称）传真文件

××传字〔2005〕××号

收件人		传真号码		电话号码	
收件单位					
发送人		传真号码		电话号码	
发送单位					
地址				邮编	
发送日期	年　月　日　时　分			归档号	
文件名称				总页数	
传真内容					

表 5—2 中，上方的编号，可参照公文发文字号的编写方法，即“机关代字＋年份＋流水号”，也可采用其他方法。书写“传真内容”应简明扼要，书写时字迹应清楚端正，并且使用深色墨水。如果打印，字号不要小于 4 号。如果传真内容过多，可另纸书写或打印，但必须加以说明，并且使用 A4 纸。

● 登记。传真管理，要建立收发登记制度。秘书可制作专门的传真收发登记本，进行登记，以便日后查看。传真接收登记表的制作如表 5—3 所示。

表 5—3　　传真发送登记表

编号	发送时间	发送人	文件名称	收件单位及传真号码	收件人	密级	急度	承办人	归档号	备注

● 归档。如果是重要的文件，应加以编号并妥善保存，年底立卷归档。

（2）接收传真。

● 登记。接收传真有人工和自动两种方法，有自动接收功能的传真机通过设置，当有传真传入时能自动接收；如果一条电话线上连接电话机和传真机两个终端，而且电话比较忙碌，那么传真可采用人工接收的方法。秘书可根据办公条件采用相应的方法并熟悉相关设备和方法的操作。此外，传真接收管理和发送一样，也要建立登记制度。传真接收登记表的制作如表 5—4 所示。

表 5—4　　传真接收登记表

序号	收文时间	收件人	文件名称	发文单位及传真号码	急度	密级	接文人	领取人	归档号	备注

● 处理。秘书收到传真后，属于自己职责范围之内的应尽快处理；如果是他人传真，应尽快通知收件人，并请领取人在领取时签字，尤其是紧急和有密级要求的传真，更要认真对待，确保传真能得到快速高效的处理。

4. 传真机常见故障及处理

故障1：显示“CHECK PAPER SIZE”，出现“卡纸”。

分析处理：复印或接收多张传真机稿件，打印出一张后，显示“CHECK PAPER SIZE”，出现“卡纸”，做全清等常规调试及更换所有电路板均无效，检查记录纸边缘传感器，发现其动作不够灵活，当传感器拨杆到达一定位置时卡住不能复位，拆下其主件，稍微打磨拨杆的轴部，并加上润滑液，逐一恢复正常。

故障2：复印或接收文件中有一条或数条竖白线。

分析处理：通常是热敏头断丝或沾有污物。传真机有专门测试热敏头的程序，若有断丝，则应更换相同型号的热敏头。若有污物可用棉球清除。一般情况下，断一条丝不会影响使用。

故障3：不能自动进稿。

分析处理：(1) 进稿器部分有异物阻塞，原稿位置扫描传感器失效，进纸滚轴间隙过大等。(2) 检查发送电机是否转动，如不转动则须检查与电机有关的电路及电机本身是否损坏。

故障4：记录纸输送走斜。

分析处理：(1) 更换托纸盘，看是否转动灵活。(2) 排纸滚两端是否均匀地与记录纸导轨接触。(3) 感热头与记录纸接触是否良好。

故障5：传真机接通电源后，报警声响个不停。

分析处理：出现报警声通常是主电路板检测到整机有异常情况，可按下列步骤处理：(1) 检查纸仓里是否有记录纸，且记录纸是否放置到位。(2) 纸仓盖、前盖等是否打开或合上时不到位。(3) 各个传感器是否完好。(4) 主控板是否有短路等异常情况。

故障6：开机后液晶显示器无任何显示，电源指示灯也不亮。

分析处理：(1) 首先应检查电源保险丝是否烧毁。(2) 电源至主板的连接线是否插好。(3) 如各组电压正常，线路也连接完好，则有可能是液晶显示器本身损坏或者是主板有故障。

故障7：复印、发送文件中有一条（或几条）竖黑线。

分析处理：采用线状电耦合器件（CCD）的机器一般为反射镜头上有脏物；采用接触式图像传感器（CIS）的机器是其透光玻璃上有脏物。出现这种情况用棉球或软布蘸酒精擦干净即可。

5.2.3 打印机的使用和管理

打印机是最常见的输出设备，它执行计算机的打印指令。因此使用打印机必须在计算机中进行安装，并使打印机处于一种准备打印的状态。目前常用的打印机有针式打印机、喷墨打印机、激光打印机等多种，其中大多数只以一种颜色打印，但也有一些支持彩色打印，它们都属于以点阵方式执行输出功能的设备。

1. 针式打印机

目前针式打印机市场出现强势增长，与激光和喷墨打印机继续保持三足鼎立之势。进入 2011 年，由于国家深化税制改革，要求各企事业单位采用机打发票，针式打印机广泛进入各行各业的财务的一体化打印应用中，并逐渐取代宽行滚筒打印机，成为针式打印机市场的新主流。

针式打印机购置成本便宜、耗材成本低廉、不怕“折腾”、能实现多层拷贝打印。宽行平推针式打印机不仅同样可以实现报表打印，而且特别擅长各类票据的打印。在结构设计上，滚筒针式打印机采用立式设计，打印针水平横向打印在滚动的橡胶辊上；而平推针式打印机则采用了卧式结构设计，打印头垂直于水平的打印辊，打印针垂直作业，这种设计不仅使得打印机在打印作业时不易移位、震动，而且能够有效地保护打印针，所以在稳定性、可靠性上要远远高于滚筒打印机。

在应用技术上，和滚筒针式打印机相比，平推针式打印机进出纸方式更多，而且往往集成了自动测厚、自动巡边、自动纸斜检测等先进的自动化技术。平推针式打印机输纸路径平进、平出，进退自如，打印介质能够畅通自如地输入却不会出现卡纸和折皱现象，因而可以在从名片纸、标签纸、明信片等较厚的纸张到容易起皱的蜡纸上打印。同时，平推针式打印机走纸还使进退纸速度更快，提高了业务处理速度。

2. 喷墨打印机

喷墨打印机是采用数字信号控制喷头喷射细小墨滴到打印纸上形成打印点来完成打印输出功能的。在喷墨打印机的技术中，问题主要集中在如何提供出很小的墨水滴并加速墨水滴的喷射速度，如何准确控制墨水滴落到打印纸上的位置，如何处理墨水的循环流动和过滤。解决以上问题有许多种不同的方案，从而也就有了以不同原理工作的喷墨打印机，下面介绍其中常用的一种喷墨打印机。

喷墨打印机在打印过程中，墨水滴是由喷墨头连续射的。墨水在墨水泵的高压作用下进入喷墨头，可以通过喷嘴射出一束极细的高速射流，射流的速度取决于墨水泵的压力。在喷墨头后部有压电陶瓷，它会在高频振荡器的作用下产生伸缩，从而可以使这束高速射流断裂成均匀的墨水滴射流。

喷墨打印机的主要技术指标是印字质量和印字速度，印字质量用分辨率表示，即单位长度上打印点的数目，例如 70 点/厘米、92 点/厘米或 140 点/厘米，印字速度用每秒打印的字符数表示，例如 250 字符/秒～750 字符/秒。

喷墨打印机有单色打印与彩色打印两种类型。理论上，任何一种颜色都可以用三种基本颜料按一定比例混合得到。这三种颜色是青色（cyan）、品红（magenta）和黄色（yellow），通常用 CMY 来表示，称为 CMY 模型。由于用等量的三种基本颜色混合得到的不是完全的黑色，因此在印刷中常加入一种真正的黑色，所以 CMY 实际上是 CMYK。彩色打印就是通过 CMYK 原理，即分别喷射四种颜色，按一定的比例混合出所要求的彩色。喷墨打印机由于打印速度较快，打印质量较高，噪声很低且价格不高等而得到了广泛应用，特别是在支持彩色打印的设备中占有重要地位。

3. 激光打印机

激光打印机是激光技术和电子照相技术相结合的产物（见图 5—3）。它由走纸机构、激光扫描系统、电子照相部件和字形发生器与控制器等几部分组成。

激光扫描系统的功能，是控制激光束能扫描到字形鼓（又称光导鼓）柱面的任何位置，它由激光器、偏转调制器、扫描器和光路系统组成。激光器大部分使用氦氖气体激光器，它提供打印机运行所使用的光源。偏转调制器通常用声光器件（在器件内，用超声波改变媒体对光的衍射特性来改变光线的传播方向）调制激光束的传播方向，扫描器实现激光束沿字形鼓的轴线重复做横向移动，激光束的纵向移动是靠字形鼓的旋转完成的。这样，通过字形鼓的旋转和激光束的水平移动，就可以扫描到字形鼓柱面的任何位置。

电子照相部分的核心部件是字形鼓，又称光导鼓，这是一个圆柱形的物体，柱面高度光洁，镀有一层由硒碲合金组成（P 型光导材料）的具有良好光导特性（光线照射后电阻率将为原来的 1/100 到 1/1 000）的材料，用于完成对打印内容的照相、显影和转印。

图 5—3　激光打印机

5.2.4　数码相机的使用和管理

1. 数码相机

数码相机是数字时代的产物（见图 5—4）。数码相机中的照片可直接传送到计算机中。数码相机可以看作是普通照相机和扫描仪的结合体，按下快门，马上就可以从液晶显示屏上看到照片效果。还可以把照片输入计算机里用 Photoshop 等图像处理软件进行润色，用打印机打印出来。或将它们添入网页中，或通过电子邮件发送到指定的网站，使人们拍摄的照片可以在极短的时间内传向世界各地。

图 5—4　数码相机

（1）数码相机的工作原理。数码相机是光、机、电一体化的产品。大多数的数码相机都使用电荷耦合器件，它是数码相机的心脏。它的前面有一个数字格栅，由快门控制。快门打开后光通过红、绿、蓝三色滤镜，汇聚在电荷耦合器件上，引起电流的变化，这种变化的电流信号反映了拍摄的人像或物体的颜色和亮度信息。电荷耦合器件上的信号转换成为数字图像后被传送到相机的另一块芯片上，该芯片负责把图像转换成相机内部存储格式。比如 JPEG 格式，然后把生成的图像保存在内部存储器中。

数码相机利用快门来激活包含光敏栅格的电荷耦合器件传感器，让影像聚焦成像在感光元件电荷耦合器件上，通过模拟数字转换器（analog to digital converter，ADC）将每个像素上的光学信号转变成数字信号传输给缓存，然后通过数字信号处理（digital signal processor，DSP）读取这些数字信号，并将这些信号中所包含的影像信息存放到存储器中。

（2）数码相机的结构。数码相机的核心部件是电荷耦合器件（charge couple device，CCD）图像传感器。CCD 是数码相机用来感应光线、取代银盐成像的组件，相当于传统相机的胶卷，直接关系到最后相片的分辨率及品质。数码相机的镜头质量非常重要。镜头具有的分辨率水平，与 CCD 芯片的尺寸和像素有着很大的关系。一般的数码相机均采用尺寸较小的芯片，因而要求镜头有非常高的分辨率。图像的数字化存储是数码相机的特色。数码相机有输出功能、即拍即显功能和声音记录功能，有的数码相机还具有摄影功能。

2. 使用数码相机的注意事项

（1）避免过高或过低的温度。极端的温度会给数码相机和电池带来很大的损害。任何时候都不要将相机直接曝晒在太阳下，要确保相机远离灼热的地方。当天气比较寒冷时，要将相机放在一个密封的塑料袋中，塑料袋能起隔温的作用。这样可有效防止温度变化引起的“盗汗”现象和相机压缩现象。

（2）取景要准确。拍摄时，被摄物体最好处在顺光的位置。不过对于数码相机而言，有一个问题是 LCD 屏幕在强光下很难看清楚，因此最好购买一个带有取景器的数码相机。当然，不依赖 LCD 屏幕的另一个好处是减少电池消耗。

（3）在逆光拍摄时使用闪光灯进行补光。要解决逆光拍摄的问题并不难，可打开闪光灯，对被摄物体进行“闪光补充”，闪光灯可照亮物体的表面并削弱天空的亮度。

3. 数码相机的保养

如果保养合理，一台数码相机至少可以拍摄 100 000 张照片。在正常的工作环境下，相机和镜头并不需要过于频繁的清洗，因为在清洗过程中很可能会损坏相机和镜头，但一定要定期检查，及时保养。

（1）清洗相机机身。相机外部可以用一块柔软的棉绒布将尘土清洗干净。打开存储仓和电池仓的挡板，用软刷和吹气球清除尘埃。如果必要的话，用酒精来擦洗相机的金属部分。

（2）清洗镜头。只有在非常必要时才清洗镜头。镜头上的微量尘埃并不会影响图像质量。由于指印对镜头的色料涂层有害，应尽快清除。不用时最好盖上镜头盖，以减少清洗的次数。

清洗镜头时，先使用软刷和吹气球去除尘埃颗粒，然后使用镜头清洗布，滴一小滴清洗液在拭纸上（注意不要将清洗液直接滴在镜头上），并用专用棉纸反复擦拭镜头表面，然后用一块干净的棉纱布擦净镜头，直至镜头干爽为止。如果没有专用的清洗液，可以在镜头表面呵口气，虽然效果不如清洗液，但同样能使镜头干净。应注意务必使用棉纸，而且在擦洗时，不要用力挤压，因为镜头表面有较易受损的涂层。

（3）防热。相机不能直接暴露于高温环境下。不要将相机放在被太阳晒得炙热的汽车里。在室内时，不要把相机放在取暖器旁或其他高温或潮湿的地方。

（4）防寒。因为相机在低温下可能会停止工作，可将相机藏于口袋，让相机保持适宜的温度。在将相机从寒冷区带入温暖区时，往往会有“盗汗”现象发生。解决“盗汗”现象的方法是用报纸或塑料袋将相机包好，直至相机温度升至与室内温度接近时才使用相机。将相机从高温放到低温的地方，还会使相机出现一些收缩现象，虽然肉眼看不出来，但切勿使相机的温度在骤然间变化。

（5）防水、防雾和防沙。为防止相机接触到水、灰尘和沙粒，拍摄结束时，应及时将相机放入相机盒里。在不影响拍摄的情况下，加上一个滤色镜有利于防止雾和压缩情况的出现。

（6）旅行防护。随时用镜头盖保护镜头，小器件和配件用软物隔开，避免碰撞。

（7）相机保藏。将相机保藏在远离灰尘地方，避免受潮，并在保藏前取出电池。

本章小结

本章对办公室常用物品的采购和库存管理、办公设备的使用和保养做了简要介绍。办公室用品采购的一般程序是“提出购买申请—审批，落实经费—招标，选择供应商—签订供货合同—货物入库—支付货款”。办公设备和用品的订购方式通常有直接购买、电话订购、传真订购和因特网服务。办公用品入库后，要进行库存保管。库存保管的关键是要做好库存卡的管理，并及时填写和更新。要掌握库存保管的措施。关于办公设备的使用和管理，本章主要就复印机、打印机、传真机和数码相机的使用和管理作了简单的介绍。这几种设备是一般办公室中必备的，作为办公室工作人员，必须要掌握它们的使用和管理。

关键术语

办公设备　　办公用品　　办公用品采购　　库存保管　　办公用品的使用和管理

复习思考题

1. 办公设备和用品的采购程序是什么？
2. 采购办公设备和用品的方式有哪些？

3. 简述库存控制的作用。
4. 简述静电复印机的使用步骤。
5. 简述传真机的操作方法。
6. 如何保养数码相机？

第6章

会议管理

6.1 会议概述

会议是现代社会生活、政治生活、经济生活中一种经常而广泛的活动形式。组织安排会议，同秘书部门、秘书工作人员的关系极为密切。秘书必须了解会务工作的一般程序和工作方法，并掌握会议服务的操作技巧，使会议举行达到预期的目的。

6.1.1 会议的含义

从词义上讲，“会”，是聚集、会合，“议”是商议、议事，就是讨论和研究问题。会议是人们在法律范围内有组织地聚集在一起，讨论和研究问题的一种社会活动方式。

从历史发展的角度看，人类进入群体社会后，有了相互交往就有了会议。古人说：“议事以制，政乃不迷。”[①] 意思是说通过开会来议论国家大事，就可以不犯个人独断的错误。这是对民主议事的一种颂扬，是就政治性会议而言的。

从信息论的角度看，会议是输入信息、加工信息、输出信息的一种方式。任何会议都有它的具体内容，即信息。没有新的信息，或者不是创造性地研究分析既有的信息，会议就失去了意义，就没有召开的价值。

从系统工程的角度看，领导机关召开会议是一种领导方式。会内工作必须与会外工作配合，会前、会中与会后工作必须结合，才能使会议精神、决议得以贯彻，产生效果。这说明，会议不是孤立的、唯一的、万能的工作方式。

6.1.2 会议的要素

会议要素即会议的组成因素，这些因素可分为两类：一类是基本要素，即所有会议必

① 《尚书·周官》。

有的；另一类是其他要素，即可供选择的，并非为所有会议所共有。

会议基本要素包括：目的、时间、会址、主持者、组织者（也可能同主持者合一）、与会者、事项（议题）、议程、信息（情况、观点、结论、对策等）、会议规则、实现信息有效传递所需要的基本物质条件（会场和其他设施等）。

会议其他要素包括：名称、服务机构、秘书机构、经费、文件材料、专用设备工具、各种消耗性材料等。

6.1.3　会议的种类

会议作为人们从事社会活动或从事各项工作的一种重要手段和方法，其应用十分广泛，因而可以从各种不同角度划分出许多种类型。这里只列举秘书接触较多的会议类型。

1. 根据会议的性质划分

根据会议的不同性质可以将会议划分为决策性会议和非决策性会议这两种基本类型。

（1）决策性会议。决策性会议是指拥有立法权或决策权的领导机关或领导层为了制定和颁布法律、法规、政策，或就某些重大问题进行商讨表决而召开的会议。由于这类会议是研究决定本地区、本部门重大问题的会议，因而是各类会议中最重要的会议。决策性会议主要包括以下几种：

- 代表性会议。即按照法定的程序定期召开的会议。其主要任务是听取与审议有关的工作报告，制定颁布法律、法规、条例，选举产生新一届领导班子等。如各级党代会、人代会、工会代表大会、职代会等。
- 领导办公会议。即按照规定的办公制度定期召开，研究决断日常工作中重大事项的会议。会议的周期、参加人员、会议地点相对固定。如各级领导机关的领导办公会议、常务会议、董事会议、厂长经理办公会议等。

（2）非决策性会议。非决策性会议是指不产生需要贯彻执行的政策、法律及法规的会议。因而除决策性会议以外，各种类型的会议都可以称为非决策性会议。非决策性会议大致可分以下几种：

- 日常工作会议。亦可称执行性会议。主要指根据上级有关法律、法规、政策，研究本单位、本部门如何贯彻执行的具体工作方案、步骤与方法的会议，如各种例行的工作会议、联席会议等。
- 专业性会议。即为解决工作中的某些专门问题或专业技术问题而召开的会议，如教育工作会议、生产经营性会议、可行性论证会议以及各种学术性会议等。
- 庆典性会议。即指为了纪念重大历史事件或人物，或为庆祝重要的节日、纪念日而召开的会议，也包括联欢会、茶话会等。
- 总结交流性会议。即在某项工作进行到某一阶段或者宣告结束之后，有关领导机关为总结工作、评比表彰先进、交流经验而召开的会议。
- 座谈恳谈性会议。即为了发扬民主，听取各方面意见，或交流与沟通思想而召开的会议。
- 洽谈、谈判性会议。主要指为进行商业贸易或工程招标等经济活动，围绕合同、协议等有关事项召开的商讨性会议。

2. 依据会议的形式划分

根据会议的召开形式可分为多种类型。

（1）工作会议。工作会议是处在特定管理层次的管理人员就职权范围之内的工作问题，按照民主集中制原则，共同商讨、互通情况、作出决定的会议。常见的部务会、厅务会及各种形式的办公会均属这种类型。

（2）座谈会议。由特定的组织或个人出面就某一或某些问题召集有关人员进行征询和交流意见的会议。

（3）恳谈会。在融洽宽松的气氛中，以增进与会人员之间的了解和理解为目的，以诚恳和无拘束地交谈为表现方式的会议。这种会议也被称为谈心会。

（4）动员会。为开展一项重要和较大规模的工作或活动而进行鼓动、布置的大会。

（5）现场会。选择有助于说明会议主题、强化会议效果的现场作为会址而举行的会议。

（6）研讨会。旨在就某些政治、思想、政策、理论等方面的问题进行研究讨论的会议。

（7）记者招待会。政府部门、企事业单位、社会团体的代表（或以个人名义）以现场回答记者提问的形式，或直接向记者发布有关新闻的形式而召开的会议。召开记者招待会有两种目的：一种是有关部门为发布某一重要工作、重大事件或热点问题的新闻而举行；另一种旨在与新闻媒介进行沟通。

（8）听证会。立法或行政机构在自己的职权范围内接受、要求并听取有关人员或团体组织的代表就特定问题作出公开或秘密陈述并进行作证的会议。

（9）联席会议。由若干平等单位或相互没有隶属关系的单位，为共同完成某项任务，联合开展某项活动或共同协商一些与各方面利害攸关的问题而联合举行的一种会议。此类会议通常有一个由各方推举的牵头单位负责会议的召集和组织。

（10）董事会。特定企业或经济组织的董事会成员在讨论决定本企业或经济组织的重大问题时所召开的会议。

3. 根据会议的规模划分

会议的规模主要指参加会议的人数多少，有时也包含会期的长短。依据这一标准可以将会议分为以下几种类型。

（1）小型会议。小型会议一般指参加会议的人数少则几人，多则几十人或百人以下的会议。如领导办公会议、例行工作会议、座谈会、洽谈会等。

（2）中型会议。中型会议一般指参加会议人数大约在百人以上千人以下的会议。如有的代表会、中等规模单位的全体会、经验交流会、专业性会议、学术交流会、酒会、招待会等。

（3）大型会议。大型会议一般指参加会议的人数在千人以上万人以下的会议。如代表大会、评比表彰会、各种大型庆典会、博览会、交易会等。

（4）特大型会议。特大型会议指参加会议人数一般在万人以上的会议。如大型节日集会、庆祝大会等。

4. 根据会议所跨的地域范围划分

会议所跨地域范围一方面是指会议的内容涉及的地区范围，另一方面是指参加会议的人来自不同的地区或国家。根据会议所跨地域范围可以将会议划分为以下几种类型：

（1）国际性会议。国际性会议是指会议的内容涉及不同国家和地区，参加会议的人来自不同国家与地区的会议。

（2）全国性会议。全国性会议是指参加会议的人来自全国各个地区，会议内容涉及全国性问题的会议。

（3）地区性会议。地区性会议一般是指省、市、县或企事业单位召开的各种工作会议、代表会议等。

（4）部门会议。部门会议也称为局部会议，指某个机关、企业、事业单位召开的内部会议。

除以上划分外，会议类型还可以从保密角度划分为公开性会议、秘密性会议；从会议召开的载体上可划分为常规性会议、电视电话会议、网络会议等。

6.1.4　会议的功能

会议之所以被人们广泛使用，当然主要在于它的有利作用，即它的功能。会议的功能是具体的、多方面的，但最本质的功能在于它能以多向即时传递信息的方式，有效地聚合分散的意志和智慧，深化或统一认识，沟通感情，处理事务。对会议的上述功能我们可以这样理解：

1. 实现信息的多向即时传递

会议可以在同一时刻能在众人当中进行即刻反馈的信息沟通。其优势是：可以使信息沟通快捷方便，不必“一对一”逐个进行，能同时向多方面传播信息，而且各方能即刻做出反应，节约时间，有较高的沟通效率；信息传递过程更可靠，信息失真度低，因为即刻的反馈可以及时消除误解；面对面交流，可借助情感力量和心理因素提高沟通效果。

2. 有效聚集集体的智慧和力量

集体的智慧和力量要远远高于、大于个体智慧和力量的总和，但这里要有一个必不可少的条件，就是必须将个体聚合成一个整体，而会议正可以达到这种效果。

3. 发扬民主，密切干群关系

会议就是要通过与会的干部和群众之间双向沟通，最终达成一个大部分人都能接受的方案，从而达到干群关系的和谐。

4. 统一思想，推动工作

会议的功能使其具备了其他信息交流工具、其他工作方式所没有或所不足的优势，它特别适用于深化或统一人们的认识，沟通感情，处理事务。在处理事务方面，特别适用于形成决策，指导或布置工作，协调关系，互通情况，联络感情，实现信息近距离多向传递等。

6.2　会前筹备

会前筹备工作主要包括：制定会议计划，会前物品准备工作（如制发会议通知、准备会议文件和用品、会场布置、安排住宿和餐饮）。

6.2.1 会议方案的制定

制定会议方案首先应明确会议的目的和任务，确定会议的名称、出席对象、主持人、规模、规格、召开时间、需用时间、地点、议程、经费预算、会议的工作人员和服务人员（必要时成立筹备组、临时秘书处等）等。

1. 安排会议主题或议题

会议主题是会议要讨论的主要问题和要议定的事项。它决定着会议的性质和方向，是会议目标的体现。议题是对会议主题的细化，是由上司决定的。确定主题的方法主要有：一是要有确实的依据；二是必须要结合本单位的实际；三是要有明确的目的。提出议题有两种情况：一是由上司提出；二是上司提出会议的目标和要求，由秘书部门向所属单位征求意见，经筛选整理后，报上司审定。会议的议题无论是上司提出的，还是由秘书部门征求意见整理的，都应建立在调查研究、实事求是的基础上，尽量避免主观性和片面性，使其科学合理，具有强烈的针对性。

2. 确定会议名称、规模和规格，提出与会人员范围或人员名单

（1）确定会议名称。有些会议的名称是固定的，如代表会议、办公会议等；有些会议的名称则是不固定的。会议名称应当根据会议的议题或主题来确定，即要名副其实。会议的名称一般由以下几个部分组成：

- 会议主办单位的名称。
- 会议的主题。
- 会议的类型。

例如：“××集团公司经贸洽谈会”这个名称，其中“××集团公司”是会议主办单位的名称，“经贸”是会议的内容或主题，“洽谈会”是会议的类型。另外，有的会议名称还可以包括时间和范围等因素。例如“××集团公司×年全体员工总结大会”，其中“×年”是会议内容针对的时间；“全体员工”是会议的范围，“总结大会”表明了会议的类型。会议名称要用精练的文字高度概括出会议的主题，使人一目了然。

（2）确定会议的规模和规格。会议规模与规格的确定依据是会议的内容或议题。内容和议题需要多大的规模就应设定多大的规模。同时，应当本着精简效能的原则来确定会议的规模与规格，即中、小规模，中、低档次的规格能够解决问题的，尽量不使用大规模和高规格。

（3）提出与会人员范围或人员名单。在确定会议规模与规格的基础上，提出与会人员范围或人员名单。这就是说，多大规模、何种规格档次的会议应当由何种层级或何种身份的人参加。这里所说的层级，一般指参加会议人员的级别、地位；这里所说的身份，并不完全在于某人职位级别的高低，而是在于会议的需要。目前，社会上有些单位办会，动不动请上一大堆“名人”，其实与会议的内容毫不相关，只是想借“名人”提高企业的知名度。这样做虽然可能会引起一时轰动，但增加了成本，很可能造成不必要的浪费。还有个别单位和地区，存在着“陪会”现象，即应该一位领导出席会议，但实际上却带着秘书、司机、家属等一行人，不仅给会议主办单位造成很大压力，更给与会者单位造成了不必要的经济负担。因此，在拟订会议范围或人员名单时，应尽量避免类似情况的出现，将真正应当参加会议的人员列入名单，无关人员应排除在外。

3. 拟订会议的时间与会期

（1）提出会议召开的时间。召开会议的时间，应当在会议议题确定下来之后确定，原则上应尽量赶早不赶晚。但也要注意以下几点：

- 要根据会议的主持人或主办会议单位的主要上司及被邀请的主要上司或贵宾是否能够出席会议来确定时间。
- 主要上司出差、旅行的当天或返回的当天最好不要召开会议，紧急会议可以除外。
- 会见、会谈性会议，应当事先同主、宾双方商议之后，再确定会议召开的时间。

（2）确定会期。会期是指召开会议时间的长短。确定会期应当与会议的内容紧密联系。即内容多，议题复杂，需要与会人员充分发表意见的会议，会期可长一些，反之可短些。确定会期也应当遵循精简效能的原则，尽量开短会。为此，可以采取限定发言时间的做法，以提高会议的效率。

4. 拟订会议的议程与日程安排

（1）会议议程的拟订。拟订会议议程应当简明概略。会议议程的主要内容有以下几点：

● 标题。由会议名称加上“议程”二字组成。例如“××公司表彰大会议程”。

● 题注。法定性会议议程应当在标题下方说明该议程通过的日期、会议名称，题注的内容要用括弧，例如，“（2007 年 3 月 26 日第三届全厂职工代表大会第三次预备会议通过）”。一般性会议用括弧注明会议的起讫日期，例如，“（2007 年 3 月 26 日～3 月 29 日）”。

● 正文。简明扼要地说明会议的每项议题和活动的顺序，并冠以序号，将其清晰地表达出来，名末一般不用标点。

××市管理协会技术训练专题研讨会议程

一、专题报告：《当代发达国家经营技术训练情况与发展趋势》
二、销售与服务训练演示
三、座谈讨论
四、大会交流

××市管理协会技术训练中心秘书处
二〇〇七年×月×日

（2）会议日程的安排。会议日程是指会议议程在时间上的具体安排。会议日程多采用表格式，将会议议程分别固定在会议期间每天上午、下午、晚上三个单元里，使与会者一目了然地看清日程安排，以便按统一的规定参加会议的各项活动。因此，拟订会议日程要明确具体，并准确无误。日程安排大体包括时间（可具体到小时和分钟）、内容、地点三大要素，有的还要写明活动的主持人（或负责人）等。

××公司提高企业核心竞争力研讨会日程表

日期	时间		内容安排	地点	参加人	负责人	备注
6月18日	上午	8：30	报到	会议大厅	全体	黄秘书	
		9:00—10:00	总经理讲话	小会议厅	全体		
		10:20—11:50	公司顾问讲座	小会议厅	全体	刘秘书	投影仪
		12:00	午餐	宾馆餐厅	全体	钟秘书	自助餐
	下午	1:30—4:00	李副总经理专题报告	小会议室	全体		
		4:20—5:30	人力资源总监发言	小会议室	全体		
	晚上	6:00	晚餐	宾馆餐厅	全体		
		7:30	联欢	娱乐中心	全体		
6月19日	上午	7:30	早餐	宾馆餐厅	全体		
		9:00—10:30	分组讨论	小会议厅	全体		
		10:40—11:40	分组讨论	小会议厅	全体		
		12:00	午餐	宾馆餐厅	全体		
	下午	1:30—3:00	分组讨论	小会议厅	全体		
		3:20—5:00	各组代表发言	小会议厅	全体		
		5:20—7:20	聚餐	宾馆餐厅	全体		
		8:00	离会				

5. 会议经费项目预算

根据会议的日程安排和会议规模编制会议预算。会议预算一般包括以下几项内容：

- 会议费：场地租金、茶水费、设备租金等。
- 培训费：专家的讲课酬金。
- 资料费：包括文具费和资料印制等费用。
- 食宿费。
- 交通费。
- 其他。

在预算时，应坚持节约原则，精打细算，减少开支，严格遵守有关规定，不任意提高开支标准。

6. 其他事项

（1）落实食宿，安排交通，作好卫生保健工作。

（2）制作会议证件。会议证件包括：代表证、出席证、列席证、工作证、记者证等。这些证件都应事先印制好，以便及时发给与会者和工作人员。

（3）制定会议的值班工作与保密工作方案。

（4）成立会议的筹备组织。大中型会议的组织和管理工作，单靠一两个人是无法完成的，必须成立相应的会务组织机构。一般来说，会务组织筹备机构称作秘书处，包括几个小组，各组分工明确，互相协调，既要牢记本岗位职责，做好本职工作，又要顾全大局，做好面上的工作。会务工作机构结构图如图 6—1 所示。

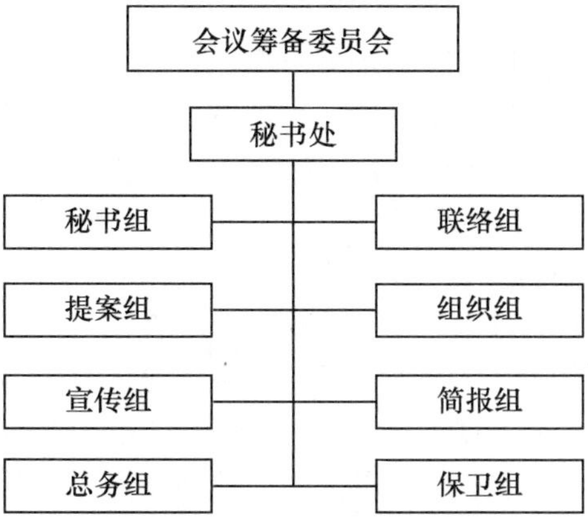

图 6—1　会务工作机构结构图

- 秘书组，主要负责各种会议文件的准备、起草、印发、清退、立卷归档工作。并负责会议通知和组织工作，负责报到、编排会议议程、日程及分组、安排座次等事项。
- 提案组。主要负责受理会议期间与会者提出的各种提案和议案。
- 宣传组。主要负责会议的对外宣传工作，包括：制定会议的宣传与公关工作计划并组织实施；组织、安排、协调记者的采访活动，统一向媒体提供会议的宣传与公关工作计划并组织实施；组织、安排、协调记者的采访活动，统一向媒体提供会议的新闻稿，承办新闻发布会或记者招待会，负责会议音像资料的录制和管理工作等。
- 总务组。又称后勤接待组，主要负责会议的接站、报到、签到、票务、食宿、参观游览、文娱活动、车辆调度、会场安排与布置、设备保障、用品发放与管理、经费预算与筹措、财务管理、现场急救等方面的工作。
- 联络组。主要负责会议期间的联络工作。
- 组织组。主要承办代表资格审查工作和选举方面工作。起草代表资格审查报告和选举办法，编制代表名册、选举程序，设计和印制选票，印发候选人情况介绍或简历等。
- 简报组。负责小组讨论时委员发言的记录和简报、快报的编写、印发；受理委员反映的意见、建议；受理委员和人民群众来信。
- 保卫组。主要负责会议期间的安全保卫工作。

“时装秀”方案

某服装集团为了开拓夏季服装市场，拟召开一个服装展示会，推出一批夏季新款时装。秘书小李拟了一个方案，内容如下：

1. 会议名称：“2011××服装集团夏季时装秀”。

2. 参加会议人员：上级主管部门领导 2 人；行业协会代表 3 人；全国大中型商场总经理或业务经理以及其他客户约 150 人；主办方领导及工作人员 20 名。另请模特公司服装表演队若干人。

3. 会议主持人：××集团公司负责销售工作的副总经理。

4. 会议时间：2002 年 5 月 18 日上午 9 点 30 至 11 点。

5. 会议程序：来宾签到，发调查表；展示会开幕、上级领导讲话；时装表演；展示活动闭幕、收调查表，发纪念品。

6. 会议文件：会议通知、邀请函、请柬，签到表、产品意见调查表，服装集团产品介绍资料，订货意向书、购销合同。

7. 会址：服装集团小礼堂。

8. 会场布置：蓝色背景帷幕，中心悬挂服装品牌标识，上方悬挂展示会标题横幅。搭设T形服装表演台，安排来宾围绕就座。会场外悬挂大型彩色气球及广告条幅。

9. 会议用品：纸、笔等文具，饮料，照明灯、音响设备、背景音乐资料，足够的椅子，纪念品（每人发××服装集团生产的T恤衫1件）。

10. 会务工作：安排提前来的外地来宾在市中心花园大酒店报到、住宿。安排交通车接送来宾。展示会后安排工作午餐。

思考题：

小李的会议方案有无需改进的地方？

6.2.2 会前物品准备

1. 会议文件准备

会议文件的准备是会议召开前准备工作的一项重要内容，需要秘书人员认真、仔细、周到地加以安排。对于秘书而言，会议文件的准备一般包括以下几方面内容：

（1）做好文件的印制或复制工作。秘书参与印制或复制的文件种类大致包括：

- 会议的程序性文件，如会议议程与日程安排表、会议时间安排表、选举程序及表决程序安排表等。
- 会议的中心文件，如领导人讲话稿、代表发言材料、经验介绍材料等。
- 指导性文件，如有关的法律、法规、政策等。
- 参考性文件，如统计报表、技术资料等。
- 会议管理性文件，如会议通知、证件、作息安排表及会议须知等。

（2）认真校对会议文件。文件校对工作实际上是文件印制工作的一个重要环节。文件的校对是一件非常细致的工作，要求杜绝差错，切实保证文件正文文字准确。校对时还应同时检查文件结构的各个组成部分、各种标记及文件的格式有无错误。因此，要求秘书在校对文件时要严肃认真，耐心细致，一丝不苟。唯有如此，才能把住会议文件的文字关，确保文件的质量。

（3）做好会议文件的分发工作。有些会议文件需要在会议召开之前发给与会者，有些则在会议召开时分发。但无论何时分发，都应尽量提前做好文件分发的准备工作。

2. 制发会议通知

（1）会议通知的分类。会议通知按形式分为口头通知和书面通知；按通知的行为方式分为当面通知、电话通知、电报（明码电报）通知、墙报通知、报纸通知、广播通知、电视通知等；按作用分为预告性通知和正式通知。会议邀请函、请柬也是会议通知的书面形式。

(2) 制发会议通知的要求。会议通知都应按规定办理，没有规定时，应依照惯例和具体情况办理。如果应该被通知的人没有接到通知，他可以提出这次会议没有按照法定程序办理，而否认会议的效力。有的国家一些公司的股东会议，常有因此而发生诉讼的。接到通知的人不参加会议，是他自己放弃权利，但是组织者不发通知或通知有错误，就是组织者的责任。有些单位内部所发的书面通知，要求当事人签名，当事人不在，请别人代为通知，也要求通知人签名，事后通知人要追踪落实。

在发送会议通知时应认真确定与会人员的范围，保证为确定的每一位与会者发送会议通知；通知的封筒上应准确标明与会者的详细地址、工作单位、姓名等，并在显著位置上醒目地标出“会议通知”字样；可将会议中使用的有关票证（入场券、代表证、座次号、编组名单以及就餐证、乘车证等）与会议通知一并发送；必要时，在通知送出之后以电话等方式同与会人员取得联系，落实对方是否收到通知、是否能与会等项内容。发书面会议通知需要掌握如下几个方面的技巧：

- 写信封要写清收文单位的地址和单位全称，以及收信人姓名。特别要注意的是，单位名称不要任意简化，例如，收文单位是“京华外贸公司”，不能简化成“京华公司”。如果随意简化，就容易使人误解和错发。
- 装通知的信封写好后，要装入会议通知，并在封口之前仔细检查一遍．不要漏装。
- 通知装入信封后，要逐个将信皮封贴起来，防止失落。
- 将名单与信封进行核对，防止遗漏或重复。
- 信封送到收发室时要进行清点，请收发人员打上编号，以备查询。

(3) 会议通知的发送。

● 发送形式。

- 正式通知。为了规范公司的管理及运作，除了非正式会议和每日例会之外的所有会议，均应正式打印会议通知，再通过书面形式或电子邮件形式传递到有关人员，以示正规和郑重。
- 非正式通知。非正式会议，可采用非正式通知，如先发传真或打电话，随后再寄备忘录或信函。也可先发电子邮件，再通过电话或回复电子邮件确认。

一些会议（如股东会议）在发送通知时应按规定的会议规则行事。发通知的同时应附上一份代理委托书。其他类型的会议如无法出席，也应在必要时授权代理，以保证通过决议时有所需的法定人数。

● 发送内容。

- 如果有预备议程、事先需准备的材料或其他需让与会者事先了解的情况，应与会议通知一并寄发一份。
- 需要回复的会议通知或预备通知还可夹入一张明信片，上面应有邮编、电话、发信人姓名，以便对方有时间考虑并能及时回复。上面应注明本公司地址。
- 可将会中使用的有关票证（入场券、代表证、汽车通行证、座次号、编组名单、就餐证和乘车证等）与会议通知一并发出。
- 如果某些与会者对会议地址不熟悉，应附加一份说明或回执单，要求与会者告知具体的到达和返程日期，并标明到达会址的汽车、火车等交通工具线路。

（4）会议通知和委托书的样式。会议通知的内容应包括：被通知部门、被通知人员的姓名及职务、通知事由、会议时间、会议召开地点、会议出席对象或范围、会议程序、议事内容、注意事项、公司全称、通知部门、通知者姓名和职务、通知日期。会议通知格式多样，这里介绍常用的两种格式：便函式和卡片式，具体可参考下面两个案例。

便函式

会议通知

兹定于2007年7月25日上午11:00，在燕都宾馆会议室举行各分公司经理的圆桌会议，下午12:15分将有午餐供应。假如您不能参加，请在7月24日之前打电话××××××××告知。

附上一份议事日程。除此之外，您还将得到一张令人满意的旅行指导地图和一份便于在宾馆旁停放车辆的说明。

欢迎您来出席我们团体的这个重要的计划会议。

附件：议事日程

地图

××集团

二〇〇七年七月二十日

会议回执

请于12月1日以前将回执寄回××路××号。

□我准备参加此次会议。

□我将届时赴会，并带□名宾客来。

□我不能参加此次会议。

卡片式

部门经理会议

目的：讨论公司下一年度市场营销计划

时间：2007年6月18日上午9:00

地点：公司第一会议室

如您无法出席，请于6月10日前电话告知苏丽。电话号码：××××××××

部分会议需与通知一起寄出会议委托书和会议回执。会议回执格式见便函式案例，会议委托书样式如下：

会议委托书

委托书

兹任命（人名）和（人名）作为我的代理人参加（日期）（时间）在（地点）举行的（公司名）股东会议。他们均为本公司的高层管理人员或部门经理。不管此次会议如期还是延期召开，他们都将作为我的全权代表，行使我出席会议时所拥有的全部权利。

生效日期：
签名（股东签字）：
地址：
邮编：

（5）发会议通知应注意的事项。

- 对拟任免、调动的人员发通知时要特别注意，不能把准备调动但尚未调动的人的通知发错单位。
- 一般的会议只发一次正式通知，有些会议需要发预备通知，其常用于与会人需做大量会前准备工作，如准备发言材料或方案的会议。
- 对于一些区域性、全国性乃至国际性会议，需要安排与会人员食宿和回程的，还要在发送会议通知的同时附上会议通知回执，以便会务人员安排接站和订购车、船、机票。
- 发会议邀请函和请柬的方法与发送会议通知基本相同。
- 会议期间的通知要贴在醒目处，一定要写清会议的详细场所，最好在会上宣布或在饭前通知，否则很难通知到所有与会者。

请柬发出之后

某机关定于某月某日在单位礼堂召开总结表彰大会，发了请柬邀请有关部门的领导光临，在请柬上把开会的时间、地点写得一清二楚。

接到请柬的几位部门领导很积极，提前来到礼堂开会。一看会场布置不像是开表彰会的样子，经询问礼堂负责人才知道，今天上午礼堂开报告会，某机关的总结表彰会改换地点了。几位领导同志感到莫名其妙，个个都很生气，改地点了为什么不重新通知？一气之下，都回去了。

事后，会议主办机关的领导才解释说，因秘书人员工作粗心，在发请柬之前还没有与礼堂负责人取得联系，一相情愿地认为不会有问题，便把会议地点写在请柬上，等开会的前一天下午去联系，才知得礼堂早已租给别的单位用了，只好临时改换会议地点。

但由于邀请单位和人员较多，来不及一一通知，结果造成了上述失误。尽管该领导登门道歉，但造成的不良影响也难以消除。

思考题：

这个案例告诉秘书在会议准备时应注意什么问题呢？

3. 会议用品的准备

（1）会议的必备用品。一般情况下，各种类型会议都需要准备以下种类的物品：

- 文具用品，如纸、笔、本册等。
- 桌椅、台布。
- 饮水用具及茶水饮料等，如暖水瓶、保温桶、水杯、茶叶、果汁等。
- 器材设备，如扩音设备、照明设备、投影仪、录音录像设备等。

（2）会议的特殊用品。不同类型的会议，由于内容不同，对用品的要求和使用也不尽相同。例如，选举性会议需要准备好投票箱、选票等物品；表彰会需要准备好奖品及颁奖时的音乐；接待性会议要准备好迎送客人的交通工具；代表会议和庆典性会议要求准备好会议开始时的国歌等音乐或乐队；专业性会议或咨询性会议应准备好幻灯机、投影仪、录音机、录像机等设备；谈判性会议要准备好签字笔等用具。此外还要根据会议的要求准备好会议的横幅、宣传标语、花卉等物品。

（3）会议用品准备工作的要求。

- 制定会议用品的准备方案。在准备会议用品之前，秘书人员应制定一个周密的方案或者开列一个用品准备清单，将所需物品的名称及数量详细列出。例如，召开选举性会议，应当考虑到填写选票的用品；如果在炎热的夏季召开会议，空调、冷饮等是必不可少的物品。总之，准备物品的方案考虑得越周全越好。
- 准备物品工作应一丝不苟、认真对待。会议准备工作充分与否与秘书人员是否具备一丝不苟、认真细致的工作作风有着直接的关系。其实，这种工作作风是每一个秘书人员最基本的职业素养，也反映出一个秘书人员对待工作是否具有高度的事业心和责任感。
- 准备会议用品应当经济、适用。准备会议用品应当符合会议需要，价格昂贵的物品不一定就适用。所以，准备用品时应考虑到有用、适用、好用，既不能将就凑合，以次充好，又不可大手大脚，铺张浪费。

会前如何准备投影设备

某公司准备在本市的黎明大厦召开大型的新产品订货会。参加的有本单位、外单位的人员。总经理让秘书部门负责安排，会上要放映资料电影，进行产品操作演示，而公司没有放映机。租借放映机的任务交给了总经理秘书刘小姐。会议召开的时间是8月9日上午10点整，而资料放映的时间是10点15分。刘小姐打电话给租赁公司，要求租赁公司在9日上午9点45分必须准时把放映机送到黎明大厦的会议厅。

9日上午，会议开幕前，该公司的秘书们正在紧张地做着最后的准备工作。刘小姐一看表，已经9点50分了，放映机还没有送到。她马上打电话去问，对方回答机器已送出。眼看着各地来宾已陆续进厂，刘小姐心急如焚……

思考题：

（1）假如你是刘小姐，对接下去可能发生的各种情况，应该如何处理？

（2）假如放映机在10点10分还未送到，你将马上向总经理报告还是擅自决定调整会议议程？

（3）向总经理报告后，你还应该做些什么？

（4）召开大型会议前的各种准备工作，包括音响、电子类装置应提前多少时间安排？

4. 选择与布置会场

（1）选择会场。

● 选择大小适中的会场。会场的大小应根据会议的规模而定。一般中、小型会议可以选择本单位的会议室、办公室或会议厅，而中型以上的会议，则需要选择会堂、礼堂或体育场馆等场所。选择会场时，必须首先考虑其容纳人数的多少，一般来说其容量应与参加会议的人数大体相当，不宜过大，也不宜过小，因为过大的会场会使会议显得不够紧凑，从而影响会议的气氛；过小的场所则显得过分拥挤，给与会者造成不舒适的感觉。

● 选择远近适当的会场。选择会场的场址首先要考虑与会者是否便于前往，交通是否便利。与会人员要住宿的会议，还要考虑到会场与住宿地点的距离，一般来讲两者之间的距离越近、越方便越好。

● 选择环境适合的会场。为了使与会人员能够专心开会，保证会议的质量，在选择会场时，除了要考虑会场的大小、距离的远近之外，环境也应当是考虑的重要因素之一。一般来讲，应当选择比较清静、不易受周边环境干扰的会场。嘈杂喧嚣的闹市区肯定不是召开会议的理想环境。尤其是一些重要的会议，一方面需要安静的环境，另一方面也是为避免由于离单位太近而受到不必要的人和事的干扰，遇到这类情况可以考虑舍近求远。

● 选择设备齐全、适用的会场。会场内设备主要包括召开会议所必需的设备，如照明设备、音响设备、通风空调设备、桌椅用具、卫生设施及安全消防设备等。在选择会场时，首先应查看这些设备是否齐备，性能是否良好；其次，根据会议内容的具体要求需要添加一些特殊设备时，应考虑到会场内原有设备是否适用。例如，在用电量大的情况下，是否会超出电源负荷。再如，如果召开的是展示会，还要考虑在场内能否设置展台等。

● 选择有停车场的会议地点。现在交通工具十分发达，不仅单位有车，拥有私家车的人也越来越多。因此，一个具有停车场的会议场所是非常必要的。

● 会议场地租用的成本必须合理。在当今市场经济下，会议必须要考虑成本，要在考虑上述因素的背景下，尽量选择租金合理的会场。

（2）布置会场。布置会场，是会前准备的一项重要内容。要根据会议的性质、人数规模、会议类型和议程等方面的因素来布置会场。

● 会场的整体布局。会场的布局，要根据会议的性质、规模和实际需要来定。不同的会场布局，体现不同的气氛、意义和效果，适用于不同的会议目的。会场布局大体有以下几种：

——相对式。这种会场布局的主要特征是主席台和代表席采取上下面对面的形式，从而突出主席台的地位，整个会场的气氛显得比较严肃和庄重。相对式又可以分为“而”字形和礼堂形。

✱ “而”字形。“而”字形又称教室形，是仿照一般教室摆放桌椅，这种布局可以针对不同的房间面积和与会者人数而具体安排，形式较为灵活，可以最大限度地利用会场面积，有利于与会人员的注意力的集中（见图 6—2）。

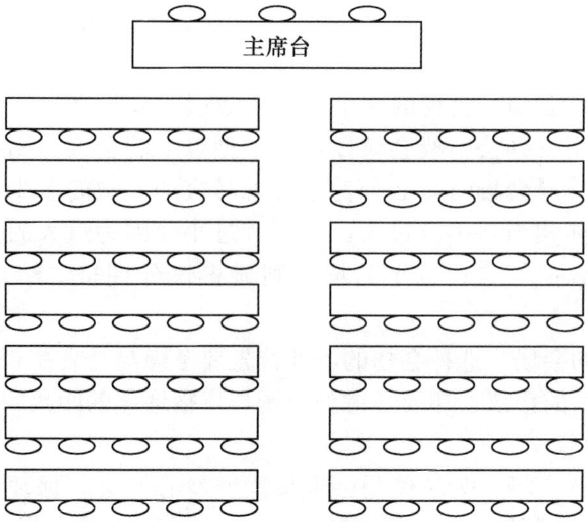

图 6—2　“而”字形会场

※ 礼堂形。礼堂形布局一般用于较大的会场，面向主席台的代表席摆放一排排的桌椅，中间留有两条以上、位置较宽的通道，这种布局场面开阔，适合召开大中型的报告会、总结表彰大会和代表大会等，这种会场一般专用于会议，座位固定，因而无法作适当的调整（见图 6—3）。

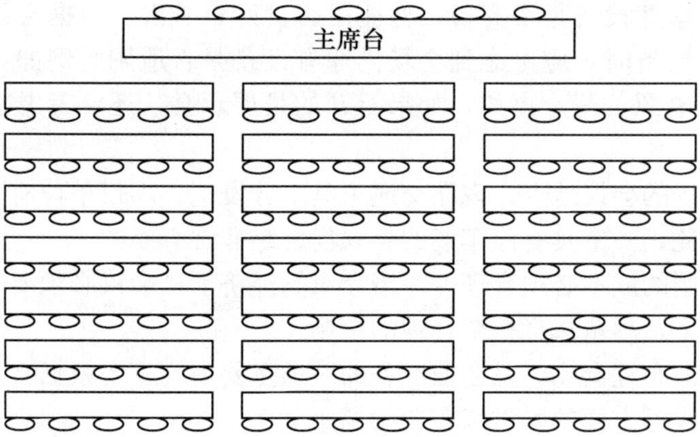

图 6—3　礼堂形会场

——全围式。这种会场布局的主要特征是不设专门的主席台，会议的领导和主持人同其他与会者围坐在一起，优点是容易形成融洽与合作的气氛，体现平等和相互尊重的精神，有助于与会者相互熟悉和不拘形式地发言，使与会者畅所欲言，充分交流信息、沟通情况、探讨问题，同时也便于会议主持人及时准确地把握与会者的心理状态和思想动态，从而保证会议的成功。全围式布局适用于召开小型和特小型会议以及座谈性、协商性等类型的会议（见图 6—4）。

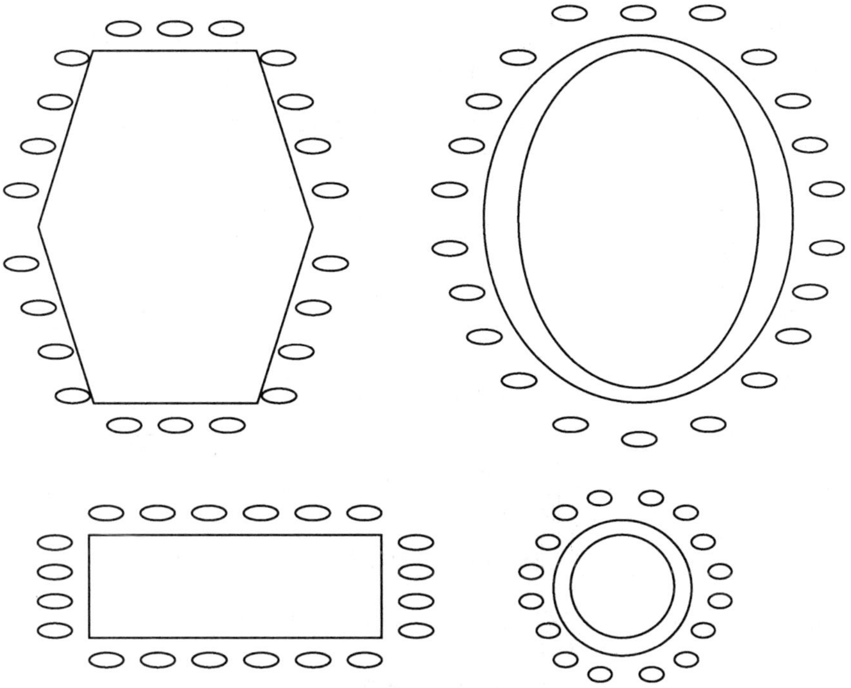

图 6—4　全围式会场

——半围式。这种会场布局介于相对式和全围式之间，即在主席台的对面和两侧安排代表席，形成半围的形状，既突出了主席台的地位，又增加了融洽的气氛。适用于中小型的工作会议。半围式布局又可分为马蹄形、T 字形和桥形三种。其中桥形比较特殊，桥面是主席台或评委席，被半围的席位是质询、述职、考评、听证、面试对象的座位，对象所受心理压力较大（见图 6—5）。

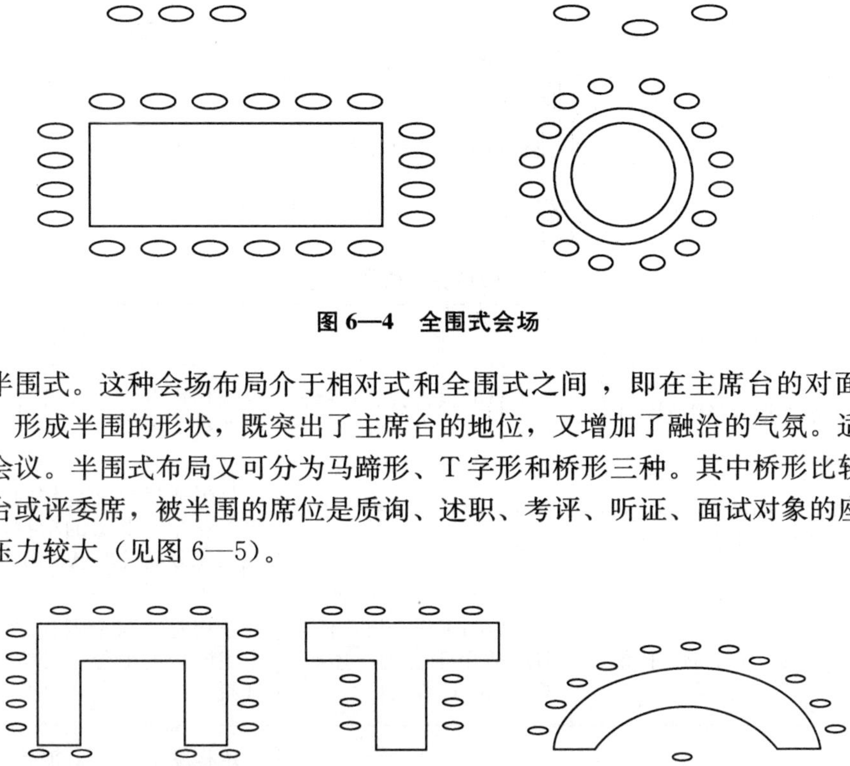

（半围式 · 马蹄形）　（半围式 · T 字形）　（半围式 · 桥形）

图 6—5　半围式会场

——分散式。这种会场布局，是将会场分成若干个中心，每个中心设一桌席，与会者根据一定的规则安排就座，其中领导人和会议主席就座的桌席称作“主桌”。在会场前侧，往往安置落地的麦克风以便会议主持者和领导讲话。这种座位布局既在一定程度上突出主桌的地位和作用，同时，也给与会者提供了多个谈话、交流的场合，使会议气氛更为轻松和谐，适合召开较大规模的联欢会、茶话会和团拜会等。当然，这种会场座位布局要求会议主持人具有较强的组织能力和控制会议的能力（见图 6—6）。

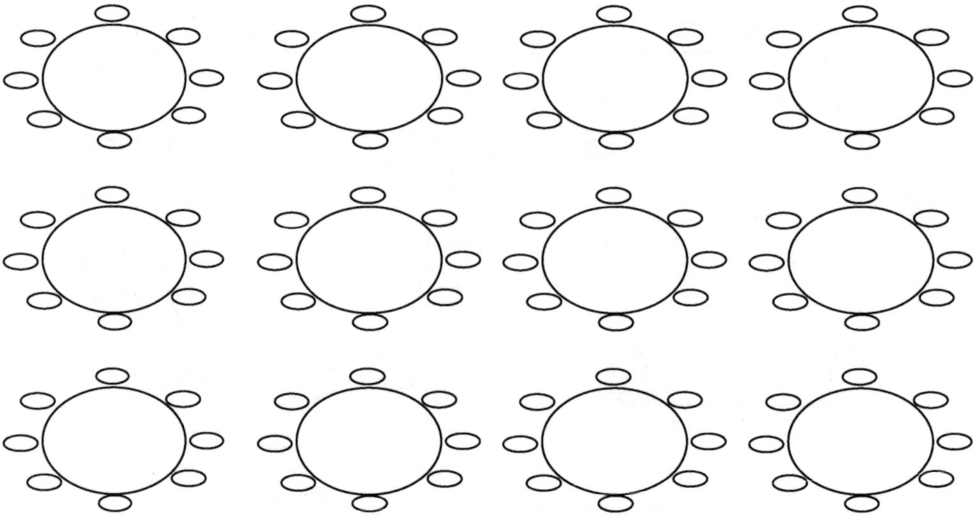

图 6—6　分散式会场

表 6—1 总结了上述四种会场格局的形式、适用范围和优点。

表 6—1　　四种会场格局

会场格局	常见会场形式	适用会议	优点
相对式	大小方形、半圆形	大中型的报告会、总结表彰会、代表大会等	会场场面开阔、较有气势，会场气氛严肃、庄重
全围式	圆形、椭圆形、多边形、长方形、正方形	小型会议及座谈会、协调会等	容易形成融洽和合作的气氛，体现平等和相互尊重的精神，便于与会代表充分交流思想、沟通感情
半围式	马蹄形、T 字形、桥形	中小型的工作会议，桥形布局适用于咨询、述职、考评和听证等会议	介于相对式与全围式之间，既突出了主席台的地位，又增加了融洽的气氛
分散式	方桌形、V 字形、圆桌形	规模较大的联欢会、茶话会、团拜会等	一定程度上突出了领导和嘉宾的地位，又给与会代表提供了多个谈话、交流的中心，会议气氛更加轻松、和谐

● 主席台的布局。主席台是会场的中心，瞩目的焦点，因此是整个会场布置工作的重点，必须慎重从事，不可有丝毫差错。主席台的布置应同整个会场的布置相协调，一般要考虑以下几个方面：

——主席台座位。主席台的座位一般都采取横式，长短和排数根据人数多少而定，除前排必须是通栏外，后排有时也可以分成两栏，中间留出通道。主席台每排座位之间、横向座位之间要隔开适当的距离，以方便领导人入席与退席（见图 6—7）。

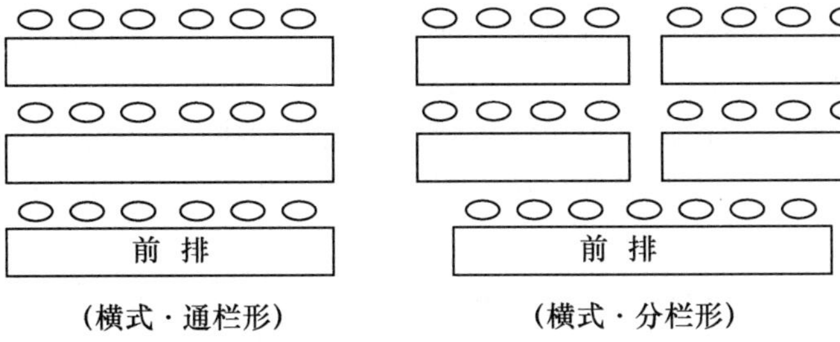

图 6—7 主席台座位

——讲台。会场设置专门的讲台，有助于突出报告人的地位，显示报告的重要性，也有助于体现会议的庄重和隆重。因此，重要的代表大会和报告会，一般需设专门的讲台。讲台一般设在中央，或设在主席台的右侧（以主席台的朝向为准）。设在中央的，位置应低于主席台，以免报告人挡住主席台上领导人的视线。

● 会场的装饰。会场的装饰是指根据会议的内容，选择适当的背景色调或摆放、悬挂突出会议主题的装饰物等。会场的装饰要讲求艺术性。

第一，主席台的装饰。设有主席台的会场，主席台是装饰的重点。因为主席台是整个会场的中心。一般应在主席台上方悬挂红色的会标（亦称横幅），会标上用美术字标名会议的名称。主席台背景处（亦称天幕）可悬挂会徽或红旗以及其他艺术造型等，主席台前或台下可摆放花卉。

——会标。将会议的全称以醒目的标语悬挂于主席台前幕的上端或天幕上，即为会标。正式、隆重的会议都应当悬挂会标。会标的作用有两个方面：一是体现会议的庄重性；二是提示会议的主题和性质，激发与会者的参与感。制作会标时，其格调应当与会议的主题保持一致，应当醒目，具有视觉冲击力。

——会徽。会徽即体现或象征会议精神的图案性标志，一般悬挂于主席台的天幕中央，形成会场的视觉中心。会徽一般有三种来源，一是以本组织的徽志作为会徽，如党徽、国徽、团徽、警徽；另一种是以会议主办机构的徽志作为会徽；还有一种是向社会公开征集，选择最能体现或象征会议精神的图案作为会徽。

——旗帜。重要的会议应当在主席台会场内外插一些旗帜，以增加会议的庄重气氛。

第二，会场背景的装饰。会场背景的装饰除了主席台的装饰之外，主要指会场四周和会场的门口，这些地方可悬挂横幅标语、宣传画、广告、彩色气球等，还可摆放鲜花等装饰物。一些礼节性的会见，可多摆些鲜花，同时还可在会客室四周墙壁上悬挂几幅名人字画及有特色的工艺品等作为点缀，这样更能增添会场典雅的气氛。

——标语。会场内外张贴适当的标语可以烘托会议的主题，渲染会议的气氛，振奋与会者的精神。会议标语的制作应当做到简洁，具有鼓动性和号召力。

——花卉。适当布置花卉，点缀会场，能给人一种清新、活泼的感觉，并能减轻与会者长时间开会的疲劳。

——灯光。灯光的强弱、明暗及颜色，会给会场带来不同的视觉效果。一般性会议宜使用白炽灯和日光灯作为照明光源，要注意掌握好主席台与台下代表席亮度的比例。

第三，色调的选择。色调在这里主要是指会场内色彩的搭配与整体基调，包括主席台、天幕、台布、场内桌椅及其装饰物等。应当选择与会议内容相协调的色调，这样可以给与会者的感官形成一定的刺激，在与会者心理上产生积极的影响。

一般来讲红色、粉色、黄色、橙色等色调比较亮丽明快，可以表现出热烈的气氛，使人感到兴奋，因此比较适合于庆典性会议。天蓝、绿、米黄等色调庄重、典雅，比较适合于严肃的工作会议。

（3）会场座次排列的技巧。会场座次排列是指对与会人员在会场内座位次序的安排。设有主席台的会议，其座次排列既包括主席台就座的人员座次排列，也包括场内其他人员的座次排列。会场座次的排列应当合理，符合惯例。

● 主席台人员座次的排列。由于主席台就座的人员多是领导和贵宾，因此主席台人员座次的排列非常重要，一般应按照以下要求进行：

- 按台上就座者职务的高低排列，以职务最高者居中，然后依先左后右向两边顺序排开。
- 主持人的座次也应当根据其职务进行排列，不必排在主席台第一排的最侧边。
- 如果是报告会、联席会，一般采取报告人和主办单位负责人或联席的各单位负责人相间排列的方法。
- 主席台座位编排情况最好能在出席证、签到证等证件上标明，并且，在会议桌的座位左侧应放置姓名卡。
- 重大会议主席台的座次排列名单一般由秘书部门负责人来亲自安排，并送有关领导审定。有的会议，领导人对座次问题有专门关照，则应按领导的意见办。

● 会场内其他人员座次的排列。并非所有的会议都需要对会场内其他人员的座次进行排列，但如果是中型以上较严肃的工作会议、报告会议或代表会议，一般要对座次进行适当排列。根据会议的不同要求，有不同的座次排列方法：

- 横排法。横排法是指按照参加会议人员的名单，以其姓氏笔画或单位名称笔画为序，从左至右横向依次排列座次的方法。选择这种方法时，应注意先排出会议的正式代表或成员，后排出列席代表或成员。
- 竖排法。竖排法是按照各代表团或各单位成员的既定次序或姓氏笔画从前至后纵向依次排列座次的方法。选择这种方法也应注意将正式代表或成员排在前，职务高者排在前，列席成员、职务低者排在后。
- 左右排列法。左右排列法是按照参加会议人员姓氏笔画或单位名称笔画为序，以会场主席台中心为基点，向左右两边交错扩展排列座次的方法。选择这种方法时应注意人数，例如一个代表团或一个单位的成员的人数若为单数，排在第一位的成员应居中；一个代表团或一个单位的成员人数若是双数，那么排在第一、二位的两位成员应居中，以保持两边人数的均衡。

● 标识座次。标识座次是指标明会议成员座次的名签、指示牌或表格。座次一旦确定，要选择好标识座次的方法。标识座次主要有以下几种方法：

- 在主席台或会议桌上摆放名签。
- 在与会人员出席证上注明座次（某排某号）。
- 印制座次图表。

可以在与会成员入场之前每人发一份座次图表。主席台座次图表一般可贴在休息室，主席团成员在入场前一般先到休息室，秘书人员可提醒各位领导注意一下自己的座次。以上三种方法可取其一种，也可以结合使用。

5. 安排会议食宿

（1）安排会议餐饮。

- 根据会议的经费和人员情况决定会议餐饮的标准。一般由主办方负责付费的会议餐饮标准，都要根据会议经费的预算情况，量入为出，制定统一的餐费标准。由与会者自己付费的餐饮，会议一般要给予一定的补贴。
- 就餐方式可根据会议的规模和性质来确定，提倡实行自助餐制和分餐制。一般性的会议除了开头和结尾的宴会采取包桌形式，大多采取自助餐的方式。自助餐方便卫生，俭朴节约。
- 事先与提供餐饮的单位确定餐饮时间和地点。
- 事先设计和确定就餐的凭证。
- 要与饭店一起确定菜单，饮食要干净、卫生、美味可口、品种多。会议餐饮的菜肴要精致可口、赏心悦目、特色突出；要照顾不同国家、不同民族与会人员的饮食习惯、风俗、禁忌；还要冷热、甜咸、色香味搭配，并为有饮食禁忌的人员单独安排菜单。
- 事先要准备好干净的饮食用具。
- 给因开会或服务工作而耽误了用餐的人员预留饭菜。
- 做好饮水、饮料的供应。

（2）安排会议住宿。在选择住宿的招待所、饭店、宾馆、会议中心时，要充分考察其基本设施是否齐全，安全如何，价格是否合理，地点是否方便，环境是否安静、整洁，然后综合进行选择。要是由与会者自己支付住宿费，就需选择几家价格、条件不等的招待所、饭店、宾馆或者是同一家宾馆不同标准的客房供其选择。

- 安排方式的选择。最简单的方法是由与会者自己安排住宿，更有效和经济的方法是由主办单位集体预订房间。如果不事先保留房间，会产生下列问题：遇到旺季，饭店可能将房间订出，这样会迫使与会者住在距离会场较远的地方；与会者可能拿不到优惠价格，因为散客住宿的价格优惠空间较小；会场租金可能较高（如果会场也在饭店的话），通常饭店以预订房间数多寡来考虑场租可否讲价。
- 预订会议住宿的程序。
- 确定会议住宿的程序。

6.3 会中管理与服务工作

随着召开会议时间的来临，会务工作由会前筹备阶段转入会中服务阶段。会议能否取得圆满成功，会前筹备是基础，会中服务是关键，因此，会务秘书要高度重视会间各项工作，以免前功尽弃。

6.3.1 接站

当举办大型会议的时候，由于与会人员来自各个地方，可能对会议地点和路程不太熟悉，因此秘书要安排人员到飞机场、火车站、长途客运站和码头等处迎接。接站时一般要持醒目标志，以免漏接与会者。

6.3.2 会议签到

为了随时掌握报到人数，要认真做好签到工作。秘书人员在会议召开前应准备好签到所需的用品。目前，签到的方式主要有两种。

1. 簿式签到

簿式签到是指与会人员到会时，在签到簿上签上自己的姓名、单位、职务等内容，以表示到会。簿式签到方式简便易行，但容易在会场门口形成拥挤现象。因此，比较适合于小型会议或庆典性会议。

2. 卡片式签到

卡片式签到又可以分为两种。一种是将预先印制好的卡片（相当于入场券）提前发给与会者，入场时，交出一张即可。另一种是磁卡签到，即与会者进入会场时，手持事先领取的磁卡，送进电子签到机里，签到机便即时将其姓名、号码等内容输入电脑，与会者入场完毕，签到情况便立即在电脑屏幕上显示出来。卡片式签到方式适用于较大型会议。

6.3.3 协助正确使用会场设备并发放会议用品

会场内设备主要包括灯光设备、音响设备、空调设备、通风设备、录音、摄像等设备以及必要的安全设施等。秘书人员应当会使用这些设备。

秘书人员还应提供会场用品，包括发放会议所需文具，随时提供主席台与会场人员饮用的茶水、饮料等。

6.3.4 协助完成与会人员的食宿安排

与会者食宿问题是会议召开期间会场外服务工作中最重要的一环，因此必须非常重视。虽然在会议召开前，食宿工作都已准备就绪，但与会人员到会后，也许会对食宿问题提出一些具体的要求和意见。秘书人员应当虚心听取这些意见，尽可能满足与会者的要求，做到主动热情服务。例如有的与会者由于种种原因提出调整房间的要求，秘书人员应尽量给以调换，实在做不到的，也应耐心给予解释，并表示歉意。又如有的与会者可能对饮食不习惯而提出意见，也应尽量改进。总之，合理的意见要求，应尽量采纳。

6.3.5 会议的进程控制

1. 会议主持人对会场的控制

主持人的主要责任是控制会议、阐明目标、鼓励大家各抒己见，并保证给予每一位会议成员有合理的发言时间，能发表自己的见解，能明白根据会议决议承担自己应当承担的工作。主持人的责任具体包括以下几个方面：

（1）会前。确定会议的目的、议事日程、与会人员、召开会议的时间和地点、会议种类和应散发的文字材料。

（2）会间。创造和谐的会议气氛、宣布开会、控制议程、鼓励讨论、总结发言、控制人员发言、做出决议、确定行动和责任、宣布闭会。

（3）会后。回顾会议情形，评价会议进展情况和结果，确信全体会议成员均已理解会议内容。

2. 采取有效手段控制会场气氛

（1）主持人要提前到达会场，当与会者进入会场时要与他们打招呼，并能与他们进行短时间的非正式交谈。另外，如果与会人员相互不认识，在会议开始之前应予以介绍。

（2）开会时间要准时，不要因为个别人对会议的冷漠态度或尚未到场，而耽误大家的时间，除非有特殊原因，否则不可以推迟或取消会议，推迟或取消会议实际上是在扰乱别人的计划，继而影响工作效率。

（3）会议开始后，首先要简明扼要地引出主题，说明讨论目的，使每一个与会者都明白会议要达到什么目的。

（4）会议进程中，要使每一个会议成员对会议的成功具有责任感。鼓励与会者参与讨论，发表自己的见解，还要注意控制讨论中可能出现的任何不和谐因素。

（5）在某一段时间里，要集中讨论一个议题，保证大家轮流充分发表自己的见解。

（6）对已表述的观点及时加以概括总结，引导会议进展。

（7）当讨论偏离主题时，主持人需提请大家紧扣主题。

（8）当会场出现混乱时，应保持镇静，及时采取措施结束混乱状态，切不可放任其发展。

3. 辅助引导会议的进程，促使会议决议的有效形成

引导会议的进程，是指根据会议目标的需要，在会议进行过程中创造与会议目标相适应的环境气氛，掌握会议议程，维护会间秩序，排除外界对会议的干扰，从而引导决定、决议、结论的形成。

（1）引导会议进程的方法：

- 会议召开之前，须认真研读有关文件材料，了解议题和议程，了解与会者的构成情况及基本意见倾向。
- 明确会议开始和结束的时间，准时开会和散会。
- 会议较长时，应建议安排短暂的休息并掌握好时机，不要安排在发言高潮或是某一问题的讨论尚未结束时。
- 在参与组织讨论时，应建议规定讨论与否的界限，给每位与会者以平等的发言机会和权利。
- 当时机成熟时，应建议适时终止讨论或辩论，及时确认结论，形成决议，一个议题结束后应立即转换议题，以免延误时间或节外生枝。
- 多议题会议的议题安排次序应科学合理，一般情况下，需要大家开动脑筋，集中献计献策的议题建议放在会议前半部分进行。

（2）引导会议决议形成的技巧：

● 认真倾听，最少限度地打断谈话。多提开放式、探索式问题，发言人表达观点时，要最大限度地给予鼓励，如点头示意、目光接触。

● 树立自信心，确信自己能对任何冲突产生积极的影响。用直接、坦诚和适当的方法表达自己的愿望、意见、需求和信念。

● 消除交流障碍。限制具有威胁性和挑衅性的行为，鼓励对会议决议影响较大又比较拘束的人员踊跃发表自己的意见。

● 强调问题。应当将复杂的问题分解成若干容易处理的小问题，循序渐进，逐步导向问题的核心。

● 使用精湛的人际交流技巧，接受他人积极有益的批评和建议。

6.3.6 做好会议记录

1. 为会议记录做好准备工作

作为一个秘书，应在会议期间做好记录和笔记，担任好会议的记录员。会议记录员应协助主持人进行会议的筹划和安排工作。正式会议的记录是会议进程的原始记录，是具有法律效力的档案，因此务必准确、完整和条理清楚。

（1）准备足够的钢笔、铅笔、笔记本和记录用纸。有条件也可以准备笔记本电脑做电脑速记。

（2）准备好录音笔来补充手工记录。

（3）要备有一份议程表和其他的相关资料文件，需要核对相关数据和事实时随时使用。

（4）提前到达会场，了解与会人员的座位图，便于识别会议上的发言者。

（5）在利用录音笔的同时，必须手工记录，可以防止录音机中途出故障。

2. 会议记录的内容

（1）会议描述。包括会议类型、时间、日期、地点。

（2）与会者姓名。主席的名字在最前面，记录员的名字在最后。

（3）记录的主体内容。宣读上次会议记录、会议记录中产生的问题、通信情况、一般事务、决议（包括会议上的确切措辞）、其他事务（按在会上进行的顺序记录、下次会议日期）。

（4）主席、记录员签名。

3. 会议记录的方法

（1）会议记录应将主要讨论的观点、决议、决定，重要的声明、修正案内容、结论一字不漏地记录下来，而其他的内容可简要、概括地记录。

（2）漏记的内容，可事先做出记号，然后对照录音磁带修改，也可提示会议主持人请发言者重复内容或对某一术语做出简要的解释。

（3）与会者提出的意见、建议，要把人名记录下来。

4. 会议记录的修改

（1）在定稿打字之前，通常向主席提交一份草稿经他签字批准。

（2）如果某一成员指出会议记录中的一个错误，经会议批准，主席或秘书可以在会议记录中改正这一错误。

（3）会议记录一经签名，任何地方都不能再作改动。

5. 会议记录的要求

（1）真实。正式的会议记录具有法律效力，要确保内容的真实可信、准确无误，一旦会议主席签名，全体成员通过则不得再行改动。

（2）完整。会议记录必须体现会议的实际进程，要将所有要点完整地记录下来，不能遗漏。

（3）简洁。会议记录不同于一份详细报告，而是将会议进程以简明扼要的形式表达出来。

（4）准确。会议记录应做到条理清楚，内容表述要准确无误，不能含糊，更不能有任何内容错误。

6. 会议记录的结构与写法

会议记录的结构是：标题＋正文＋尾部。

（1）标题。

- 会议名称＋文种。如"××集团公司第三届董事会会议记录"。
- 文种。如"会议记录"。

（2）正文。正文的构成是：首部＋主体＋结尾。

- 首部。会议概况，包括会议名称，会议时间，会议地点，会议主席（主持人），会议出席、列席和缺席情况，会议记录人签名等。以上六项应在主持人宣布开会前填写好。
- 主体。会议内容。包括：会议议题，如果有多个议题，可以在议题前分别加上序号；发言人及发言内容，记录每人的发言时都要另起一行，写明发言人的姓名，然后加冒号；会议决议，决议事项应分条列出。有表决程序的要记录表决的方式和结果。
- 结尾。另起一行，写明"散会"并注明散会时间。

（3）尾部。右下方写明"主持人：（签字）"、"记录人：（签字）"。

某公司项目会议记录

时间：2004 年 6 月 10 日上午 9 时

地点：公司第一会议室

出席人：各分公司与直属部门经理

主持人：赵亮（集团公司副总裁）

记录：董晴（总经理室秘书）

一、主持人讲话：今天主要讨论一下"××娱乐城"的兴建立项以及如何开展前期工作的问题。（略）

二、发言：

第一分公司齐总：该项目的选址应定位在亚运村以北，清河以南。（略）

第二分公司刘总：该项目应以体育健身为龙头，带动其他餐饮娱乐项目。（略）
市场部郭总：汇报市场调查与预测的结果。（略）
财务部黄总：汇报公司的资金状况（略）
技术部王总：汇报建筑项目投、招标情况。（略）
三、决议：
（一）至（四）（略）
四、散会（上午12时）

主持人：赵亮
记录人：董晴

6.3.7 会议信息工作

1. 收集会议信息

会议信息的收集要本着“准确、及时、全面、有效”的原则，通过会议的报告、研讨会上的讨论发言、与会者的议案以及与会者的广泛交谈，随时获取有价值的信息。收集到的会议信息既可供上司参考，也可供与会者交流。

（1）确定会议信息的收集范围。凡是在会议活动中形成和使用的有参考价值的文字、图像、声音以及其他各种形式的信息记录都属于收集范围，包括会前、会中和会后产生的所有文件材料。具体来讲，要收集的会议文件信息主要有：有关会议立项方面的文件、关于召开会议的请示、关于召开会议的批复；有关会议筹备工作的文件、会议预案、会议策划书、会议通知和有关会议内容的文件、议程、讨论提纲、各种报告和发言材料、会议记录、议案、决定、决议；有关会议宣传报道的文件、会议宣传提纲、新闻发布会上的介绍材料、新闻发布会稿件、会议简报；有关会议管理与服务方面的文件、各种名单、票证、报告、簿册、会议总结、不同载体的信息材料；有关会议活动的照片、有关会议活动的录音和录像带；记载会议信息的计算机磁盘、光盘；各种形式的文件材料、会议文件的定稿、会议通过的正式文件及其附件、会议所有正式语言书写或翻译的文本、重要文件的草稿、讨论稿、送审稿、草案、修正草案。

（2）选择会议信息的收集渠道。会议信息的来源广泛、内容丰富，在会议策划、立项、实施、总结的各个工作环节都会产生信息。要通过各种渠道，运用适宜的信息收集方法，获得全面、准确的商务会议信息。

会议信息收集的主要渠道包括：向全体与会人员收集文件；向会议的领导人、召集人和发言人收集文件；向有关的工作人员收集文件，如会议的记录人员、文书起草人员；收集各种会议记录，如主席团会议记录、主持人会议记录、分组会议记录、召集各团组联络员碰头会，收集汇总情况、代表的提案、发言稿和书面建议等。

（3）确定收集会议信息的方法。

- 召集开会。召集能够提供信息的人开会，是收集信息的一种有效的方法。
- 提供书面材料。请信息提供者用书面的方式将信息进行传递。如果有必要让其他人了解有关信息，可将信息复印然后分发出去。

- 个别约见。通过个别约见有关人士，当面向他们收集信息。
- 会议结束时及时收集。一般小型内部会议，由于参加会议的人数较少，人员又比较熟悉，可以由会议领导在会议结束时，要求与会者将需要收集的文件当场留下，由秘书人员统一收集，也可由秘书人员在会场门口随时收集。
- 个别催退。对个别领取会议文件后未到会或提前离会的人员，及时采取个别催退的方法。
- 按清退目录收集。大中型会议文件的收集可事先印发会议文件清退目录，要求每位与会者在会议结束时，根据目录整理好要清退的文件，统一交至会议秘书处，或由各组秘书收齐后交给秘书处。
- 限时交退。收集会议工作人员手中的文件，可采取下发会议文件收集目录的方法限时交退。

2. 编写会议简报

会议简报反映会议进程、动态和主要问题，旨在协助领导掌握会议的全局和主要信息，以便及时指导，开好会议。编写会议简报要做到简要明确，迅速及时。简报的结构是：报头＋报核＋报尾。

(1) 报头。报头设在第一页的上方，约占全页 1/3 的位置，下边用横线与正文部分隔开。再下面，用间隔横线将报头与报核隔开。报头有如下内容：

- 简报名称。一般用套红印刷的大号字体。如有特殊内容而又不必另出一期简报时，就在名称或期数下面注明“增刊”或“××专刊”字样。秘密等级写在左上角，也有的写“内部文件”或“内部资料，注意保存”等字样。
- 期号。写在名称下一行，用括号标注。
- 编印单位。在期号下、间隔线上居左书写。
- 印发日期。写在与编印单位平行的右侧。

(2) 报核。即简报中间部分，主要结构是：(按语) ＋标题＋导语＋主体＋结尾。

- 按语。部分简报在标题上端加注编者“按语”，以说明编发这份简报的目的，或对文中所列事项进行评价。
- 标题。简报的标题类似新闻的标题，要揭示主题，简短醒目。
- 导语。简报的导语应简明扼要地概括全文的主旨或主要内容，给读者一个总的印象。导语一般有四种写法：提问式、结论式、描写式、叙述式。导语一般要交代清楚谁（某人或某单位），什么时间，干什么（事件），结果怎样等内容。
- 主体。即简报的主要内容。用足够的、典型的、有说服力的材料，把导语的内容加以具体化。
- 结尾。对主体部分进行归纳和概括，或提出希望及今后的打算。

(3) 报尾。在简报最后一页下部，用间隔横线与报核隔开，横线下居左写明发送范围。最后在间隔横线下居右的括弧内注明共印多少份。

铁通公司××分公司

会议简报

第（8）期

铁通××分公司办公室　　　　　　　　　　　　　　　　二〇〇四年六月十四日

编者按：6 月 13 日铁通公司总部召开了贯彻信息产业部精神文明建设及行风建设领导小组会议精神的电视电话会议。这是铁通公司成立以来召开的精神文明建设和行风建设的第一次电话会议，会议内容很重要。本期《情况简报》转发×××副书记的讲话要点，望各单位接到《情况简报》后立即着手这方面的工作，待公司总部正式发文后，分公司再根据实际情况做出具体安排。

提高认识，统一思想，搞好精神文明建设

6 月 13 日铁通公司总部召开了“贯彻信息产业部精神文明建设及行风建设领导小组会议精神”的电视电话会议。

会上铁通公司副总经理×××传达了会议精神及信息产业部精神文明建设领导小组和行风建设领导小组下发的关于规范市场秩序，深化创建活动的文件。铁通公司党委副书记×××就如何贯彻会议精神做了重要讲话，他提出四点意见：

一、提高认识，统一思想，把精神文明建设当做企业的一项重要工作来抓。

二、结合实际，突出重点，抓好当前精神文明建设的重要任务。

三、运用媒体，抓住典型，把精神文明创建活动引向深入。

四、加强领导，形成机制，把精神文明建设落到实处。

最后再次强调，开展这项活动，一定要和建党 83 周年活动以及公司上下正在开展的主题活动结合起来，统一起来。在全路通信工作会议上已经形成了这样的共识，即铁通公司的思想政治工作要紧密地围绕企业效益最大化来展开，所以，凡属政治工作的内容，都要紧密地结合企业的经营、生产与管理活动，避免“两张皮”，克服“假、大、空”。

送：××办公室、公司各部

（共印 30 份）

3. 搞好对外宣传

如果会议领导者认为有必要，会务秘书应积极搞好对外宣传工作。这项工作首先应注意掌握信息的保密度，做到内外有别；若召开记者招待会，应做好充分的准备。对外宣传报道可以采取多种形式：一是由会议秘书撰写新闻报道稿件，经领导审阅后，向媒体发送；二是在会议召开期间，邀请有关媒体派记者驻会随访，发布消息；三是在会议结束时，召开记者招待会，由会议领导者直接介绍会议情况并回答记者提问。

6.3.8　做好会议值班、保卫工作

1. 会议值班要制度健全，人员要坚守岗位

中大型会议，一般要有会务秘书坚持24小时值守，以保证会议顺利结束，并随时应付各种突发事件。

（1）在会议中协助收集有关情况，整理文件和资料，传递各种信息。

（2）要控制与会议无关人员随便出入会场，特别是保密性较强的会议更不能让外人随意进出。

（3）备有公司和各部门上司的联络方式，以便出了问题，及时与其联络、请示。

（4）要备有一份设备维修人员、车队调度人员和食宿等后勤服务部门主管人员的电话通讯录。

（5）要坚守岗位，人不离岗，保证会议信息的畅通无阻。

（6）必要时，要负责督导和协助专职会议服务人员为与会者做好各项具体的服务。

（7）做好会议期间各项活动与各种矛盾的协调工作。

（8）必要时，应建立主管领导带班制度。

2. 会议保卫工作

（1）会议安全保卫应包括与会的重要人员人身的安全保卫。

（2）会议重要文件的保卫。

（3）会场和驻地的保卫。

（4）会议的各种设备用品的保卫。

（5）与会者私人贵重物品的保卫。

6.4　会议的善后处理工作

会议日程的主要内容进行完毕后，标志着会议基本结束。但是，会务工作并没有由此结束，会务工作由会间服务阶段转入了会后工作阶段，工作任务仍然很繁重，不能马虎了事，仍需要认认真真地完成。

6.4.1　会议用品、文件资料的收集、清退和立卷归档

1. 会议文件的收集

- 收集会议文件资料的要求。

✻ 确定会议文件资料的收集范围。会前分发的保密文件要按会议文件资料的清退目录和发文登记簿逐人、逐件、逐项检查核对，以杜绝保密文件清退的死角。

✻ 收集会议文件资料要及时，确保文件资料在与会人员离会之前全部收集齐全。

✻ 选择收集文件资料的渠道，运用收集文件资料的不同方式方法。

✻ 与分发文件资料一样，收集会议文件也要履行严格的登记手续。认真检查文件资

料是否有缺件、缺页、缺损的情况，及时采取措施补救毁损的文件资料。

- 收集整理过程中要注意保密。

- 需收集的文件资料。

- 会前准备并分发的文件。包括指导性文件、审议表决性文件、宣传交流性文件、参考说明性文件、会务管理性文件。
- 会议期间产生的文件。包括决定、决议、议案、提案、会议记录、会议简报等。
- 会后产生的文件。包括会议纪要、传达提纲、会议新闻报道等。

2. 会议用品、文件资料的清退

在会议进行中，各种供会议使用的器材物品必然会被打乱置放位置。会议结束后，会务秘书应及时组织人员清点整理，物归原位，该清退的清退，该带走的带走。按照物品使用清单，逐一检查，以免丢失或损坏。

一些大中型的会议，由会务秘书带到会场发送和会议期间产生的文件是很多的，会议结束后，秘书要按照文件领取表所登记的，点清剩余文件份数，做到物表相符；对于内部文件、机密文件以及其他应收回的文件要及时清退收回，然后逐号核对，经过清点、装袋、封袋、捆扎、装车等手续后再运回本部。

3. 会议文件的立卷归档

把会议过程中的一整套材料，包括通知、领导报告和讲话、会议记录或纪要、会议简报、会议报道等，进行分类立卷归档。

（1）会议文件立卷的基本原则。会议文件立卷工作的基本原则是“一会一案”。即以会议为单位立卷，按照会议文件资料的自然形成规律，保持文件之间的历史联系，反映公司工作活动的特点和真实面貌，便于保管和利用。

（2）会议文件立卷方法。

- 编制案卷目录。会议立卷工作在正常情况下，应依据事先编制好的案卷类目来进行。案卷类目是每年初在实际文件尚未产生之前，根据公司性质、职权范围、内部组织结构情况、当年会议工作计划和任务以及一年中可能产生的会议文件情况，参照往年的案卷类目，按照立卷要求拟制出的案卷分类名册。这是一种比较详细具体的立卷规划。编制案卷类目可以由会议秘书部门的有关工作人员提出方案，经主管领导批准即可。

- 灵活运用文件的特征立卷。每一份会议文件都有其一定的特征。一般来说，一份文件主要由作者、名称、内容、收文机关和形成文件的时间等几个基本部分组成，可以概括为六个特征：部门特征、时间特征、名称特征、作者特征、地区特征、通讯者特征。会议立卷就是按会议文件资料的共同特征或以一个特征为主结合其他特征组成案卷。通常来说，一卷之内结合使用两个以上特征立卷，是比较科学的方法。

（3）会议文件立卷工作程序。本部分主要针对的是大中型会议文件立卷。

- 收集资料。这是立卷工作的第一步，要按会议文件立卷范围将会议中形成的所有文件和资料及时、完整地收集起来。

- 分发会议文件时须留出必要的份数。一般印发的以保存两份为宜（不包括原稿）。重要会议文件的初稿、历次修正稿也应保存，如有复印稿，亦应保存一份。
- 注意收集领导阅办完的会议文件资料。

※ 注意收集会议的非正式文件，如来往电报、电话记录、证件等。

● 甄别整理。

● 分类归卷。即对会议所有文件、资料进行大体分类，区分为主要文件资料、一般文件资料、参考文件资料、大会发言、书面发言、领导讲话、会议简报、会议快报、有关文书资料等，然后按问题和时间特征立卷。一般来说，会议主要文件资料（报告、决议、结论及主要负责人的重要的讲话等）单独立卷；一般文件资料及参考文件资料，分别按问题特征立卷；大会发言按发言日期立卷；书面发言按地区或单位立卷；通知、来往文书等均按时间立卷。

● 组卷。组卷时最好将永久、长期、短期三个保管期限的文件分别组卷。同一类问题的文件、资料集中组卷，按照文件张数多少，多的可分几个属类汇成若干卷，少的可将若干属类汇成一卷。卷内文件资料按重要程度和时间进行排列，同一文件资料的不同修改稿按时间先后顺序排列，定稿放在前面。同时，为使案卷不受污损，要拆除文件、资料上的金属钉和障碍物，注意文件资料页码顺序的排列。

● 卷内文件编目。定卷以后在会议文件资料上加盖编目章（包括卷号、顺序号），以卷为单位编排标注页号，第一页在右上角，第二页在左上角，把每份文件在卷内的位置固定下来。然后按顺序填写卷内目录，没有标题的文件要代拟标题。

● 填写卷内文件资料备考表。即对每次会议卷内文件资料情况作必要的说明，说清楚文件资料的来龙去脉、形成过程、文件资料的重要程度和卷内文件的变动情况等，字迹要清楚，卷面要整洁，立卷者、检查者还要签注姓名和立卷时间。

● 拟定案卷标题。每个案卷要拟定标题，一般应反映出会议名称、作者和主要内容。它是查找利用文件的基本线索，因此所拟标题要确切，语言要通顺精练，概括性强。标题通常由作者、问题、名称三部分组成。

● 填写案卷封面。案卷封面要用毛笔或钢笔正楷书写，字迹要清楚、整洁，卷皮所列项目应填写齐全，卷皮起止日期均以卷内文件资料的最早和最晚日期为准。

● 案卷排列。大中型会议文件资料的分卷，也按保管期限、重要程度和时间排列。

● 编写案卷目录。案卷目录是登记案卷和提供利用档案的基本工具，是立卷部门向档案部门移交案卷的手续和凭证，又是档案部门检查、统计案卷的依据。要按案卷排列顺序逐卷、逐项填写案卷目录，打印一式三份，两份随案卷移交档案部门，一份留存备查。

上述工作完成后，即可按归档要求移交档案部门。在正常情况下，应在第二年上半年将上一年的案卷向档案部门移交归档。归档时交接双方应按照案卷目录清点核对无误后，履行签字手续。

6.4.2　会议经费结算工作

1. 收款的方法和时机

有些会议要由与会代表向主办方支付一些必要的费用（如资料费、培训费、住宿费、餐饮费等）。

（1）应在会议通知或预订表格中，详细注明收费的标准和方法。

（2）应注明与会人员可采用的支付方式（如现金、支票、信用卡等）。

（3）如用信用卡收费，应问清姓名、卡号、有效期等。

（4）开具发票的工作人员，事先要与财务部门确定正确的收费开票程序，不能出任何差错。如果有些项目无法开具正式发票时，应与会议代表协商，开具收据或证明。

2. 在订购各种设备和享受服务时，应掌握付款方法和时间

3. 会议付费的要求

（1）会议经费的名称要规范。

（2）遵守公司零用现金、消费价格及用品报销的各种财务制度和规定。

4. 结算会议开支费用的程序

结算会议开支费用的程序为：通知与会人员结算时间、地点——清点费用支出发票——核实发票——填写报销单、将发票贴于报销单背面——请领导签字——到财务部门报销——与相关部门及人员结清费用。

秘书要提醒与会人员结清食宿、会务等相关费用。会议一结束，应及时清点整个会议费用的实际支出，对照会前经费预算，逐笔账目进行核点。填写报销单，按报销要求将发票用胶水粘贴在报销单背面，请主管领导签字即可去财务处报销。一定要结清所有人的费用，经费使用情况应向领导汇报。

开具发票时有出入怎么办？

某公司员工小张去某城市参加全国电子产品交流会，会期一周。按照会议通知，他交了 1 600 元的会务费，组织方开具了发票。小张回来报销时，财务处认为发票无效，不予报销，原因是发票上缺少财务章。小张马上与会务组织方联系。几经周折才联系上，对方称他们的发票是正式的，不可能没有财务章，让小张将发票寄给他们，如果确实有问题愿意承担责任。

分析

发票是报销的凭证。发票开具应按照规定的时限和顺序，逐栏、全部依次一次性如实开具，并加盖单位财务印章和发票专用章。不符合规定的发票，不得作为财务报销凭证，任何单位和个人有权拒收。任何单位和个人不得转借、转让、代开发票；没有经过税务机关批准，不得拆本使用发票；不得自行扩大专业发票使用范围。禁止倒买或倒卖发票、发票监制章和发票防伪专用品。

6.4.3 安排与会人员返程

某公司邀请全国的客户到新疆乌鲁木齐参加一家公司新开发的系列化妆品的洽谈订货会。秘书初萌负责安排与会人员的返程工作，初萌想先解决容易预订的近处与会者的车票，再慢慢解决北京等远地难以解决的车票预订，而且她想当然地认为，只要为大家尽可能预订火车硬卧票就行了。结果，部分代表因不能及时拿到返程的车票、机票而对主办方十分不满。有些代表拿到票后，又要求更换车票或退票，结果闹得大家不欢而散，使洽谈订货会的工作成果大打折扣。

会议结束并不意味着会议工作就结束了，有外地人员参加的会议应根据会议时间的长短、外地与会人数多少等情况，及早安排好与会人员的返程事宜。做好与会人员的返程工作，主要包括以下两点：

1. 提早做好与会者车、船、飞机票的登记预订工作

（1）应根据会期长短、外地与会人数多少等实际情况，及早安排好外地与会人员的返程事宜。

（2）要事先了解外地与会人员对时间安排、交通工具的要求，尊重他们的意愿。

（3）一般情况下要按先远后近的次序安排返程机票、车票的预订事宜，要掌握交通工具的航班、车次等情况，尽早与民航、铁路、公路、港口等部门沟通联系，提前预订好飞机、火车、汽车、轮船票。

（4）届时应编制与会者离开的时间表，安排好送行车辆，派人将外地与会人员送到机场、车站、港口，待他们乘坐的交通工具起程后再返回，如有必要，还应安排有关领导同志为与会人员送行。

2. 帮助与会者提前做好返程准备

（1）提醒与会者及时归还向主办方或会议驻地单位借用的各种物品。

（2）提醒与会者及时与会务组结清各种账目，开好发票收据。

（3）帮助与会者检查、清退房间，避免遗忘各种物品。

（4）准备一些装资料的塑料袋和捆东西的绳子等物品，以备急需。

（5）帮助部分与会者托运大件物品。

6.4.4 整理、编写会议纪要

会议结束后，要运用会议纪要的形式，将会议的情况及议定事项记载下来，并要传达给与会单位的有关人员，使他们对某个会议有共同的认识与行动方向，以利于贯彻执行，这就需要编发会议纪要。

会议纪要不同于会议记录，记录是如实记载；纪要则是根据会议的宗旨，用准确而精练的语言综合记叙议事要点和决定事项，它是在记录的基础上进一步分析、综合、提炼而成的文件。

1. 会议纪要的种类

（1）办公会议纪要。用以记载和传达领导的办公会议决定和决议事项，如其中涉及有关部门的工作，可将会议纪要发给他们，并要求其执行。

（2）工作会议纪要。用以传达重要的工作会议的主要精神和议定事项，有较强的政策性和指示性。

（3）协调会议纪要。用以记载协调性会议所取得的共识以及议定事项，对与会各方均有一定的约束力。

（4）研讨会议纪要。记载研究讨论性或总结交流性会议的情况。这类会议纪要的写作要求全面客观，除反映主流意见外，如有不同意见，也应整理进去。

2. 会议纪要的内容

（1）会议情况简述。包括召开会议的根据、目的、时间、地点、与会人员、会议讨论的问题以及会议的成果。

（2）对会议主要精神的阐发。这是会议纪要的主体部分。

3. 会议纪要的拟写要求

经过领导签发的会议纪要是会议的正式文件。这种文件应当简短扼要、观点鲜明，确切地说明事项，不必发表议论和交代情况。具体有以下三点：

- 实事求是，忠于会议实际。
- 内容要集中概括，去芜取菁，提炼归纳。
- 要有条理，眉目清楚，使人一目了然。

4. 印制并分发给有关部门有关人员或归档保存

需要上报或下发的会议决议等，要抓紧印制并分发传递。会议纪要写好核定后，就要发给有关方面执行。如果会议决定的事项涉及有关部门，可以将会议纪要发给他们，也可以由秘书部门从会议纪要上摘录出有关内容后通知他们。

印发会议纪要只限于日常工作会议，对于大型的会议和专业会议，因为都有正式文件和决议，一般不再印发会议纪要和决办事项通知之类的文件。

6.4.5 会议决定事项的反馈

会议决定事项的反馈就是将会议决策精神传播给执行者后，通过各种途径和方式将执行者的意见收集起来，反映给领导者的过程。它既是实现会议决策目标的最主要环节，是对会议决策的检验、制约和完善，又是公司领导作出决策、正确行使指挥职能的重要手段。

1. 反馈的原则

反馈信息，第一要迅速及时，便于上司尽快了解和掌握实施执行中的各种信息，从时间差上找效率，不能当“马后炮”，失去反馈的意义；第二要真实准确。真实准确的信息是上司作出决策或完善决策的重要依据；第三要对堵塞言路、阻止反馈的言行认真对待和处理，使反馈渠道保持畅通无阻。

2. 反馈的重点

主要是指妨碍会议决策落实活动中的各种信息。因为决策不是目的，通过实施取得社会效益才是目的。如果在贯彻落实中出现了影响进程和效益的因素，又不及时反馈，求得上级帮助解决，将会造成一定损失，甚至前功尽弃。即使自己能解决的问题，亦不应顾及单位和个人声誉而隐匿不反馈，更不应弄虚作假、欺骗上级和群众。

3. 反馈的形式

可以通过座谈会、电话和问卷等形式对会后精神的落实情况进行全面的反馈，并在此基础上进行修正。特别要注意综合反馈，即在总结的基础上系统地进行综合性的反馈。这种反馈要实事求是，找出经验教训，提出意见，如实向上级组织反馈。同时还要向上司或其代表反馈，这是取信于民、动员群众的重要方法之一。

4. 反馈会议信息的要求

（1）会议的信息反馈要注意点面结合，正负反馈结合，不仅要看到成就，更要收集会议未能有效解决的问题和议而未决的事项。

（2）会议信息反馈的目的要明确，要针对服务对象。

（3）充分重视会议的反馈信息沟通，正、负反馈都要力求做到适时、适量、适度。

6.4.6 会议总结

总结工作要以科学的绩效考评标准为指导。绩效考评标准是指对会议工作人员绩效的数量和质量进行评价的准则，它应具有完整性、协调性和比例性。

1. 会议工作总结要根据岗位责任制和工作任务书的内容，逐条对照检查

总结工作的方法如下：

- 检查会议目标的实现情况。
- 检查各个小组的分工执行情况。
- 将员工自我总结和集体总结相结合。
- 以总结经验、激励下属、提高工作水平为目的。

2. 决定会议效果的主要因素

- 是否具有召开会议的必要。
- 会议准备是否充分。
- 议程是否科学合理。
- 主持人的能力如何。
- 是否严格控制了会议人数。
- 与会人数是否达到了有效交流信息并形成有效决议的最低限度。

本章小结

本章对会议前的准备工作、会中管理和服务工作以及会后的善后处理工作分别做了介绍。会前准备工作首先是要做好会议筹备方案的制定。其次，要做好一系列的会前准备：会前物品的准备、会前用品的准备、选择和布置会场、安排会议食宿等。会中管理和服务工作要做好八方面的工作：接站、签到、协助正确使用会场设备并发放会议用品、协助完成与会人员的食宿安排、会议进程控制、做好会议记录、会议信息的收集、安排会议值班和保卫工作。会后的善后处理工作主要包括会议用品文件资料的收集、清退和立卷归档；会议经费的结算；安排与会人员返程；整理、编写会议纪要；会议决定事项的反馈；会议总结工作等。这三方面的工作，会议准备工作是关键，会中管理和服务工作是重点。

关键术语

会前筹备　　会议方案　　会场布置　　会场选择　　会中服务　　会议记录　　会议反馈　　会议总结

复习思考题

1. 会议准备工作包括哪些内容？
2. 简述会议方案的内容。
3. 如何布置会场？

4. 选择会场要考虑哪些因素?
5. 如何做好会中服务工作?
6. 会议记录包括哪些内容?
7. 简述会议善后工作的具体内容。

实务训练题

中电熊猫显示器有限公司是我国主要的电脑显示器生产基地之一，某年实现销售额8亿元人民币，产品30%出口海外，并不断保持产量连年递增的势头，质量管理也处于同行业的先进水平。为适应生产规模的进一步扩大，年底，该公司又扩建了一万平方米厂房，增加了三条国际先进的生产流水线，使显示器年生产能力达到了100万台。

产量增加了，销售必须跟进。目前，中电熊猫显示器有限公司在全国设有300多个代理商，为了让代理商更多地了解公司的发展，同时展示其即将推向市场的新产品的优势及性能，研究如何扩大产品销售等问题，公司领导决定8月8日至10日在南京市召开一次全国代理商会议，由公司总经理介绍企业的基本概况及发展远景；研发部经理介绍、演示新产品的性能、核心技术及测试结果；生产部总监介绍目前企业的生产能力及生产情况；销售部总监介绍公司产品的销售情况；公司主管副总经理就下一步销售策略、销售政策及开展销售竞赛评比等事项做专题发言。同时，选择东北、华北、华南三位销售代表介绍各自的经验，最后表彰50家优秀代理商。会议期间，还要组织与会代表参观企业，利用一个晚上的时间举办一场联欢晚会，安排代表们游览南京市内的几个景点。

为保证会议的成功举办，公司还决定将会议地点安排在南京国际会展中心，食宿也在南京国际会展中心。同时各部门抽调10人组成大会筹备处，由张副经理负责，具体工作包括准备会议所需文件、材料，寄发会议通知，接待，安排食宿，布置会场，联系南京国际会展中心及旅游景点，预订返程车、船、机票，邀请新闻媒体，组织联欢晚会，购置礼品等。总经理还特别强调，要在保证会议隆重、热烈、节俭的前提下，尽量让代表们吃好、住好、玩好。

根据公司领导的意见，张副经理立即从各部门抽调了10位员工成立了大会筹备处，并召开了会务工作会议，对会议准备工作进行了部署和分工。

训练题：

1. 为中电熊猫显示器有限公司代理商会议拟订一份会议方案。
2. 根据会议的规模、层次和主题，会议筹备处应具体划分哪几个小组展开准备工作?
3. 以筹备处的名义提交一份本次会议经费预算方案报总经理审批。
4. 请根据会议的内容制作一份会议日程表（包括日期、时间、内容安排、地点、参加人、负责人、备注等项）。
5. 请根据会议内容拟写一份会议通知。
6. 制作一份会议签到单。

菁菁饲料工业总公司是一家国有老企业，年产200万吨“龙”牌系列全价饲料，工艺设备先进，技术力量雄厚，饲料产品系列配套，特别是公司采用国际先进配方后，生产的“龙”牌系列全价饲料含有畜禽生长所必需的各种维生素、氨基酸、微量元素及营养素，具有营养全、省饲料、长得快、防疾病等特点，为不同品种、不同生长阶段的畜禽提供充足的营养物质。产品经公司下属的大壮猪场实验饲养，外贸出口猪优良品质率名列全国前茅，产品还被认定为全国优质产品。

再过一个月，就是企业成立50周年。为此，公司决定举办一系列纪念活动，一方面回顾总结企业50年来走过的历程，继承和发扬当年艰苦创业的优良传统和精神，另一方面是研究确定下一步企业发展战略，寻求新的发展机遇。在系列纪念活动中，安排了四次会议：

(1) 庆典大会。邀请市领导、行业协会领导、新闻记者、有关专家、客户代表、退休老职工，以及企业员工代表约300人出席。根据会议方案，主席台将安排3位市领导、2位行业领导、2位专家、1位客户代表、1位退休老职工和企业总经理、副总经理共11人就座。

(2) 报告会。请2位专家讲授饲料行业的发展状况、新技术及国外发展现状等。会议规模为100人。

(3) 企业发展战略研讨会。拟邀请研究院所、高等院校及行业机构的专家、学者以及金融界人士20人与15名企业中层以上领导干部，共同研讨企业下一步的发展战略，请专家为企业把脉，为企业开处方。

(4) 劳动模范座谈会。拟邀请企业内各级劳动模范11人，与企业4位党政领导及工会主席进行座谈，回顾创业历程，听取劳模对企业发展的意见和建议。

本着节俭办会的原则，根据公司的安排，四次会议的会场布置均由公司秘书小武负责。

训练题：

实训分小组进行，每个小组确定一名负责人，各小组在四个会场中任选一个会场进行仿真布置。要按真实会场布置的要求进行实训，并达到以下效果：(1) 布置庆典大会会场要热烈、隆重。(2) 布置报告会会场要庄重、美观。(3) 布置研讨会会场要庄重、舒适。(4) 布置座谈会会场要轻松、活泼。

滨江市商业糖酒批发公司是一家由全民企业改制的股份制企业，公司经济实力雄厚，主营糖、酒、副食品、非酒精饮料、滋补品、粮油及制品、食用香精及添加剂，兼营日用百货、针纺织品、文化用品、五金、交电等。公司营销方式以调拨、批发为主，辅以零售、代购、代销，薄利多销为该公司的一大特色。

该公司目前已与国内150多家厂商建立了直接的业务关系，以互惠互利为合作之本。各厂商通过商业糖酒批发公司反馈的信息，在管理和经营上都获益匪浅，也使商业糖酒批发公司得到了更多公司的信赖，相互合作更加紧密。适逢滨江市商业糖酒批发公司投资兴建的商业大厦竣工暨商场开业，为进一步加强工商合作，滨江市商业糖酒批发公司决定召开商品供货商业务恳谈会，邀请年供货1 000万元以上的30家企业老总莅临滨江市共谋发展，同时为滨江市商业大厦商场开业剪彩。剪彩后，30家厂商的老总还将举行购物签名活动。在公司办公室主任夏雨的精心准备下，上午的业务恳谈会议在友好、热情的气氛中开始。由于大家相互间都很熟悉，又有一段时间没有见面，因此会议开始很长一段时间大家都在相互问好，谈论对近期国家大事的看法。期间还有很多人在接打电话。作为会议召集人的夏雨，很想控制会议的进程，但她不知道怎样说。

事后，公司老总批评了办公室主任夏雨，认为本次会议没有达到预期的效果。

训练题：

1. 模拟演示做好会议开始前的签到工作。
2. 模拟演示会间奉送茶水。
3. 模拟演示会议记录。

第7章

信息管理

7.1 信息管理概述

7.1.1 信息的含义

信息一词来源于拉丁文 information，是指一种陈述或一种理解、解释。随着人们对信息这一概念的认识更加深入，以及人们对信息概念的认识角度的增加，信息概念的含义也在不断改变，到现在信息已成为一个含义深刻、内容丰富的概念。信息是现代社会经济发展的三大支柱之一。然而对于信息这个概念，迄今为止尚无统一定义。

有关信息的定义，最早可追溯至 1948 年美国科学家维纳（Wiener）的《控制论——或关于在动物和机器中的控制和通信的科学》一书，书中指出："信息就是信息，不是物质，也不是能量。"后来他又提出了新的看法："信息是人和世界互相作用的过程中互相交换的内容的名称。"信息论奠基人、美国科学家香农（Shannon）在《通信的数学理论》一文中，把信息定义为"能够用来消除不定性的东西"。信息管理专家 F. W. 霍顿对信息的定义是："信息是按照最终用户决策的需要，经过处理和格式化的数据。处理可以是自动化的或手工的。将数据转化为信息是由信息处理者完成的。"

综上，我们可以将其归纳为广义和狭义的两种表述。狭义的信息是指反映事物存在和运动差异的，能为某种目的带来有用的、可以被理解或被接受的消息、情况等。广义的信息是指客观事物的存在方式或运动状态的直接或间接的反映。它是通信系统传输和处理的对象，泛指消息和信号的具体内容和意义，通常需通过处理和分析来提取，信息的量值与其随机性有关，如在接收端无法预估消息或信号所蕴含的内容或意义，那么预估的可能性越小，信息量就越大。这一定义表明：

（1）信息是一种普遍存在的社会现象，客观世界的一切事物及其运动都是信息之源。从无机界到有机界、从宏观的宇宙天体到微观的基本粒子，从自然界到人类社会，种种物质都可以成为信息源，都能产生和发出信息。

(2) 信息是对事物运动变化状态的客观描述。世界上一切事物都处在不停的运动变化之中，事物的运动变化过程呈现出不同的状态、特征及其各自的规律性，其必然伴随着信息的产生、获取、传递、交换、存储等过程。任何事物的运动过程都离不开信息的运动过程。凡是有物质、有能量的空间，就有信息。

(3) 信息是客观事物之间相互作用和联系的显示。世间万物不仅处在不停的运动之中，而且彼此间有所联系、有所作用。信息是事物之间互相联系和作用的表现，是客观事物状态经过传递后的再现。

(4) 信息不是事物本身，而是事物所揭示的内容。例如，电信号、光信号、声信号常作通信联系之用，但信息不等于信号本身，而是以一定的顺序排列的事物所揭示的内容。人们生活在信息海洋之中，开发利用信息资源的水平越高，社会发展的程度也就越高。秘书人员要加强信息工作，大力开发利用信息资源。

7.1.2 信息的特征

信息同物质、能源一起成为现代物质文明的根本要素。物质给人类提供材料，能量给人类提供动力，而信息所给予人类的是知识和智慧。所以，信息具有与物质、能量大不相同的特征。秘书人员只有了解和掌握信息的特征，才能更有效地开发和利用信息资源，做好信息工作。信息的特征概括起来，有以下几个方面：

1. 客观性

信息是事物的变化和状态的客观反映。由于事物及其状态、特征和变化是不以人的意志为转移的客观存在，所以反映这种客观存在的信息同样带有客观性。不仅其内容具有客观性，而且一旦生成，还具有客观存在性。

信息的客观性决定了真实是信息的价值基础。客观真实性是信息的中心价值，也是信息的生命所在，反映信息必须符合实际。秘书在工作中经常遇到报喜与报忧的问题。喜与忧都是客观存在的，既报喜又报忧不但体现了信息的客观存在性，而且也是人们尊重客观，正确对待喜与忧的科学态度。

2. 共享性

信息是客观存在的，是永不枯竭的资源，它可以同时为众多的接收者共同分享，且不会像物质资源那样因使用而减少。从整体来看，信息可共享性的特征使信息资源能够发挥最大效用，同时能使信息资源生生不息。信息不仅缩短了人类探索、认识、改造自然与社会的时间，还极大地节约了人力、物力和财力。我们获得信息的目的就在于通过传递而共享，在共享的基础上利用信息并进行再创造。

3. 开发性

信息以物质的形式向人们提供精神的产品。它给人以新的知识，推动着科学技术的进步和经济的发展。它点燃创造的火花，引导人们开拓更广阔的领域。因而，信息是具有开发性的宝贵资源。信息作为一种资源，取之不尽，用之不竭，可以充分地开发利用。

4. 传递性

信息可以通过一定媒介或一定的载体进行传递，这是信息的本质特征。传递性意味着人们能够突破时空的界限，对不同地域、不同时间的信息加以选择，增加充分利用信息的可能性。

信息的传递通常可以分为空间传递和时间传递两个方面。空间传递就是不同的地区之间通过各种通信设备（如电话、电传、电视、电脑网络、邮政等）所进行的信息传递。它可以使不同地区的信息得以交换。时间传递，就是通过文字、录音带、录像带、胶片等手段储存信息，从而让有使用价值的信息随着时间的推移传递下去。

5. 时效性

信息的时效性是指信息的价值作用随着时间的改变而改变的一种特性。世界上的事物都在不停地运动着，反映其变化状态的信息也不断地发生变化，因此，信息具有时效性。信息的效用与利用时间有密切关系。信息反映的内容越新，它的价值越大；时间延长，价值随之减小；一旦超过其“生命周期”，价值就消失，过时的信息不仅无用，有时还会有害。信息的价值在于及时传递给更多的需求者，从而创造出更多的物质财富。

6. 可存储性

信息反映的内容是客观的，信息生成后具有客观存在性。信息的客观性决定了信息具有可存储性。信息的存储和积累，使人们能够对信息进行系统的、全面的研究和分析，使得信息得以延续。

7. 可塑性

信息还具有可以归纳、综合和精练、浓缩的特征，从而使人们能够更好地利用它。例如，可以从大量零散的信息中找出带有普遍性的规律；根据许多复杂的事实，可以总结出一条定理；把大量的数据、资料汇集到一起，可以压缩成一个或几个公式或方程式等。

8. 无限性

随着时间的推移，信息可以不断地产生和发展。

7.1.3 信息的种类

按照不同的标准，信息可以划分为多种类别。

1. 按信息源的性质划分

信息可分为自然信息和社会信息。自然信息是自然界自发产生的。例如，地形、地貌、地质、天气等的运动状态都属于自然信息。社会信息是人类社会运动的状态和方式，是社会各方面有意识、有目的地发出的信息，如政治信息、经济信息、科技信息、文教信息、体育信息等。自然信息经过人工摄取、制作和传播可以转化为社会信息。秘书部门的任务主要是接收社会信息，为领导决策和管理提供依据或参考。

2. 按信息的表现形式划分

信息可分为语言信息、文字信息、声像信息、计算机语言信息和缩微型信息。语言信息是在人际交流中获取信息的一种信息交流形态，如讲话、打电话等。文字信息是以文字为载体的信息，是秘书部门经常接触的信息形态，如各类文件、报刊、书籍等。声像信息是以声音和图像为载体记录的信息。它是随着科学技术的进步，交流的不断扩大，办公自动化的日趋完善而产生的新型信息形态。这类信息载体有录音带、录像带、幻灯片、电影、电视、图片等。计算机语言信息是借助于电子计算机生成、传输和处理的信息，是人机系统管理的信息。缩微型信息是运用现代缩微技术把书面信息浓缩在胶片上的信息。

3. 按信息内容所涉及的社会领域划分

信息可分为政治信息、经济信息、文化信息、教育信息、军事信息、科技信息、体育信息等。

4. 按信息来源方向划分

信息可分为横向信息和纵向信息。横向信息来自平行单位，纵向信息来自上级领导部门或下属单位。

5. 按信息稳定状态划分

信息可分为静态信息，如资源、厂房、单位占地面积、历史上的统计数据等；动态信息，即非固定的信息，如股市行情、市场信息等。

6. 按信息作用时态划分

信息可分为过去信息、现时信息和未来信息。过去信息是指反映和描述过去所发生的各种事物变化和特征的信息。现时信息是指反映和描述现在发生的各种事物变化和特征的信息。这类信息的使用价值最大，对于人类社会发展具有重大意义。未来信息是指反映和描述未来发生的各种事物变化和特征的信息。

7. 按信息在秘书工作中的作用划分

信息可分为预测信息、动态信息、反馈信息。预测信息是在事物发生阶段、实际工作展开前所产生的信息。动态信息是在事物发展、成长过程中形成的信息，包括事物的进展、经验、成就、范例以及发展变化动向与趋势等。反馈信息是事物结束某一特定运动过程后所产生的结果。

7.1.4 信息的作用

信息对于一个组织的生存来说十分重要。公司的秘书对这一点一定深有体会。下面举几个例子来说明。

> 日本政府和企业对信息工作非常重视，有人形容日本人在收集信息方面像梭子鱼一样什么都不放过。的确如此，日本一些大的公司和企业在世界各地都有自己的外派机构，这些机构既是营业点，又是信息收集点。日本最大的企业之一——日本三菱公司就十分重视信息的收集与研究。公司雇用了许多人（包括外国人）在国内、国外专门从事商业信息的收集。该公司的信条是：企业的成败在于经营，而经营的关键在于信息和预测。

> 日本索尼公司在 20 世纪 50 年代还是一个不起眼的小企业，1953 年，该公司总经理盛田昭夫在美国考察时获得了晶体管问世的信息，立即从美国引进该项技术用于收音机和电视机，从而使企业获得了飞速的发展，并跨入了日本大公司的行列。

日本三井物产株式会社也是日本大企业之一，它蓬勃发展的一个重要因素也是信息。它建立了一个覆盖全球的信息网，世界各地发生的重大政治、经济和贸易信息，三井总部都能了如指掌。

处于信息时代的秘书人员实际上时时事事都在跟信息打交道。作为秘书，不仅要掌握广阔的信息来源，更要掌握收集信息的有效方法，而且还要有将冗杂的信息进行整合的能力，并能将整理后的、准确的、具有内在联系的信息及时地传递给包括你的上司在内的决策者。在收集、整理、传递信息的过程中充分体现了秘书的辅助决策的角色特征。因此本章所介绍的内容是整个秘书工作的压轴戏。希望这部分内容能帮助秘书人员在日常的信息工作中游刃有余，得到上司的赏识和同事的青睐。

7.1.5 信息工作的基本原则

1. 价值性原则

信息含有自身的价值。从根本上讲，信息价值的大小，在于它是否真实地反映了客观事物发展变化的状况，即是否具有真实性。真实是信息的生命。由于信息的来源和传播渠道中难免有客观的杂质和主观的因素，因此人们接收到的信息往往不一定能反映事物发展的本来面目。要做好信息工作就必须坚持调查研究，深入细致地了解各种信息源的信息含量、实用价值、可靠程度，必须辨别真伪、去粗取精、去伪存真，以细致的鉴别、精确的考证来求得信息的准确、真实、可靠，从而保证信息的价值，这就是信息工作必须遵循的价值原则。

2. 时效性原则

时效性是信息的一个重要属性，是衡量信息价值大小的重要尺度。信息从信息源出发，经由信道而达信宿的全部过程，只有在一定的时间范围内，才能体现它的价值，发挥它的作用。过时的信息不仅其价值会降低或丧失，而且会造成工作的损失。因此，信息工作必须遵循时效性原则，应特别注意信息使用价值和时效性的密切联系。

时效性是通过信息的“及时”和“适时”两种形式显现的。“及时”是指秘书对富有新意（新动向、新观点、新趋势）的信息要及时收集、整理和提供利用。这是信息的生命力之所在。“适时”是指秘书向利用者提供信息时要审时度势，选择最佳时机。

3. 层次原则

信息的价值是客观存在的，但信息价值量的大小却取决于信息本身的内容对接受者的有用程度。由于社会实践活动的不同，人们对信息有着不同的需求。同一条信息，对有的人来说价值高，而对其他人来说，价值可能就低，甚至毫无价值。这就要求秘书人员在信息工作中遵循层次原则。

在收集信息时，要选准信息来源，从不同的来源收集不同层次的信息，不同层次、不同角度、不同人员、不同行业甚至不同国家、不同环境的信息都要广泛收集。在加工信息时，要进行挖掘，把信息的深层次内涵发掘出来。在提供利用信息时，需要注意利用对象的层次性。

4. 针对性原则

针对性原则主要有两层含义：一是服务对象的针对性。信息对不同的主体有不同程度的作用，因此，收集、加工信息要有明确的目的，或是给上司制定某项政策提供依据，或是为某项工作提供参考。只有明确服务对象的特点和需要，才能有的放矢，克服盲目性。二是信息内容的针对性，就是强调信息的使用价值。要针对实际需要，根据工作性质、方向和任务，有针对性、有重点地选择那些利用价值大的信息，要知道，并非所有的材料都与要处理的问题或业务活动相关，太多的信息往往会扰乱人们的思维。秘书人员应围绕关注的“热点”、“难点”问题开展信息工作，做好预测性信息、动态性信息、反馈性信息的收集和整理工作。

5. 全面系统原则

所谓全面系统是指时间上的连续性和空间上的广泛性。为了实现信息工作的目的，必须保证获取信息的全面系统。

信息反映的是客观事物的状态，人们获取信息是为了了解事物。而客观事物的变化发展是受环境制约的，和其他事物又有密切的联系，而零星片断的信息不能反映事物的全貌。因此，要尽可能全面采集符合各方面需求的信息，注意保持重点需求信息的连续性和完整性，尽量做到全面系统。要广辟信息源，掌握其传播渠道，设法挖掘与采集各类信息资源，保证有必要的信息数量足以反映事物的本质与规律，而绝不是没有限度地包罗万象。只有这样，才能准确地把握各种社会要素活动趋势的信息和各种经济机制作用的信息，从而有利于科学决策。

为了更好地贯彻执行信息工作的原则，还必须建立健全必要的信息工作制度。如信息工作组织制度、信息传递制度、信息专报制度、信息专题分析制度、信息储存制度、信息编辑制度、信息审批制度、信息反馈和催办制度、评奖制度。

7.1.6 信息管理工作的基本程序和基本要求

1. 信息管理的程序

信息管理就是组织信息的有序化交流和利用的活动。秘书人员收集、整理、存储、传递、反馈、开发利用信息的一系列活动，被称为信息管理工作。信息管理工作的任务就是满足管理决策活动的信息需求，为其提供高效、优质的信息支持。

2. 信息管理工作的基本要求

（1）信息收集要求。

● 广泛性。指要广泛收集不同层次、不同角度、不同环境、不同行业的信息，这有利于全面地分析问题，有利于为领导决策提供信息支持。

● 真实性。真实是信息工作的生命。为了保证信息收集的真实性，要确保信息来源的可靠性，特别是通过间接方法收集信息时，要核实信息来源。即使是直接获得的信息，也要充分考虑可能影响信息真实性的种种因素。

● 客观性。信息收集要准确、可靠，忌“依长官意志办事”，不应受权威人士的束缚；忌“先有结论，后有调查”，不应主观臆断。

（2）信息分类要求。为了确保信息分类的准确适用，分类工作应注重：

● 适用性。分类要本着以用为重的原则进行。

● 综合性。分类的目的不在于对信息进行详细的区分，而是要进行分类综合化，即能使相应的信息集中。

● 渐进性。分类不能从细微处开始，应按照下列顺序进行：上位概念（大分类）——中位概念（中分类）——下位概念（小分类）。只有这样，才能保证分类工作正常进行。

● 相斥性。经过分类而形成的类别应有明确的定义，类别间不能有概念的重复和欠缺。若无法避免概念之间的重复和欠缺，应以其他方法，如增添说明等加以限定和补充。

● 并置性。经过分类而形成的相似概念或有关联的概念，在分类体系中应排列在相近的位置，而关联性较小的应排列在较远的位置。这样便于对信息的查取和合理开发利用。

（3）信息存储要求。

● 信息存储要有价值。信息范围广泛，内容丰富，任何组织想要将所有的信息集中存储既无可能也无必要，因此组织信息存储要进行信息价值的判断，从当前和长远的角度来判断信息的存储价值，以保证存储信息的有用性。

● 信息存储要便于利用。存储的目的是为了利用，利用的核心是方便检索。信息必须按信息检索的要求进行存储，主要应做到：集中化，即集中存储信息的物理性载体；有序化，即做到按一定的秩序进行排列存放；科学化，即存储要符合科学规律和客观要求，使存储系统成为一种信息的有机整体；实用化，即存储要做到方便索取、方便利用。

● 信息存储要逐步实现现代化。由于科学技术的进步，存储信息的手段多种多样，激光技术、全息摄影技术等新技术的发展，可以极大地节省存储空间，有效地存储信息。

7.2　信息的收集

7.2.1　信息收集的含义

信息收集是整个信息工作的第一步，是信息工作的基础和初级阶段。它是指信息收集者为满足使用者的需求，通过不同的渠道和方式，收集、获取信息的过程。

7.2.2　信息收集的范围及内容

秘书部门是综合办公部门，收集信息是为领导决策和各项管理工作服务的，其收集信息的范围十分广泛，既有综合性的，又有技术业务性的。秘书人员的信息收集内容随服务领域与目的的不同而有差异，一般应包括以下种类的信息。

（1）系统内信息。这是机关单位所管辖和隶属系统内的信息，其范围通常包括对上级领导机关及本机关的决策或重要工作部署的贯彻执行情况；所属机关单位对当前工作的重要安排和部署；所属范围内的重要工作进展情况、带有倾向性的问题、重大事件及重大的自然灾害等。系统内信息是机关单位进行宏观控制、调整和制定决策，以取得最佳效果和实现既定目标的依据。

（2）上级信息。上级信息是上级领导机关下达的信息，是各级机关工作的依据，其范围通常包括党和国家的有关方针、政策及有关的法令规定，上级主管领导机关发布的指令性和法规性的公文及其编印的公开或内部刊物等。

（3）平行信息。不相隶属的机关单位的相关信息。包括来往的文书材料；相互交换的信息资料；相互之间交流的经验及批评、建议、要求等。

（4）社会信息。社会上具有普遍性、倾向性的信息。包括社会上的各阶层人民群众对本单位的呼声、意见、建议和要求，以及重大的思想反映和社会动态等。了解社会信息能使本单位的工作具有针对性。

（5）历史信息。与本单位的工作和主管业务有关的一切历史档案资料。

（6）国际信息。来自国际社会的信息。随着观察、了解国际社会的渠道的拓宽，人们的视野开阔了，只有时刻关注世界的发展变化，吸收并借鉴国外先进的管理经验和技术，才能取人之长，补己之短，取得更快的发展速度。

具体来说，秘书收集的信息主要包括以下内容：

（1）企业信息。

● 本企业的基础资料。包括企业的历史沿革资料、工作的经验和教训、学习科研成果、基本状况简介、规章制度、重要活动情况等。

● 企业概况。包括企业名称、地址、电话及图文传真号码、业务范围、近年来的营业额及利润等，以及企业的财务资产状况和企业的信誉与信用等级情况。

● 企业背景信息。包括企业的历史、企业的结构、主要行政负责人及股东的情况。

● 企业经营活动信息。包括企业各种专门的经营活动，如科研、新产品开发、新设备的购置、新的销售渠道、新的广告与推销策略等，以及企业进行的社交与公益活动等。

（2）国际市场信息。包括产品供应商、产品价格、同类产品的规格性能和特点、产品的消费需求、市场竞争情况方面的信息。

（3）客户信息。包括客户的资信、经营方式、经营范围和经营能力、市场营销特点、市场占有率及客户的有关背景方面的信息。

（4）贸易信息。包括市场消费动态，供需趋势信息；各种贸易机会，如各种订货会、商品交易会、展销会、博览会的信息；新技术、新产品信息；外资市场信息；国际劳务市场信息；竞争企业与生意合伙人的信息等。

（5）国际金融信息。包括国际金融动态、外汇汇率变化、国际证券市场行情、贸易对象国的利息率、汇率、投资、信贷等信息。

（6）法律政策信息。企业工作是在法律、政策、规定的指导和约束下进行的。特别是进行涉外活动时，要充分考虑国际惯例及有关的法律、政策。秘书人员应注意收集我国现有的法律、政策、规定，注意收集与本企业有贸易业务的国家的法律。

（7）交际活动信息。凡是企业领导要参加的各种交际活动，秘书人员都要及时掌握有关方面的信息。要迅速掌握会见活动的内容、时间、地点、具体要求等情况。设法掌握对方的背景材料、生活习惯、饮食特点、嗜好、忌讳等情况。明确上级主管部门对这次会见的指示或批示。

7.2.3　信息收集的渠道

信息收集的渠道、方法有多种。

1. 根据获取信息的方式划分

(1) 信息网络渠道。信息网络是专门负责信息的收集、加工和处理的系统，包括信息组织、信息工作人员和信息工具等。信息网络能够有效地收集信息和敏感地反馈信息。信息网络的特点是全方位、多层次、多渠道、多触角、及时灵便，通过信息网络可以广泛收集最新的信息。信息网络的建立，从组织机构上保证了信息的收集工作。在当今信息“激增”的情况下，建立信息网络并通过它广泛收集信息，已成为提高信息工作效率和质量的一个重要手段。

对现代秘书来说，使用搜索引擎（search engine）查找信息是最为方便和高效的。下面将重点讨论怎样使用搜索引擎，以及如何根据秘书工作的特点来及时和准确地查找信息。

● 何谓搜索引擎。搜索引擎是网络信息搜索最为便捷的工具。有人认为，搜索引擎是一种程序，它接收提问式，然后检索索引，识别并回复与提问式匹配的记录。这一过程包括两个重要步骤：

✱ 第一，搜索引擎利用检索算法识别被匹配的记录。

✱ 第二，采用特殊的排序方式对检索出的款目进行排序，显示给用户。

搜索引擎本身也是一个互联网网站，与众多包含网页信息的普通网站不同的是，搜索引擎网站的主要资源是描述互联网资源的索引数据库和分类目录，为人们提供一种搜索互联网信息资源的途径。搜索引擎的索引数据库以网页资源为主，有的还包括电子邮件地址、新闻论坛文章、FTP、Gopher等互联网资源。

一个完整的搜索引擎主要由以下几部分构成：人工或自动巡视软件，如网络蜘蛛（Web Spider）、爬行者（Crawler）、网络机器人（Robots）等；索引库或分类目录；用于检索索引库的检索软件（Search Engine Software）及浏览Web界面。人工或自动巡视软件定期访问互联网站点并跟踪链接，对访问过的互联网站点和网页建立索引或分类目录，索引库中保存搜索过的站点和网页的索引。检索软件根据用户的查询要求在索引库中筛选满足条件的网页记录，并依照排序得分依次给出查询结果，或根据分类目录一层层浏览。搜索引擎包含了丰富的网上资源信息，对用户的检索响应速度也很快，一般每次检索只要几秒钟。

搜索引擎对网络资源的收集和整理主要有两种方式：一是图书馆和信息专业人员通过对互联网信息资源进行筛选、组织和评价，编制描述网络资源的主题目录。这些目录虽然质量很高，但编制速度无法适应互联网资源增长变化的速度。二是计算机人员设计开发巡视软件和网络机器人等，对互联网资源进行自动搜集、整理、加工和标引。这种方式省时、省力，加工信息的速度快、范围广，可向用户提供关键词、词组或自然语言的检索。但由于计算机软件在人工智能方面与人脑的思维还有很大差距，在检索的准确性和相关性判断上质量不高，因此，现在很多搜索引擎都是将人工编制的主题目录和搜索引擎提供的关键词结合起来，以充分发挥两者的优势。但由于互联网本身的特点，使得现有的任何一种搜索引擎都难以做到对互联网信息资源的全面检索。

一般来说，搜索引擎是互联网导航工具，是一种搜索互联网信息的软件系统。它通过采集、标引互联网资源来提供全局性互联网资源控制与检索机制，并将互联网中的信息资源进行整理和分类，形成一个完整的集合，目的是方便用户查找所需的信息。搜索引擎使用方便，一般由分类目录和关键词（keyword）检索两部分组成。第一，分类目录可以让用户仅仅通过浏览的方式就可以集中地找到这一类信息。分类目录把互联网中的资源收集起来，由其提供的不同类型而分成不同的目录，再一层层地进行分类，人们要找自己想要的信息可按其分类一层层进入，就能找到自己想要的信息。第二，关键词检索提供多种检索方式，是搜索引擎的基本组成部分。一个搜索引擎可以没有分类目录，但却极少没有关键词检索。用户可以用逻辑组合方式输入各种关键词，搜索引擎根据这些关键词寻找用户所需资源的地址，然后根据一定的规则反馈给用户包含此关键词信息的所有网址和指向这些网址的链接。随着互联网信息按几何式增长，这些搜索引擎利用其内部的一个叫网络蜘蛛的程序，自动搜索网站每一页的开始，并把每一页上代表超级链接的所有词汇放入一个数据库，供用户查询。搜索引擎产生的时间虽短，但发展迅速，种类繁多。

● 搜索引擎的特点。

——方便应用。为了充分提高访问量，搜索引擎网站都以易用性作为自己的建设目标。烦琐复杂的搜索引擎检索效率不高，谈不上使用率。针对互联网用户利用信息资源相对稳定的特点，搜索引擎一般都对不同用户群的知识结构需求尽力提供相关的功能。提高搜索引擎的智能化程度，使之更加简便易用，是搜索引擎吸引用户的重要手段，因此，搜索引擎在学科领域知识和语言知识方面可给用户提供充分的支持，使用户的认知负担降低到最低程度。有些搜索引擎体现了树形检索的功能，用户不需要记忆任何符号，按照书写习惯输入查询请求，就可得到检索结果。

——空前浩大的信息量。搜索引擎收集的互联网信息资源十分广泛，不论是人文科学方面的信息，还是自然科学方面的信息；不论是学术研究性的信息，还是生活服务及娱乐性的信息；不论是系统性的知识，还是零散的知识，都包含在它的搜索范围之内。

搜索引擎并不局限于提供单一的网络信息资源的查找，在作为综合的百科性查询工具的同时，还为特定类型的信息及用户群提供特殊的查询工具，如重大新闻、投资信息、股票信息、体育娱乐信息等。

——多种多样的检索方法。搜索引擎通常既支持分类检索，又支持主题检索；既提供满足一般用户要求的简单检索，又提供满足专业用户要求的高级检索。

简单检索就是在关键词输入框中输入一个或几个关键词，然后提交给搜索引擎。简单检索结果往往不够精确。如果使用一些出现频率较高的词，则反馈的结果很多，用户难以取舍。如果选择的词很生僻，则反馈结果可能不是用户所需要的，因为一个或几个单词很难完整地表达用户的检索要求。

搜索引擎还可以提供一些新方法，对用户的检索要求进行逻辑条件限制和特殊操作符限制，力争提高检索结果的正确率。这些方法通常称为高级检索，也就是复杂检索。不同的搜索引擎所提供的高级检索有很多相似之处，只是有些搜索引擎整体水平较高，具备许多复杂功能，如逻辑检索和使用特殊操作符等。

搜索引擎在提供逻辑检索的基础上，还提供截词检索、字符串检索、字段检索、位置检索、自然语言检索、概念检索等，有的甚至能从字段、范围、时间、语言、信息类型、网站等方面进行必要的限定。此外，搜索引擎一般都能保留检索式并能对其进行修改，实现二次检索。

——形式多样的检索结果。搜索引擎可以根据用户的不同需要，让用户选择不同的显示格式、详简程度和结果排序标准，如按相关度、URL、域名、字母等排序，也可以合并返回结果，删除重复的链接。有些搜索引擎是按搜索结果和用户输入的关键词的关联程度来排列的，关键词出现越多的结果排得越靠前，在相关度排序的同时，越知名的站点排得越靠前。

互联网主要搜索引擎之一——百度

百度搜索引擎是目前世界上最大的中文搜索引擎，其中文网页总量超过 3.5 亿页，并且还在保持快速的增长。百度搜索引擎具有高准确性、高查全率、更新快以及服务稳定的特点，能够帮助广大网民快速地找到自己需要的信息，因此深受网民的喜爱。百度搜索引擎的流量保持快速增长，领先优势明显。图 7—1 是百度的界面，像 Google 的界面一样，非常简洁，功能却非常强大，也极富特色。

图 7—1　搜索引擎百度的界面

(2) 行政组织渠道。行政组织渠道一是指按地区部门的行政隶属关系，通过请示汇报、业务联系、工作的督促检查评比等形式进行信息收集；二是通过行政组织系统内部报送的工作安排、工作总结、调研报告、领导讲话等各种行政公文收集信息。

(3) 科研渠道。科研渠道是指从科研机关或科研成果中获得信息。不论是社会科学还是自然科学研究机关，它们对自身的研究对象收集系统的信息材料，其研究成果常是信息源。

（4）社会团体渠道。社会团体渠道是指通过对各种社会团体召开的会议、组织的社会活动、编印的文字资料进行信息收集，以拓宽信息收集的覆盖面。

（5）调查渠道。调查渠道是指带着某个专题，深入基层，广泛收集多种资料，然后经过去粗取精、去伪存真的筛选，获得有价值的信息。调查渠道是有目的、有重点、主动收集信息的重要方法，常以此弥补其他信息渠道的不足，以便挖掘层次更深、质量更高的信息内容。

调查渠道往往用于为深入研究某一问题而有目的地收集专题信息。通过这种途径收集到的信息不仅有价值，还往往有预测性。例如撰写市场预测报告时，就常用这种方法收集信息。

（6）媒体渠道。媒体渠道即通过各种印刷品取得信息的渠道。如从文件中可以了解各发文单位的情况；通过报纸杂志，可以获得最新政治动态，了解民情民意。从大量的古今中外的各种图书资料中，从浩瀚的历史档案中同样可以获取于今大有裨益的多种信息。

2. 根据获取信息的来源划分

（1）外部渠道。外部渠道包括国内信息渠道和国外信息渠道。主要有政府信息网络、大众传播媒介、社会专业信息机构、各种形式的会议等。

（2）内部渠道。内部渠道是指组织内部的各个部门。从内部渠道获取的信息主要有：决策资料、计划总结、经济活动分析、财务活动分析、各种统计记录、组织内部宣传材料等。

信息收集的渠道很多，关键在于秘书人员有无信息意识。秘书人员要主动收集信息，注意积累，做收集信息的有心人。

7.2.4 信息收集的方法

根据信息收集的具体目的和所在组织的业务内容，以及环境条件的不同，信息收集的方法多种多样，常用的信息收集方法有：

1. 观察法

观察法也称直接考察法，是收集、获取信息的最基本方法，是指人们直接用感官或借助于其他工具认识客观事物，获取信息。在信息源产生的现场，调查者不直接向被调查对象提问，只是凭耳闻目睹或借助录音机、照相机、摄像机客观地记录信息源产生的行为过程，而使被调查者没有意识到是处在被观察的地位，从而获取第一手资料。

观察法有多种类型，根据观察者是否参与被观察者的活动可分为参与式观察与非参与式观察；根据观察内容是否有统一设计的、有一定结构的观察项目和要求，可分为有结构式的观察和非结构式的观察；根据观察对象所处的环境状态特征，可分为自然状态中的观察和人为情景中的观察。

（1）观察法的优点。

- 方法简单、灵活。
- 获得较为客观的第一手信息材料。
- 适用于对环境、人物、事件实际状况的了解。

（2）观察法的缺点。

- 不易收集到深层次信息。
- 获得的信息量有限。
- 观察效果受观察者观察能力的影响。

2. 问卷法

问卷法是指由收集者向被收集对象提供问卷并请其对问卷中的问题作答而收集信息的方法。问卷依其填写者不同可以分为自填问卷和访问问卷两种。自填问卷即由被调查者自己填答的问卷；而访问问卷则是由信息收集者根据被调查者的口头回答来填写的问卷。

（1）问卷法的优点。

- 可以节省时间、经费和人力。
- 有利于收集真实的信息。
- 所得的信息资料便于定量处理和分析。
- 可以避免信息收集者的主观偏见，减少人为的误差。

（2）问卷法的缺点。

- 回收率难以保证。
- 问卷的质量难以保证。
- 被调查者必须具有一定的文化及相关知识水平才能作答。

3. 阅读法

阅读法是指通过阅读书报、杂志、文献、资料，从中获得信息。书报、杂志资料等公开出版物是目前人们运用最普遍的信息载体，兼有宏观信息和微观信息。

（1）阅读法的优点。

- 信息周转快，获取信息方便。
- 信息量大，适用性强。
- 能全面提供工作需要的参考信息。

（2）阅读法的缺点。

- 信息来源多，信息可能失真、有杂质。
- 需要筛选、判断信息的真实性。

4. 询访法

询访法是指信息收集者通过提问请对方作答来获取信息。询访法是一种询问者意图完全公开的方式，询访的形式有多种。有面谈询访，就是与调查对象面对面进行交谈，了解情况，这是一种直接调查。如果是对个别对象，用面对面谈话方式单独进行调查或逐个进行调查，称访问。收集涉及面广、深度要求高的信息以面谈询访为佳。还有电话询访，即借助于电话和传真等信息传递工具进行的信息收集活动。采用电话询访，调查人必须公开自己的身份和意图，谈话内容要简单，随时做好记录。收集简单的、时间性强的信息，以电话询访为佳。再有就是书面询访，是根据信息需求，设计制成统一格式的问答调查表，向被调查者了解情况，收集信息的方法。书面询访一般指问卷调查。涉及不便当面交谈的信息时以书面询访为好。

（1）询访法的优点。

✻ 应用灵活、实用。

✻ 直接交流、互动沟通。

✻ 能获得大量有价值的信息。

✻ 能获得语言信息和非语言信息。

（2）询访法的缺点。

✻ 要求询访者具有一定的素质和能力，能很好地运用询问技巧。

✻ 书面询问较复杂、难掌握。

✻ 费用较高、时间较长、规模小。

5. 网络法

网络法即通过互联网收集信息。随着计算机技术的普及，计算机已经成为很寻常的办公工具。互联网的开通，更使地球变成一个“村”，信息量急剧膨胀，获取信息的速度大大加快，通过上网，一方面可以更好地宣传自己，另一方面也可以更及时、全面地获取各种信息。

秘书部门主要是利用现有信息网交流获取信息。目前，许多大中城市建立了政府秘书综合网，各网络之间设有信息网络中心，负责信息的收集、中转交换、筛选与处理、编写材料等，这是获取信息极为有效的渠道。秘书部门应建立联系点，聘请信息员，及时向网络中心反映本地区、本部门的信息。

（1）网络法的优点。

✻ 信息时效性很强。

✻ 最新信息补充及时。

✻ 收集信息迅速、广泛。

✻ 收集信息不受时间、地域的限制。

✻ 能收集文字、图表信息和声像信息。

（2）网络法的缺点。

✻ 信息来源复杂，有大量未经核实的信息和垃圾信息。

✻ 需要掌握计算机知识。

6. 交换法

交换法就是将自己拥有的信息资料与有关地区、部门、单位或个人的信息资料进行交换。交换的信息资料一般是限制发行或内部发行的印刷、音像材料。

（1）交换法的优点。

✻ 实现彼此间的信息共享。

✻ 获得信息及时、适用。

✻ 节省信息收集时间。

✻ 可临时交换各自感兴趣的专题性信息。

✻ 可根据需要，商定交换信息的方式、内容，长期交换。

（2）交换法的缺点。

✻ 信息交换建立在自愿、互惠的基础上。

- 需注意信息保密问题。
- 交换信息的范围窄。

7. 购置法

购置法包括订购、现购、邮购、代购等。主要购买与信息收集目标有关的数据、报刊、专利文献、磁带磁盘。

（1）购置法的优点。

- 相关信息比较集中。
- 许多出版机构和书店都有订购业务。
- 能获得大量系统化、专业化的知识信息。

（2）购置法的缺点。

- 费用高，花费时间和人力多。
- 要从大量信息中筛选有价值的信息。
- 信息要经过真实性鉴别以后才能利用。

此外，有的教材还提到检索法。检索法是利用信息检索工具，从现成的信息资料文档中查检信息资料的方法。根据检索工具的不同，可分为手工检索和计算机检索。手工检索是查找特定信息资料的文档的方法，这些文档主要有目录、索引、文摘等二次文献以及年鉴、手册、百科全书等三次文献。计算机检索是通过计算机终端从计算机信息库中查找已有信息的方法。

7.2.5 信息收集的一般程序

1. 制定收集方针

信息普遍存在于政治、经济及人们生活的各个领域中，形式多样，种类繁多。由于社会分工不同，每个组织、每个人都有各自的工作范围、工作性质和工作任务，因而也就对信息有着不同的要求。如果收集信息的目的不明确，收集的内容、对象、范围不好确定，就不可避免地会出现无用信息膨胀和有用信息短缺，很难及时获得所需信息，进而影响整个信息工作运行。秘书人员应当根据自己的目的和任务制定收集方针，作为指导收集工作的总原则和基准，通过目标分析研究、了解有关方面对信息的具体需要，并在总体目标和阶段目标下，将信息需求分为若干层次，确定收集信息的具体目标。

2. 确定收集内容

在明确了信息收集的需求和目标的基础上，应当根据需要确定信息收集的内容，进一步限定信息收集的边界范围。信息收集者要善于根据组织的需要确定选取有效信息的标准，从大量信息中选取适用的信息。要善于从现有的材料中发现新动向、新经验、新知识，这样才能在信息收集工作中变被动为主动。

3. 实施收集工作

收集工作是一项长期的、连续不断的工作。不同内容的信息只能从不同的来源获取。要认真进行分析、比较、选择，从而确定最可靠的、最适宜的信息来源。收集信息也有一个方法问题，如果方法正确，信息收集工作的效率就高。这就要根据信息的内容和来源的不同，选择适宜的方法进行收集。

4. 反馈用户信息

信息的收集、积累不是目的，它的根本目的是提供给用户利用，要注意收集用户对信息利用情况的反馈。

7.3 信息的整理

信息整理是信息工作的核心，是信息工作的高级阶段。它是指将收集来的大量原始信息进行分选、分析研究，编写成书面材料，将初级信息组织成高级信息。

信息的整理连接着收集、传递等环节，在信息工作程序中起着重要的作用。通过加工整理，变单一信息为综合信息，变无序信息为有序信息，变原始信息为系统化信息，变低层次信息为高层次信息。信息加工整理的成效直接影响信息的质量和信息服务的效果。信息整理有一套具有内在逻辑联系的程序，包括分类、筛选、校核、综合、编写。

7.3.1 信息分类

分类是科学研究的一种方法。通过对不同事物的分类，可以使事物的特征、状态更清晰地表现出来。人们在认识客观世界的时候，对自然界与社会都采用了分类的方法。分类法是以知识属性来描述和表达信息内容的一种信息处理方法。

信息分类就是根据信息所反映的内容、性质和其他特征的异同，分门别类地组织信息的一种科学方法。分类是为了对大量已掌握的信息材料进行梳理分析，便于区别不同情况，找出最需要的内容；便于对某一问题进行系统反映；便于准确地向各方面提供适用信息。

分类是整理信息的重要方法，通过分类可以掌握现有信息资料的总体情况，为信息的鉴别、筛选和处理提供条件。因此，分类时要求把信息归入最符合其实际内容的类别，尽量全面考虑信息内容的各个不同角度。子类之间必须界限清晰，不能互相交叉或包括；具体类别必须含义明确，在现实中有清晰可见的客观对应物。

1. 信息分类的标准

分类揭示了每条信息的学科属性，把具有共同学科属性的信息类聚在一起，同时依据各类别之间的学科关系把信息组织成一个系统，实行科学管理。所以，分类要以一定的标准为依据。

信息分类所采用的标准有多种，可以信息的载体为特征，还可以信息表面的、外部的特征为依据，也可以文献所含有的信息、知识、科学等内容为依据。信息分类是以其所含的知识内容为主要标准，以其非本质的属性为辅助标准。

分类标准必须一致，不能同时使用一个以上的分类标准。具体说来，每一次具体的划分只能使用一个分类标准。但不同层次、不同类别之间所用的分类标准可以互相不一致。

2. 信息分类方法

（1）字母分类法。字母分类法是按照字母的排列顺序分类。通常是按作者姓名、单位名称、信息标题等的字母顺序分类组合。按字母排列的规则是：按第一个字母顺序排列前后次序；第一个字母相同则按第二个字母顺序排列，依次类推。第一个字母表示文档在文件柜中存放位置最初的索引，第一个字母以后的字母决定文档的准确位置。

- 字母分类法的优点。
  - 不需要索引卡片。
  - 分类规则容易掌握，操作简单。
  - 能与地区或主题分类法结合运用。
- 字母分类法的缺点。
  - 查找信息须知道姓名或单位名称、标题。
  - 某个字母下排列的信息较多时，查找费时。
  - 大型系统使用时，很难估计每一字母需要的存储空间。

（2）地区分类法。又称地理分类法、地域分类法，是按信息产生、形成所涉及的地区或行政区划等特征，将信息分为各个类别，按字母的先后顺序排列。这种分类方法适合于企业信息往来多的工作特性。信息按国家、省份、城市、区、县名称的字母顺序排列，使有关地区的所有信息集中存放，然后再按其他内容分别立卷。

- 地区分类法的优点。
  - 便于查找具有地区特性的信息，如某一地区内的有关公司信息、销售信息。
  - 分类方法容易掌握。
- 地区分类法的缺点。
  - 采用地区分类法需要有一定的地理知识。
  - 只适用于某些单位或部门。

（3）主题分类法。主题分类法是按信息内容进行分类的方法，主要根据信息内容的主题和标题分类。为了全面、准确地反映主题，便于利用，可以按多级主题分类。将信息最重要的主题名称作为分类的首要因素，次要的主题作为第二个因素，依次类推。可用最基本的分类导片标示出各类信息的主题内容，这些主题都是与单位的业务相关的，各主题之间根据字母顺序进行排列。

- 主题分类法的优点。
  - 相关内容的信息材料集中存放。
  - 信息能按逻辑顺序排列。
  - 方便检索。
- 主题分类法的缺点。
  - 分类标准不好掌握。
  - 标题不能很好地反映主题时，归类不易准确。

（4）数字分类法。数字分类法是指将信息以数字排列，对每一通讯者或每一专题给定一个数字，用索引卡标出数字所代表的类别。索引卡按所标类目名称的字母顺序排列，用分隔卡片显示每一个字母。索引卡一般用卡片式索引盒存储，所占空间少，能放在桌子上，处理电话查询时容易找到信息。有的单位使用计算机数据库保存索引。当要查找某信息时，先从索引卡中按字母顺序找出通讯者名称或专题名，得到信息的数字，在相应的文件柜中找出标有该数字的文档。

- 数字分类法的优点。

※ 信息按数字从低到高顺序排列，规则简单。

※ 简便易行，适宜于电脑储存。

※ 适合于大型信息系统。

※ 通过在后面添加号码进行存储扩展。

- 数字分类法的缺点。

※ 查找信息需参照索引卡片，花费时间多。

※ 如果分类号码有误，则查找信息会较麻烦。

（5）时间分类法。时间分类法是按信息形成日期先后分类的方法，要以年月日的自然顺序排列。如果信息的形成日期相同，则按信息形成单位级别大小排列。时间分类法可与其他方法结合运用。

- 时间分类法的优点。

※ 可用作大型信息系统的细分。

※ 一个案卷内部的信息可按时间排序。

- 时间分类法的缺点。

※ 需与索引系统配合使用。

※ 仅适合于时间特性强的信息，如每年的会员资格。

信息分类方法很多，采用何种分类方式，应根据单位业务工作的需要确定。秘书人员要按信息的不同内容、来源、时间、性质和作用，根据一定的规范要求，分门别类地整理，使信息条理化。

7.3.2 信息筛选

信息筛选是对信息的一种再选择。它是指对收集到的大量信息进行甄别，经过初步分析和研究，剔除虚假、失效和无效的信息，从中挑选出有价值的信息。筛选的主要任务是去粗取精，去繁从简，去伪存真。

1. 信息筛选的步骤

筛选是对信息的再选择，表现为对收集到的大量信息进行鉴别和选择，去粗取精，去伪存真，摒弃虚假和无效的信息，提取真实、有价值的信息。

（1）看来源。不同来源的信息，重要性不尽相同。上级形成的信息带有全局性、综合性和权威性，而同级和下级形成的信息主要起参考作用。秘书人员要从多种信息来源中把握重点单位、部门和人员的信息。

（2）看标题。信息的标题一般可以反映信息的内容和价值，秘书人员要认真分析标题，把握信息的主题，根据信息的标题确定信息价值的大小。

（3）看正文。先浏览正文，了解其主要内容，初步确定是全部选用，还是部分选用，甚至不用，即初选。初选后，对拟用信息再认真阅读，判断是否有价值。如果可用，再看有无内容不准确、不完整和表述不清楚的问题。最后，对经过筛选的信息分别处理：对选中的信息，分轻重缓急进行加工处理；对暂时不用但可以备查的信息，进行暂存；对不用的信息，按有关规定进行暂存、移交或销毁。

（4）决定取舍。就是对信息进行严格的选择，从中挑选出能满足需求、对工作具有借鉴和参考作用的信息，舍去虽真实但无用的信息。要注意：一是要突出主题思想，凡是与反映信息主题无关的资料要剔除；二是要注重典型性，从大量原始信息中发掘出能揭示事物本质的典型信息；三是要富有新意，尽可能抓住能反映客观事物新变化的信息；四是要具有特点，从各种事物的实际出发，有所侧重地开发信息。

2. 信息筛选的方法

（1）类比法。鉴别信息需要比较，鉴别以后对同类信息仍需要进行比较。通过比较可以将信息含量大、内容新，并具有深度的信息选择出来；把虚假的、过时的、重复雷同的、缺少实际内容的信息剔除掉。

（2）查重法。即剔除内容重复的信息，留存有用的信息。

（3）时序法。即按时间顺序对信息进行取舍。在信息内容相同的情况下，留存较新的信息，剔除较旧的信息。通过时序排列，可以看出有些信息由于时间过长，随着情况变化，已经不适应现实的需要，失去了使用价值。一般来说，在信息量大体相当的情况下，应取最新的信息。

（4）专家评估法。对某些专门化程度较高、技术较为专深的信息，可以向有关专家学者咨询，请他们进行评估，以判断信息的可利用价值。这种方法比较可靠，但运用起来费时、费力、费钱。

（5）调查法。对某些价值及其适用性一时难以分辨清楚的信息，则应当进行调查了解。属于文献型信息可进行文献调查，通过对其被引用情况的分析，以确定其适用性；属于动态情况方面的信息，则可以对它的来源和产生过程进行调查，以弄清其来龙去脉，从而准确把握其价值和适用范围。

（6）老化规律法。这主要是针对文献信息资料而言的。文献的使用价值随时间延续而逐渐降低，甚至完全失去参考价值，这就是老化规律。文献的利用率第一年最高，以后逐渐下降，呈等级分布状态。文献的老化状况一般用半衰期表示。所谓半衰期是指某学科目前尚在利用的全部文献的一半是在近期内多长的一段时间内发表的。半衰期越长，老化速度越慢；半衰期越短，老化速度越快。

7.3.3　信息校核

信息校核是指对经过初步甄别的信息作进一步的校验核实。由于信息的来源、信息传播的过程中难免有客观的杂质和受主观因素的干扰，因此，秘书人员接触的信息往往带有一定的模糊度、多余度、滞后度，有的含有虚假成分，有的可能完全是假象。这就要求对信息进行校核。如果说筛选是过粗筛子，把有用的信息挑选出来，而校核好比是再过一遍细筛子，把泥沙除尽，确保信息的真实、准确。

1. 校核的范围

校核的范围包括信息中所需使用的事实、观点、数据、图表、符号，以及时间、地点、人物等。

具体地说，一是要鉴别该信息所反映的问题是否发生，该事物是否存在，数据是否准确无误，内容有无夸大或缩小，甚至出现弄虚作假现象；二是要鉴别信息所反映的情况是否有偏颇之处，应确证其不仅在局部是正确的，而且在全局也是正确的；三是要鉴别信息所反映的情况在具体时间范围内的真实性，在“彼时”是真实的信息，如果移植到“此时”则未必真实，因此要确证信息所反映的情况的时间范围。经过校核，如发现与事实有出入，或者有错误，就应该加以校正或剔除。

2. 信息校核方法

为了消除信息资料中不真实的因素，必须善于识别。信息校核常用的方法有：

（1）溯源法。对收集到的信息所涉及的有关问题进行审核查对，首先要溯本求源。如尽量找到具有第一手资料的现场和掌握第一手资料的人；核对有关原书、原件等原始资料，并查对其主要参考文献；按信息内容所叙述的方法、步骤，自己重复一次实验或演算，这样可以从本质上找到错误所在。

（2）比较法。比较就是对照事物，比勘材料。有些信息由于主客观条件所限是难以溯源的，这时可采用比较的方法。即比较各种人的材料、各种时间的材料、各个方面的材料，在某一事实上，说法、结论是否一致。如果一致，则基本上可以得到证实。如果各种渠道获得的材料与所收集的信息相左，就需要进一步核实。

（3）核对法。核对法即依据直接的、最新的权威性材料，进行对照分析，发现并纠正信息中某些差错。比如用《中国统计年鉴》来对照某一部门的年终统计资料，用国家颁布的标准化规定来对照某些产品的标准化程度等，就是核对法的具体运用。一般来说，口头材料的可靠性不如文字材料，文字材料的可靠性不如物证材料。

（4）逻辑法。逻辑法即对信息中所表达的事实和叙述方法进行逻辑分析，发现问题和疑点，从而辨别真伪。例如，同一材料前后矛盾，依据逻辑学中的“矛盾律”，我们就可以断定其中一个错了，或者两个都错了。通过分析，就容易发现其中不真实的因素。逻辑法的好处，就在于它一般不需要借助于其他手段，从原始信息资料本身就能很快地发现某些差错。

（5）调查法。即对信息中所表达的事物的运动变化情况，通过现场调查来验证它的真实性和准确性。应对要素不全、揭示事物本质不透彻的信息进行追踪调查，补充完善，深度挖掘，加工成具有一定深度的信息。

（6）数理统计法。即对原始信息资料中的数据定性分析，运用数理模式进行计算鉴定，看其数据计算是否准确，分类是否合理，是否和结论一致等。

7.3.4 信息综合

信息综合是指对大多数的原始信息加以提炼，进行必要的归类、计算、比较和分析，使其成为有价值的信息。通过信息综合加工，对收集到的信息进行比较、鉴别，经过去伪存真、去粗取精的处理，从杂乱无章、互不关联的信息中找出本质的、内在的联系，提高信息的真实性，增强信息的准确度，使收集到的原始信息变为高级的、更富有价值的、可供传递和反馈的信息。

1. 信息综合的步骤

信息综合是更具有创造性的信息整理阶段。它涉及信息的内容和形式等方面。

(1) 充实内容。对相对零散、肤浅、杂乱而又有用的信息，弄清其性质、范围、意义和发展趋向，从而充实、丰富它的内容，使其成为完整、深刻和系统的信息。

(2) 综合分析。对一段时间内获得的信息，秘书人员要从整体上进行系统的归纳、分类，做出定性、定量分析和判断。通过综合分析，往往能发现带有规律性的变化和倾向性的问题，对掌握全局情况、指导工作、预测未来有重要参考价值。

(3) 提出意见。在综合分析的基础上，对经过整理的一些重要信息资料提出相应的处理意见，供领导参考。这是信息整理的重要环节，也是秘书信息工作的基本要求。秘书人员在信息整理过程中，要有的放矢地提出参考性建议、办法、观点、方案，更好地发挥其参谋助手作用。

(4) 对不完全的信息材料进行修正、增补，以及精加工。

2. 信息综合处理的常用方式

综合处理信息有如下一些常用方式：

(1) 根据信息所具有的兼容性，把来自不同角度和各个方面的信息兼收并蓄，从而发掘事物整体的内在规律性。

(2) 把无序的信息围绕一条主线有机地组合起来，系统地揭示事物的本质特征。

(3) 对内容相互对立的信息，既要有保留发挥，又要有摒除否定，在表现内容对立的信息中探求实质。

(4) 对信息价值进行思考，做出合乎逻辑的推导和升华，达到举一反三、见微知著的效果。

(5) 在纷杂的信息中，选取能够反映事物总体特征的、具有代表性的个别信息，通过这种信息来比较全面地认识一个系统的大体情况。

以上诸方式可根据不同情况，灵活选用。

3. 信息综合应注意的问题

(1) 把握、消化初级信息。对初级信息的把握和消化，是撰写高层次信息的基础。因此要全面了解和掌握信息内容和其反映的问题。

(2) 确定信息的主题。主题是高层次信息的中心与灵魂。首先，要从初级信息着手，提炼出其精华。可将初级信息分类排列，并对同一类信息所反映的相关内容进行综合分析，在此基础上确定高层次信息的主题。其次，可从信息的需要出发，确定主题。还可从同类情况、经验或问题中，发掘新问题，确立新颖的主题。

(3) 刻意布局。要考虑信息的构成、层次及每层的具体内容，考虑每层间的关系，通过对原始信息的逻辑分析，确定是使用并列结构还是递进结构或两者交替使用等。

7.3.5 信息编写

对筛选加工后的信息常要进行编写。信息编写是指用书面形式对信息进行有序化处理，是信息整理的最后步骤，又是信息传递的前提，它对提高信息的质量和实用价值起着至关重要的作用。信息编写要求做到短小精悍，开门见山，简明扼要，标题确切、鲜明。

1. 信息编写步骤

(1) 确定主题。信息无论长短，包含内容多少，都有明确要说明的问题，只有确定主题后，才能围绕主题组织材料，进行综合分析。

（2）分析材料。围绕主题进行选材，对调查或通过其他渠道获得的原始信息材料进行分析、整理、决定取舍。

（3）进行材料组合。按照主题要求，依照一定逻辑顺序，把选择、剪辑出来的材料有条不紊地组织起来，形成一个有机整体。

2. 信息编写方法

（1）汇集法。这种方法是把许多原始信息中的资料按一定的标准汇集在一起。这种汇集不是漫无目的的简单堆积，而是要围绕一个主题，把一定范围内的有关资料有机地汇集在一起，便于全面地反映一个主题或某一社会现象的基本状况。这种方法适宜于纵览一个地区、一个部门或整个国家某一方面的状况，在信息资料数量多、反映面宽的时候较为适用。

（2）归纳法。是将反映某一主题的原始信息资料集中在一起，加以系统地综合归纳，以便完整地、明晰地说明某一方面的工作动态。归纳法要求分类合理、线条清楚、综合准确，因而就要求加工者有较强的逻辑思维能力和文字表述能力，防止信息资料在归纳过程中产生变异。

（3）纵深法。即从纵的方面，按原始信息资料提供的某一主题层层逼近，按某一活动的时间顺序，或按某一事件的历史进程深入进去，以搞清问题的来龙去脉。这种方法既需要利用各种最新的信息资料，也需要充分利用早已存储的信息资料，进行对比分析，以揭示某一事物的发展变化特征。

（4）连横法。按照某一主题的需要，把若干个不同来源的原始信息资料从横的方面连接起来，做出比较分析，形成一个新的信息资料。采用这种方法应注意的是：来自不同方面的信息要具有一定的同质性，否则就不具备可比性。同时还应注意选择最能说明主题的信息资料。

（5）浓缩法。通过压缩信息资料的文字篇幅，以达到凝练主题、简洁行文的目的。使用浓缩法时，首先要使主题集中，即一篇信息资料只表达一个中心思想，阐明一个观点。其次要压缩结构，减少层次段落，删去多余的过渡照应。再就是要凝练语言，选用最精辟的词语来简明扼要地表达深刻的含义。

（6）转换法。原始信息中若有数据出现，则应把不易理解的数字转换为容易理解的数字。使用转换法时要注意：一是要找出合适的转换对象，转换对象之间要有可比性；二是转换对象要通俗易懂，不能越转换越深奥，使人不得要领。

（7）对比法。即用比较的方法强烈地反映出事物的变化特征，对比法包括纵、横两种比较方法。

（8）图表法。如果原始信息资料中的数据有一定的规律性，可以将数据制成图表，使人一目了然，既便于传递，又便于利用。

信息编写的方法是多样的，除了上述几种外，还有专题分析法、综合分析法、预测分析法等。各种分析方法在实际工作中常常交叉运用，很难截然分开。综合地使用各种方法，可缩短信息加工时间，提高信息的质量。在编制中要讲究多样性，根据不同需要者的不同要求而有所变化。书面材料有快讯、简报、调查报告等，还可以编制成音像信息资料，如影视片、录像、录音等，还可建立信息资料陈列室、阅览室，供需求者查阅或借阅。

3. 信息编写要注意的问题

（1）主题鲜明。主题是信息的灵魂。加工信息首先要选准主题，紧紧围绕主题加以提炼、浓缩，使信息表达的意思高度凝练。一般情况下，一篇信息资料只能有一个主题，表达一个中心思想，论述一个观点。整理信息资料，切不可贪大求全，面面俱到，湮没主题。

（2）语言精练。要用较少的文字，提供含量较大的信息，降低信息的多余度，提高密集度。在编写过程中，删除重复多余的内容，用精练的语言做高度的概括，使加工后的信息严密紧凑，短小精悍，语言简洁。

（3）结构严谨。结构是信息的组织和构造，是信息的整体布局。应该尽量减少层次和段落。信息的开头要开门见山，落笔入题。可把最重要、最新鲜、最需要信息接收者首先知晓的信息内容放在最前面。上下联系、转换要简洁，过渡要自然，结尾要简短而质朴，意尽而言止，做到层次分明、结构严谨、详略得当、自然和谐。

（4）标题新颖。新颖的标题可以吸引读者，引人注目。信息标题既要直截了当、言简意赅，又要生动、具体、鲜明，起到画龙点睛的作用。

（5）客观真实。信息编写是指对原始信息进行加工、改编和组合。因此要客观地反映这些信息，要以现有信息为依据，不能由于一个观点的不同而夸大或缩小信息。

7.4 信息的传递

所谓信息传递，就是以信息提供者为起点，通过传播媒介或载体把信息传送给信息的接收者。人们收集信息的目的在于应用，信息只有经过传递流动，才能实现它的价值，发挥它的作用；信息通过不断传递，才能成为领导决策的依据、控制的基础、组织指挥的前提。没有传递，信息就难以发挥作用而失去意义。

传递信息，一般必须具备三个要素，即信源、信道、信宿。信源是信息的来源，它分为原生源和再生源。前者生成的信息以原始信息形式直接传递，而后者是收集、加工之后以二次信息的形式传递。信道是信息传递的通道，包括信息传递的媒介和运行方式。信宿是信息传递的终点，包括接收信息和利用信息。

7.4.1 信息传递的方式

1. 语言传递

语言传递是将信息转化为语言传递给接收者的一种信息传递方式，具有简洁、直接、快速的特点。主要是通过报告、对话、座谈、讲座、录音、技术交流和推广人员口授等形式传递各种信息。

（1）语言传递的优点。

- 简洁、直接、快速。

✻ 较少受地点的限制。

✻ 信息反馈及时。

（2）语言传递的缺点。

✻ 获得信息零乱。

✻ 对信息接收者来说信息较难存储。

2. 书面传递

书面传递是把信息变成文字、符号、图表或制成磁带等形式进行传递，具有容易保真、保存和多次传递的特点。书面传递主要通过文摘、报纸、杂志、书籍、文件、宣传橱窗等形式，传递各种信息。传递不易失真，可以远距离多次传递，便于长期储存。

3. 可视化辅助物传递

可视化辅助物传递用来帮助理解工作任务和信息。可用于消防、安全布告及出口标志等。

（1）影像。利用摄影和录像技术传递信息，能形象地表示信息，具有真实性、直观性和感染力，能产生其他信息传递方法所达不到的效果。如制作录像介绍产品性能、推销产品、宣传企业的服务、进行安全培训等。

（2）投影。投影用于演示信息，将信息投影到屏幕上，引起人们对信息内容的关注。投影能体现专业化的演示水平，文字要大，字数要少，显示要清晰。

4. 电讯传递

这是利用现代化的通信手段传递信息的一种方式，是将信息转换成电信号，再经过有线电路（或无线电路）传递到末端并转换成信息的传递。依靠诸如电话、电报、传真、计算机网络等的传递都是电讯传递。电讯传递具有容量大、传递速度快等特点。随着计算机技术的不断发展和计算机信息网络的建立扩展，通过计算机网络传递信息正被广泛采用。

（1）电话。电话用来交换口头信息。

- 电话的优点。

✻ 传递信息快捷。

✻ 双方能沟通交换信息。

✻ 从电话中的语调能判断对方的态度和反应。

- 电话的缺点。

✻ 电话传递没有书面证据，信息可能被误解。

✻ 如果是长途电话或打电话时间长，费用较高。

（2）传真。传真是通过电话线传送书面信息，能用于客户信息、会议信息、紧急信息、订购货物等的信息传递。

- 传真的优点。

✻ 传递信息速度快。

✻ 能接收和发送手写、打印的文本和图形信息。

✻ 传递不受时间的限制。

- 传真的缺点。

✻ 难以保证信息的机密性。

✲ 只能发送给有传真机的单位。

(3) 电子邮件。电子邮件是在计算机等设备之间发送信息的信息传递方式。信息可以键入或扫描录入，通过邮箱系统发送。

● 电子邮件的优点。

✲ 传递信息迅速。

✲ 可减少用纸及发送纸面邮件的费用。

✲ 信息能同时发送给多个邮箱。

✲ 能发送图表、照片等各种类型的信息。

✲ 使用密码能维护信息的安全和机密。

● 电子邮件的缺点。

✲ 由于发送信息容易，导致信息量大，易使人们湮没在海量的电子邮件中。

5. 光传递

光传递方式主要是通过光缆纤维、激光等形式将信息传递出去。

此外，信息传递的方式还有机要交换与专人传送。凡上报、下发或横向传递的信息，都可以通过机要交换部门进行传递。对于绝密的、紧急的信息，可以采取派专人递送的方式。

7.4.2 信息传递的方向

信息的传递是双向的，有内向传递和外向传递。

1. 信息的内向传递

信息的内向传递是指为了进行协调和合作，企业内部之间进行信息交流。通常用于传递本单位当前工作的重要安排和部署工作进展情况，了解员工对本单位工作的看法，了解公众对企业产品质量、销售情况和售后服务等方面的意见及社会各个方面发展情况，并将这些信息或意见进行传递。信息内向传递的目的是达到单位内部、单位与公众之间的相互理解及单位与社会发展的协调一致。信息内向传递的形式有信件、备忘录、通知或告示、传阅单、企业内部刊物等。

(1) 信件。信件是正式的书面交流信息，可用于外向传递（如给客户、供应商的信件）、内向传递（如晋升或提高工资的信件）。信件的内容通常包括目的、主题、结束语三部分。

● 信件的优点。

✲ 是书面的，具有凭证作用。

✲ 便于阅读和参考。

✲ 能发送至相应的地址。

● 信件的缺点。

✲ 信件邮寄花费时间。

✲ 不便于交换看法。

(2) 备忘录。备忘录是通信的简化书面表格，通知有关工作事项。用于内向传递，即企业内部之间进行信息交流。备忘录表格可以预先打印或准备好。

● 备忘录的优点。

✲ 是书面的，便于查阅和参考。

✻ 文字不必像商业信件那样正规。

✻ 使用方便。

● 备忘录的缺点。

✻ 沟通较慢。

✻ 不便于交换看法。

（3）通知或告示。通知或告示通常贴在布告栏上，通知公司的内部事项或征求员工对某事项的意见。写通知或告示应尽量避免生硬的语气。通知或告示要醒目，让人们在一定距离能阅读，做到文本信息简单短小，图片和色彩具有吸引力。

（4）传阅单。需要传阅内容多的信息时利用传阅单，上面列出所有应阅读该信息的工作人员的姓名和部门，员工读完信息后应签字。

（5）企业内部刊物。企业内部刊物主要介绍公司动态和业务进展情况，是沟通上下、联系员工的桥梁。内部刊物的内容一般有：公司内部信息、职务升迁信息、员工信息、员工嘉奖榜、业务往来信息等。

2. 信息的外向传递

信息的外向传递是指在日常工作中有效地利用各种媒介，如通过印刷媒介类的报刊、书籍、宣传材料和电子媒介类的广播、电视等向公众传递信息，宣传企业的经营政策、业务进展、产品销售情况，树立企业的形象，增进社会公众对企业产品及服务的了解和认可。信息外向传递一般通过新闻稿、新闻发布会、报刊简短声明、直接邮件等方式进行。

（1）新闻稿。公司对外公布决定或政策时，可采用发布新闻稿的形式。新闻稿要简明扼要，直入主题，客观反映事实，不作评论说明。

（2）新闻发布会。主要是公布重要的信息。例如公司展示最新产品、演示技术上的最新成果、产品展览会前或展览期间，都可举行新闻发布会。面对面的交流能产生好的效果。

（3）报刊简短声明。在报刊上宣布新的任命或电话、地址的变更等，声明要简短，引人注目。

（4）直接邮件。直接邮件是将公司的信息材料通过邮局寄出。

● 直接邮件的优点。

✻ 发送多页文档比电子方式便宜。

✻ 收到的纸面信息可归档供参考。

● 直接邮件的缺点。

✻ 邮件要封装、贴邮票、送到邮局，花费精力多。

✻ 比电子邮件发送速度慢。

✻ 邮件可能丢失或错投。

7.5 信息的存储

信息存储就是用科学的管理方法，将有保存价值的信息系统化，以便日后更好地利用。存储信息要把已收集、加工处理完毕的信息以文字、图像的形式，或借助计算机手段和各种媒介记录存储下来。

存储信息是为了保存信息以便再用，是信息收集与提供利用之间的纽带。存储信息包括登记、编码、存放与排列等具体内容，其中有些内容分别渗透在收集、加工和传递等过程之中。

7.5.1 信息存储的步骤

信息存储是一个不断积累和规范化、科学化的过程，主要由登记、编码、存放排列、保管等工作环节构成。

1. 登记

登记即建立信息的完整记录，系统地反映存储情况，便于查找和利用。信息资料的登记分为总括登记和个别登记。总括登记就是对存储信息按批分类登记，一般只登记存入册数、种类及总量等，反映存储信息资料的全貌。个别登记是按信息存储的顺序逐件登记，是对每一类、每一份、每一册信息资料的详细记录，便于掌握各类信息资料的具体情况。登记的形式有簿册式、卡片式，可视具体情况灵活运用。

2. 编码

为了便于信息资料的管理和使用，适应电子计算机处理的要求，对登记储存的信息资料要进行科学的编码，使之科学化、系列化。信息资料的编码结构应表示出信息资料的组成方式及其相互关系，一般由字符（字母或数字）组成基本数码，再由基本数码结合成为组合数据。

（1）信息资料编码的一般步骤。

- 分析所有预编码的信息资料。
- 选择最佳的编码方法。
- 确定数码的位数。

（2）信息资料编码的方法。

- 顺序编码法。按信息发生的先后顺序规定一个统一的标准编码。用于不是很重要或无须分类的信息资料的储存。可按数字、字母、内容（如政治、经济、科技、文教……）的顺序排列编号。

- 分组编号法。利用十进位阿拉伯数字，按后续数字来区别信息的大、小类，进行单独编码。运用这种方法时，所有项目都要有同样多的数码个数，左边数码表示大类，而向右排列的每一个数码，则标志着更细的小类。例如：

1000——市场信息资料

1100——市场纺织品信息资料

1110——市场化纤品信息资料

1111——市场涤纶销售信息

3. 存放排列

经过科学编码的信息资料还需有序地存放排列。常用的排列方法有：

- 时序排列法。按照接收到信息的时间先后顺序排列，也是按信息登记号先后顺序排列，适用于信息资料不多、服务对象比较单纯的单位。

● 来源排列法。按信息来源的地区或部门，结合时间顺序，依次排列，便于查找信息源。

● 内容排列法。按信息资料所反映的内容分类排列，可依据信息资料分类号码的大小排列。

● 字顺排列法。按信息资料的名称字顺排列。

4. 保管

保管是信息的保护和管理，关系信息的安全、完整和使用寿命。保管中应防止信息资料的污损和丢失，实施科学保管。要及时剔除失去保存价值的信息资料，建立查阅、保管制度等。信息的保管主要包括：

- 防损坏、防火、防潮、防高温、防虫害等。
- 防失密、泄密、盗窃等。
- 定期或不定期地进行清点，发现存储中的问题，提高管理水平。
- 及时更新，不断扩充新的信息。

7.5.2 信息存储的方式

1. 手工存储

所有单位都有纸面信息需要排序和存储，通常是手工保存在办公室的文件夹或文件柜中。手工存储也可用于存储计算机信息，如存储磁盘、光盘等。手工存储包括两方面：一是信息原件存储，指文字材料、录音带、录像带、胶卷底片等的存储。二是目录、索引存储。对于大量的信息材料，秘书人员应当另外编制目录或索引卡，与原始信息一并存储，以便检索利用。索引卡是一种厚纸板，可立于文件柜中，隔开文件夹，起到分类作用。索引卡分为下面有孔和无孔两种。有孔的，可穿在文件柜中的挂钩上，使之不易失落，分类的顺序也不致弄乱。但若文件柜没有挂钩，就必须使用下方无孔的索引卡。

（1）手工存储的优点。

- 信息便于利用。
- 一旦找到信息能直接阅读。
- 存储设备便宜。

（2）手工存储的缺点。

- 文件夹、文件柜占用空间大。
- 文件可能受到火、潮湿、蛀虫的破坏。
- 一旦信息存放排列有误，会给信息查找带来麻烦。

2. 电子化存储

随着计算机技术的广泛应用，秘书人员可将信息资料存储在磁盘、光盘或其他电子介质中。应定期备份，并将备份另行存放。

（1）电子化存储的优点。

- 存储的信息量大。
- 可以节省存储空间。
- 信息容易编辑或更新。

✻ 保存在网络系统的信息，能迅速查找。

（2）电子化存储的缺点。

✻ 要懂计算机操作。

✻ 信息能被病毒破坏。

✻ 由于软件和系统的提高和升级，长期存储可能成为问题。

3. 缩微胶片存储

缩微胶片是用照相方法记录保存信息资料。每片缩微胶片尺寸很小，只占用很少的空间。缩微胶片需要使用阅读机显示。一些计算机系统能直接将最终文档输出到缩微胶片上，避免了手工存储打印文档，可在需要存储大量标准化文档时使用。

（1）缩微胶片存储的优点。

✻ 节省空间。

✻ 减少对纸面文档的需求，节省存储设备费用。

✻ 无须保留书面备份。

（2）缩微胶片存储的缺点。

✻ 照相和阅读胶片需要昂贵的设备。

✻ 缩微胶片需要加标签、制作索引和排序。

✻ 缩微胶片图像的质量会随时间推移而下降。

（3）缩微胶片存储需要如下设备：

✻ 照相机。由原始文档制作底片。

✻ 阅读机。底片上的文档图像非常小，需借助阅读机浏览。

✻ 打印机。有时需要底片上信息的纸面拷贝，就需要特殊的打印机来制作拷贝。

✻ 打印—阅读机。一种综合阅读机和打印机功能的设备。

7.6 信息的反馈

反馈是控制论中的一个重要概念，是指控制系统把输出信息的结果送回原输入端，对信息的输入和输出发生影响，起到控制和调节的作用，从而使系统保持稳定或达到预定的目的。其目的是用以调整未来的行为。信息反馈对决策系统是十分必要的，也是信息生成的一个重要组成部分。

7.6.1 信息反馈的主要内容

信息反馈是秘书部门信息管理的一项重要工作。一般来说，信息反馈的内容主要有以下几方面：

（1）对有关方针、政策和重大工作部署执行情况的反馈信息。

（2）工作中的新事物、新做法及有推广意义的经验型信息，以及一些新思想、新观点和独到见解等。

（3）反映工作中存在的矛盾和问题，特别是政策问题的逆向型信息。

（4）对全局有一定影响的倾向性、苗头性信息。

（5）反映意见、建议、呼声、心态的信息。

（6）重大事件、突发事件的信息。

7.6.2 信息反馈的形式

1. 正反馈和负反馈

（1）正反馈。是使系统的输入对输出的影响增大的信息反馈，一般为反映决策执行中的成绩、经验方面的反馈信息。正反馈对决策者的组织指挥起肯定或加强作用，使工作按既定方向发展。

（2）负反馈。是使系统的输入对输出的影响减少的信息反馈，一般为反映执行中的问题、失误方面的信息。负反馈可以及时发现和纠正系统中的偏差，改变已有的工作方向和状态，保证工作达到预期目的。

2. 纵向反馈和横向反馈

（1）纵向反馈。是自下而上流动，指同一系统向上级管理部门和决策层反映执行指令信息情况的一种反馈形式。

（2）横向反馈。指同级组织之间的信息反馈。

3. 前反馈和后反馈

（1）前反馈。是在信息发出之前，信息的接收对象向信息发出者表示的要求和愿望，希望将要发出的信息能满足自己的需求。如来自基层和群众中的建议和呼声等。

（2）后反馈。是在信息发出后，信息接收者对信息作出的反应。

7.6.3 信息反馈的方法

信息反馈的方法是形成正确的反馈信息流。信息流是指在空间和时间上是同一方向运动的一组信息，它有以下形式：

（1）系列型反馈信息流，即将一项决策的实施全过程，按不同的发展阶段连续反馈。

（2）广角型反馈信息流，即对实施决策的某个过程，从不同角度、不同侧面进行反馈，这种信息流有助于对问题的全面认识。

（3）连续型反馈信息流，即对实施决策中的某个关键问题，在短期内连续不断地进行反馈，这种信息流有利于对关键问题的发展有所认识。

7.6.4 信息反馈的途径

1. 通过试点收集反馈信息

在推行决策前要先行试点，取得第一手材料，再由点到面推广开来，全面实施决策。比如在某项政策初步拟订后，在一个小范围内做试点，通过试点来验证政策的可行性，经试点反馈的信息可以从正、反两方面反映政策是否正确、合理可行。

2. 对已传递的信息进行跟踪调查

在决策实施过程中开展调查研究，及时获得反馈信息，进一步矫正和完善已有的决策。如领导在做出决策并付诸实施后，应当随时掌握执行的实际状况，以便及时发现问题，避免发生大的失误。

3. 建立健全信息反馈网络

信息网络是指以信息管理部门为中心，将各个稳定提供信息的信息源联结起来，形成能定期或随时向信息中心输送或交换信息的系统。健全的信息网络是及时掌握各种信息的组织保证，同时也是有效地管理信息的基础。

反馈信息通常是多回路的连续反馈过程。为了使各层次、各单位的决策活动协调于系统整体之中，就必须借助于信息反馈网络，循环往复地进行反馈。如果没有一个纵横交错、四通八达的信息反馈网络，科学有效的管理就无法实现。因此，要建立多层次、多渠道、多触角、通达灵敏的信息反馈网络，从而加强与上下左右的联系，形成有组织的信息活动脉络和纽带，全面收集和利用反馈信息。

7.6.5 做好信息反馈工作的策略

1. 建立反馈系统

信息反馈系统主要有人工信息反馈系统、自动机信息反馈系统和人工—自动机复合信息反馈系统。建立完善的信息反馈系统，是保证信息反馈顺利进行的技术基础。

2. 优选反馈模式

信息反馈的模式有串行式反馈和并行式反馈。串行式反馈是按系统层次逐级进行的；并行式反馈是可以越级的，基层单位和个人可以越级向高级机关反馈信息。在信息反馈中，要注意优选反馈模式。

3. 订立反馈程序

信息反馈是一个过程，按科学的程序办事才能使信息反馈发挥有效作用。因此，要确立信息工作和信息传递活动的具体目标和具体要求，要根据具体目标和具体要求所涉及的内容，及时收集各种反馈信息，要对反馈信息进行管理、加工、分析，要运用各种手段、方法，使信息传递活动的实施情况回到完成既定目标的轨道上。

4. 健全反馈制度

信息反馈制度是做好信息反馈工作的保证。应建立良好的机制，采取反馈奖励制度，使反馈信息及时、准确地传递给接收者。要建立反馈信息收集制度，要求秘书人员主动获取反馈信息；要建立公众联系制度，通过各种形式的活动，加强与公众的联系，为收集反馈信息提供机会和创造条件。

7.7 信息的开发和利用

7.7.1 信息开发和利用的定义

信息的开发和利用即以信息资源为基础，利用现代科学技术对信息进行生产、收集、处理、储存、输送、传播、使用并提供信息产品和服务的总称。我国信息的开发和利用近年来发展迅速。各类信息网络和信息刊物已构成庞大的、有待充分利用的资源。

7.7.2 信息开发和利用的分类

信息开发和利用的分类与其结构、内容密不可分，根据现阶段信息开发和利用的发展现状和服务手段的不同，我国的信息开发和利用大致可以分为如下五类：

（1）信息提供业。主要工作内容为信息检索服务、联机信息服务（如电子函件、电子布告板等）、文本信息产品提供的服务（如刊物式和剪报式信息提供）。

（2）信息处理业。如计算服务、数据录入、处理和验证服务，光学扫描数据服务、信息输出打印服务、电子数据交换服务、增值网络服务等。

（3）软件开发与服务业。

（4）系统集成服务业。

（5）信息咨询、信息中介、信息调查业及其他。

7.7.3 我国信息开发和利用的几种典型形式

1. 信息检索

（1）信息检索的基本理论和方法。

● 信息检索的程序。信息检索的程序是一个经过仔细思考，并通过实践逐步完善查找方法的过程。我们首先要分析问题，制定检索方案。由于检索工具都是针对一定的问题而设计的，因此，将问题分类有助于确定相应的检索工具。在确定方案之前，首先要分析研究课题的主要内容、所属学科范畴，明确检索要求，确定检索的时间范围，从而明确研究课题的情报内容。在充分分析研究的基础上，制定出比较明确的检索方案。检索方案是检索全过程的整体规划，直接影响着最终的检索结果。

● 选择检索工具。根据课题的学科性质和专业性质选择合适的检索工具。检索工具的类型，可按用途作如下分类：

——指示线索型检索工具（二次文献）：a. 书目、馆藏目录（包括联合目录、各种档案基本目录）；b. 索引（包括报刊、文集、代号、人名、机构、地名索引）；c. 文摘；d. 工具书指南。

——提供具体信息的工具书（三次文献）：a. 词典；b. 百科全书；c. 传记资料；d. 手册；e. 机构名录；f. 地理资料；g. 统计资料；h. 年鉴；i. 政府文献；j. 引语工具书；k. 表册和图谱；l. 类书和政书。

选择检索工具的原则要看其存贮的内容是否全面，提供的检索途径是否全面有效。索引功能的完善程度，还要看它的专业特点，注意选择对口的检索工具。在注重利用综合性检索工具的同时，还要善于利用针对性强的专业性检索工具。

● 确定检索入口。由于文献有不同的特征，根据检索工具具备的特点和检索功能，可以选择不同的检索途径。检索途径往往不止一种，使用者应根据已知信息特征确定检索入口。

——题名途径。即指根据已知的书名、刊名、篇名按字顺排列规则在工具书中查找所需文献的途径。按题名排列文献是我国书目索引的传统和主要特色之一。

——著者途径。即指以著者姓名为检索点查找文献的途径。著者包括个人和团体著者。

——序号途径。即指按号码顺序如报告号、专利号、标准号、入藏号查找文献的方法。使用这种途径多见于查专利、科技报告、政府文献和从文号查档案文件。

——分类法途径。即以科学分类的观点，运用概念划分与归纳的方法，在有学科逻辑的、有内在联系的知识体系中搜寻所需文献的途径。

——主题法途径。根据文献的主题内容检索文献的途径。索引时根据研究课题的主题查找相应的主题词，而不需考虑其所属的学科体系。但总的说来，用主题法可得到较高的查准率，但查全率较低。

——关键词法（有的系统称为自由词）途径。这是通过题名的关键词为检索入口查找文献的方法。关键词法具有主题词法的部分功能，在一定程度上能揭示文献的内容特征，如题为“科技信息的检索”的论文，读者可以从“科技”、“信息”、“检索”这三个检索点去查找。

● 获取原始文献。得到检索结果后，就需要根据检索结果中提供的文献出处（线索），最终获取原始文献。获取原始文献的一般步骤为：判断文献的出版类型，如著录有 AD、PB 等号码的，属于科技报告类；著录有 ISBN 内容的，属于图书类等。接着将文献地址中的缩写名称还原成全称或原刊名。最后根据获得的衍文出处全名，查找本单位、地区或全国图书馆或信息部门的馆藏，在藏有所需文献的图书馆或信息单位，获得所需的原始文献。

（2）信息检索语言。检索语言是根据信息存储与检索的需要创制的一种规范化的人工语言，又称检索标识、情报语言等。它贯穿于文献存储与检索的全过程，是沟通标识人员和检索人员之间思想的约定语言。按其结构原理可以划分为体系分类语言、主题法语言。

● 体系分类语言。它是建立在科学分类体系基础上用分类号表达文献主题概念的检索语言。这种语言是通过对概括文献信息内容及某些外表特征的概念进行逻辑的划分和系统的排列构成的，便于从学科或者专业的角度进行检索，并且查全率高。但体系分类法具有相对的稳定性，难以适应新科学、新技术、新理论的变化。

● 主题法语言。它是一种描述性的语言，是直接以代表文献内容的特征和科学概念作为检索标识，并按其外部形式（字顺）组织起来的一种检索语言。主题法最常用的有叙词法（descriptor）和标题法（subject heading）。主题法语言的优点是：在表达主题内容方面具有较大的灵活性，抛弃了人为的号码系统。

（3）常用的信息检索方法。

● 信息的查找，必须掌握科学的检索方法，以便迅速、准确地检索到所需要的文献资料，常见的信息检索方法有以下几种：

——拉网法。在不了解查询某一专题信息的 URL 地址时，可从提供信息总目的 Web 页面开始浏览，沿着专题链接层层查找，直至找到有关的内容为止。

——追溯法。文献之间的引证和被引证关系揭示了文献之间存在的某种内在联系，追溯法就是利用已获文献后所附的参考文献、相关书目、推荐文章和引文注释查找相关文献的方法。

——工具法。所谓工具法就是利用常规检索工具查找有关文献的方法，是信息时代应掌握的最基本的信息查找方法。用户应根据自己的检索知识和条件选用一种或几种检索工具。工具法可分为顺查法、逆查法和抽查法。

——综合法。采用工具法查出一批文献，再用追溯法扩大检索范围，获取相关的文献。

上述方法，各有其优缺点，查找时要结合检索条件、时间、人手的限制等因素综合考虑。

2. 信息咨询业

（1）信息咨询业概述。信息咨询业是以信息和技术为手段，以协助客户解决复杂的决策问题为目的，向社会提供智力服务的行业。它利用知识、技术对信息、数据进行综合加工、创造，输出高附加价值的知识产品。近几年我国市场竞争加剧，产业分工、资源分配重新调整，科技高速发展，各企业重新定向，寻找人才，寻找技术成果，对财产和生意进行评估，建立信息网，实行兼并、收购等，都有求于信息咨询业。

（2）信息咨询业的服务特点。

● 是整理和传递信息的社会服务活动，通过解疑释惑，为决策提供指导和依据。

● 是综合开发和创造知识的社会活动和科学劳动，也是集知识、现代技术、信息于一体的智能的再生产过程，它向社会提供的既是信息产品又是智能产品。

● 是一种有偿的服务，它通过咨询人员的脑力劳动，产生思想、智慧、信息等知识形态产品以满足人们的需求，劳动复杂程度高、知识储备量大，其间凝结着社会必要劳动时间，因而获取这类信息一般是要付费的。

● 是一种经营性活动，尤其是工程、技术与管理咨询，大多通过收费来维持经营，发展事业。

（3）我国信息咨询业的发展概况。我国咨询服务业起步于 20 世纪 80 年代初，现已粗具规模。1992 年我国政府确定了加强第三产业发展的方针后，咨询业的发展突飞猛进。咨询对象已从中小企业发展到大中型企业；咨询深度从对企业生产管理、质量管理等具体问题的咨询发展到对企业经营方针和经营战略的咨询，包括经营机制的转换、扭亏为盈、市场开拓、产品结构调整、资产重组等。但由于起步较晚，咨询业还存在着结构布局不合理、产业化程度比较低、咨询队伍整体素质有待提高、现代化手段不足、咨询市场不健全、简单信息中介流转多，深加工信息少等问题。这些问题将随着经验的积累、管理体制的完善、咨询人员素质的提高、相关法律法规的健全和群众信息意识的提高而得到逐步改善。

3. 信息中介及信息调查业

在社会主义市场经济的条件下，各行各业的分工越来越细密。目前，我国已经形成多种市场、多种经济结构、多种经营方式、多种流通渠道的格局，不仅生活资料进入市场交易，生产资料、科学技术、劳务用工等也相继进入市场。瞬息万变的信息流反映了市场需求变化多端，难以掌握，企业仅仅靠自己的供销和信息系统又往往难以及时获取产供销方面所需要的信息，而市场机制的发育尚不完善，流通领域各个环节不同程度的梗阻更加剧了信息流动不畅的状况，这一切都为信息中介和信息调查业的发展开辟了新天地。

信息中介和调查业是通过信息交易场所、信息经纪人、各种形式和性质的信息服务公司和调查机构来实现的。

（1）信息交易场所。

● 概述。信息交易场所是信息产品交易的场地，是面向社会的信息中介服务实体机构。1992 年以来，全国各地纷纷出现这种市场，一般由政府信息中心领导。

● 服务特点。

——为信息商品的生产者、消费者提供了供需见面的场所，使以有偿形式交换信息产品和信息服务成为可能，促进了信息的定向有序流动。

——有利于实现信息的商品价值。在市场上，适销对路的信息商品受到欢迎，可以在市场内创造较高价值；反之，滞销低劣的信息商品就无法在市场上站住脚。市场成为检验商品价值的测量仪，信息产品在交换中受到检验、评价和监督。

——有助于加快信息的扩散和传递。信息市场具有加速信息商品流动的功能。它通过信息交易、信息咨询、信息服务的方式，使信息在信源到信宿之间的距离尽可能缩短，尽快实现商品的使用价值。

当然，目前我国的信息市场还处在发展的初级阶段，功能还不完善，距市场经济的要求还有相当一段距离，还存在着上市的信息商品品种较单一，连续性、系统性差，配套服务不够，市场结构不尽合理，活力差、效益差等问题。

(2) 信息经纪人。信息经纪人是商品交换中专门从事介绍交易、提供定约机会以此获取佣金的中间商。例如，为客户寻找合资、合作伙伴，解释投资政策等。信息经纪人，不管是个人还是组织，其特点是本身并不拥有资源，他们经营或者说投入的“资本”是拥有的信息和专门的知识，这一特点决定了信息经纪人的涵盖面非常广。

(3) 信息调查业。我国市场调查业的兴起，从1987年7月第一家正式注册的市场调查公司——广州市场研究公司成立，此后便发展迅速，尤其在1992—1993年间，大大小小、形形色色的调查机构像雨后春笋般地涌现，从业公司和人员骤增。1990年营业额1 000万元，1995年达到3.5亿元，2006年，第一次全国经济普查数据表明，我国市场信息调查行业的单位共40 372家，营业收入总额为578.5亿元。

本章小结

本章介绍了秘书信息管理工作的概念和程序。关于信息概念，本章指出狭义的信息是指反映事物存在和运动差异的，能为某种目的带来有用的、可以被理解或被接受的消息、情况等。广义的信息是指客观事物的存在方式或运动状态的直接或间接的反映。本章的主要内容是关于信息工作的程序，主要包括信息收集、信息整理、信息传递、信息存储、信息反馈以及信息开发和利用。其中重要的程序是信息收集、信息整理和信息传递。

关键术语

信息收集　信息分类　信息筛选　信息校核　信息　传递　信息存储　信息反馈　信息开发　信息利用

复习思考题

1. 信息的特征有哪些？
2. 简述信息的程序。

3. 简述信息工作的基本要求。

4. 信息收集的程序是什么？

5. 简述信息传递的程序。

6. 信息存储的程序是什么？

实务训练题

大华电通信息技术有限公司成立于1986年，总部设在台湾桃园，初期以电脑外设产品为业务重心，后逐渐扩展至多媒体与通信领域。1997年股票上市，2001年11月大华推出新品牌“BeQ”，立志以“Bringing Enjoyment Quality to Life”（享受快乐科技）为己任，打造数字时尚领导品牌。

BeQ在产品营销、制造、研发等方面均达全球化规模，实现了台湾研发、内地行销、全球运筹。在欧洲、美洲、亚太各国及中国内地设有分公司，从事行销及客户服务；在马来西亚、墨西哥、中国北京及中国台湾地区设有生产基地；拥有位于中国台湾新竹及美国加州的通信研发中心。位于北京的软件研发中心，拥有1 200位研发工程师和超过728项的专利。2001年，BeQ年营业额为20亿美元。

鉴于大华电通信息技术有限公司在业务和生产方面的不断发展，现公司决定在各大高校招聘销售类、宣传企划类、运筹管理类、软件开发类专业的人才。

2008年2月18日星期一，人力资源部经理梁勇让秘书陈红在公司网站上发布一个招聘广告。他告诉陈红，请应聘者将个人简历、应聘意向、薪资要求、联系方式及近照一张寄到本公司。联系人是人力资源部，电子邮箱是Lucychen@dahua. com. cn，公司网站是 http://www. dahua. com. cn。

训练题：

1. 请代陈秘书拟写一份网上招聘广告。

2. 在以上场景中，请四位学生登录各大校园网站，扮演四名求职人员，从网络上获取个人简历和专业资料，然后分别以应聘销售、宣传企划、运筹管理、软件开发四类职务，拟写应聘申请书及简历。

3. 假设2008年2月22日星期五8:30，陈秘书一上班，就打开电脑登录公司网站，发现由网上传来四类职务应聘申请书及简历若干份，他将收到的应聘材料整理出四份（即以上四份），通过公司局域网发给六大事业部门。请演示秘书收集和整理信息的过程。

4. 六大事业部即视讯部、储存部、影视部、数字显示部、无线通信部与宽带网络部，根据应聘材料，经过初步筛选，无线通信部确定一名宣传企划人才，宽带网络部确定一名软件开发专业人才。无线通信部部长王强和宽带网络部部长薛东，分别将此信息形成初步意见，通过公司局域网发还给人力资源部。请演示信息反馈过程。

5. 陈秘书通过局域网，在电脑上将初步意见整理完毕，附上两位应聘人员的个人资料，打印成书面文件上报给梁经理审阅。请演示信息利用过程。

第8章

档案管理

8.1 档案概述

8.1.1 档案的概念和特点

1. 档案的概念

一提起档案，人们往往首先想到人事档案。人事档案的确属于档案范畴，但它只是档案家族中的一个小小部类。所谓档案，是指过去和现在的国家机构、社会组织以及个人在社会实践中形成的、保存备查的、对国家和社会有保存价值的各种文字、图表、声像等不同形式的原始记录。

很显然，档案的内涵是人类在社会实践活动中直接形成的原始记录，它的外延是具有这种属性的各种形式和载体的文件材料。

2. 档案的特点

（1）社会性。档案是在社会实践活动中直接形成的原始记录。国家单位、企业和事业等组织从事社会活动，必然产生许多文件。把日后需要查考利用的文件整理保存起来，就成为档案。例如公司的计划、章程、会议纪要、合同协议和会计材料等。这些档案都是伴随着人们的实践活动自然而然地产生的，是最为原始的记录。这种原始记录性是档案区别于图书报刊等文献材料的根本所在。

（2）历史性。档案是过去已经形成的信息，而不是正在形成或尚未形成的文件。档案和文件是处于不同阶段的同一事物。二者既有密切联系，又有显著区别。其联系在于文件是档案的前身，区别则因为文件转化为档案是有条件的。这些条件包括：

● 办理完毕的文件才能作为档案保存。文件是发布政策法令、传达工作意图、联系公务与记载活动的一种工具，具有现行效用。而档案一般是完成了传达和记述的现行使命而备查考的文件，即办理完毕的文件。所谓办理完毕是相对的，不是指文件中所讲的一切事情均已办完，主要指文书办理程序完成了。通常有三种情况：一是文件所言事情只需近期办理，确已办理完毕；二是文件所言事情需长期办理或执行，只要经过文件签收、传阅、研究和部署，亦属办理完毕；三是不需要具体承办的文件，只要收发登记和传阅等文书办理程序了结，同样属办理完毕。

● 对日后工作和研究活动有查考价值的文件才有必要作为档案保存。工作活动中形成的文件是大量的，对其不可能也没必要都作为档案保存起来。确定文件是否需要归档，唯一的尺度就是看其对今后的工作或研究活动有无凭证和查考价值。因此，文件是形成档案的基础，档案是文件的精华。

● 按照一定规律集中保存起来的文件才是现代意义的档案。作为档案前身的文件是逐日逐件产生的，处于相对零乱状态，而现代意义上的一般档案，则是经过科学整理、归档保存的文件。那些未经整理的零散文件，虽然其中有些也属于档案，但不属于典型的现代意义的档案。

（3）原始记录性。这是档案的本质属性。档案是人们在社会实践中直接形成的原始性的信息记录，对以往社会实践具有直接的原始记录作用，这是档案区别于其他类似事物的独一无二的本质特征。

（4）确定性。即档案内容的清晰、确定性和其载体的固化、恒定性。

8.1.2 档案的作用

档案的作用有很多表述，这里只列举四个方面：

1. 档案是工作查考的依据

任何单位、公司、企业的今天都是由昨天发展来的，明天又是今天的继续。领导和员工为了熟悉情况、了解政策、研究案例、获取凭证，常常需要查考以往的记载，从而提高办事质量和效率。

2. 档案可为经济建设提供丰富的经验

有些档案，尤其是科学技术和生产经营档案，直接来源于经济建设部门，记载和反映了生产经营活动的情况、成果、经验和教训，因而可为经济建设提供丰富的资料，成为生产管理和技术管理的必要条件。

3. 档案是科学研究的基础和条件

大到自然科学、社会科学和思维科学的研究，小到组织的决策研究，都必须充分地占有材料。档案是记录前人成果和史实的最为原始的材料，在各种参考文献中，最具权威优势。

4. 档案是宣传教育的生动素材

在国家政治生活中，档案常用于爱国主义、革命传统和基本国情教育。一个公司的历史档案是该公司奋斗创业的见证，用它来教育员工，发展企业文化，增强凝聚力和树立外部形象，具体生动，富有极强的说服力和感染力。

档案的作用是多方面的，而就其诸多作用的性质而言，又可概括为两个基本方面：一是它的凭证作用；二是它的参考作用。二者又称为档案的基本价值。

8.1.3　档案的种类

档案是由众多成员组成的大家族。所依据的标准不同，就会得出不同的档案种类划分结果。在档案界和各行各业的实际工作中，人们习惯将档案划分为以下几类：

1. 文书档案、科学技术档案和专门档案

所谓文书档案，是反映党务、行政管理等活动的档案。所谓科学技术档案，是反映科学技术研究、生产、基本建设等活动的档案。工业生产技术档案、农业科学技术档案、基本建设档案、设备仪器档案和科学技术研究档案等是科学技术档案的重要分类。所谓专门档案，是在某项专门业务活动中形成的档案材料，例如，人事档案、会计档案都是重要的专门档案。

2. 公务档案与私人档案

公务档案是指人们在公务活动中形成的档案，其形成主体主要是公务机关或其他社会组织；私人档案是指人们在私人生活中形成的档案，其形成主体主要为个人。

3. 历史档案与现行档案

历史档案是指形成时间较早，离现在较久远，并且主要起历史文化记载作用的档案。现行档案是指形成时间较晚，离现在的时间距离较近而且主要起现实性参考作用，即对人们的现实工作、生活依然有实际作用的档案。

8.1.4　档案管理工作的内容

档案管理工作就是用科学的原则和方法管理档案并为社会实践服务的活动。档案收集、整理、检索、鉴定、统计、保管、提供利用是其具体内容，这又称为档案业务工作的七个环节。各环节分别是指：

1. 档案收集

档案的前身——文件，是由单位内各组织机构和个人分散形成的，而单位和社会在利用档案时，则要求一定的集中，为了更广泛地发挥档案的作用，就需要挑选文件进行集中保存，这便是档案的收集工作。

2. 档案整理

为了便于保管和利用，就必须对收集起来的档案进行分门别类，并编制检索工具，使之有规可循，这便是档案的整理工作。

3. 档案检索

档案检索工作是指对档案信息进行加工和存储，并根据需要进行查找的工作。档案检索工作是由档案信息存储和档案查找两部分构成的。档案信息存储是档案查找的基础和前提，档案查找是档案信息存储的起因和目的。

4. 档案鉴定

随着时间的推移和社会实践的发展，档案数量日益增多，而有些旧的档案则逐渐失去了保存价值。为了减轻负担，方便管理和检索，使库存档案达到最佳优化状态，最终使有价值的档案能及时发挥作用，就需要对库存档案进行鉴别、挑选、去粗取精，这便是档案的鉴定工作。

5. 档案统计

档案数量多，成分复杂，为了科学地进行收集、整理、保管和有效地提供利用，档案管理部门和档案事业管理部门就要掌握档案和档案工作的基本情况，就要对有关状况进行数量的登记、统计和分析研究，这便是档案的统计工作。

6. 档案保管

围绕档案文件的存取自然会形成档案保管工作，同时，由于自然和社会的原因，档案总是处于渐变性的自毁过程，甚至遭到突变性的破坏。而单位和社会的现实和历史需要，则要求长久地、完好地保存有价值的档案。为了尽可能地延长档案的寿命，就需要对其采取保护措施，进行妥善管理，这便是档案的保管工作。

7. 档案提供利用

单位和社会建立档案的最终目的是利用档案。为此，档案工作人员除要做大量的基础工作外，还要通过各种方式和手段向利用者提供档案和有关资料，这种直接满足利用者需求的工作便是档案的利用工作。

以上档案工作的内容，即通常人们所讲的档案工作，可称为狭义的档案工作。从广义上说，档案工作是指整个档案事业，它包括档案事业管理工作、档案室工作、档案馆工作、档案专业教育工作、档案科学技术研究工作、档案宣传出版工作和档案国际交往与合作工作等。新中国成立后，我国的档案工作已由解放初期单纯是单位、企业内部工作的组成部分发展成为一项具备全国规模并依照《中华人民共和国档案法》统一管理的专门事业。了解这些内容的意义在于：任何一个单位的档案工作都必须接受政府档案行政执法部门的管理和监督，各级国家档案馆是社会重要的文化设施和信息源，为了本单位的利益和发展，秘书人员必须学会使用档案馆。

8.1.5 档案管理工作的性质和意义

1. 档案管理工作的性质

（1）档案工作是一项管理性工作。这一方面因为档案工作是管理档案的专门工作，另一方面因为一个单位的档案工作又是其管理工作的具体环节，如对科学技术档案的管理，就是生产管理、技术管理的重要组成部分。

（2）档案工作是一项服务性工作。通过管理和提供档案资料来为各项工作服务，是档案工作区别于其他服务性工作的特点之一。通过档案服务，一个企业管理效率的提高和技术的进步可以得到有效推动。

（3）档案工作是一项机要性工作。任何单位的档案工作都有一定的保密要求，为了维护国家的利益和单位的法定权益，许多档案在一定时间和范围内需要保密。当然，档案的机密性是随着时间的推移而发生变化的，不是一成不变的。

2. 档案管理工作的意义

档案工作，在社会的历史发展过程中，在社会的政治、经济、科学、文化活动中，占有一定的重要位置。对整个社会来说，档案工作是维护党和国家历史真实面貌的重要事业，是党和国家各项建设事业必不可少的环节。对一个单位来说，档案工作是重要的基础性工作。

8.1.6　档案管理工作基本原则

1. 统一领导、分级管理是我国档案工作的组织原则

主要体现在：第一，国家全部档案由各级、各类档案机构分别集中保存。第二，全国档案工作，在各级党委和人民政府领导下，由各级档案事业管理机构统一分层次、分专业负责指导和监督。第三，实行党、政档案工作的统一管理。

2. 维护档案的完整与安全是档案管理的基本要求

维护档案完整，一方面从数量上，要保证档案的齐全，使那些应该集中和保存的档案不能残缺短少；另一方面从质量上，也就是系统性方面，要维护档案的有机联系，不能人为地将其割裂分散，或者凌乱堆砌。

维护档案安全，一方面从物质上保证档案不遭受人为的和自然的损坏，尽量延长其寿命；另一方面，保证档案政治上的安全，即保证档案不丢失、不被盗、不泄密。

3. 便于社会各方面的利用是档案工作的根本目的

便于社会各方面的利用，是整个档案工作的出发点和最终目的。一切档案机构和人员的设置，一切档案工作制度的建立，一切档案业务工作的开展，都要服从、服务于这个总目标。

8.2　档案收集

档案的收集工作，包括档案室的档案收集工作和档案馆的档案收集工作。这里介绍的是档案室的档案收集工作，具体是指将分散在单位内部有保存价值的文件、材料向单位档案室移交、集中的工作。

档案室的档案收集工作一般是通过文件归档工作完成的。各部门在工作活动中形成的具有保存价值的文件，由单位的文书部门或业务部门整理立卷，定期移交给档案室集中保存，这项工作称为“归档”。

8.2.1　归档制度

1. 归档范围

一个单位应归档的文件材料，主要有以下几个部分：

(1) 重要的会议材料，包括会议的通知、报告、决议、总结、纪要、领导人讲话、典型发言、会议简报、会议记录、录音带、照片等。

(2) 上级单位发来的与本单位主管业务有关的决议、决定、指示、命令、条例、规定、计划等文件材料。

(3) 代上级单位拟制并被采用的重要文件的定稿。

(4) 单位对外的正式发文，包括命令、决定、决议、指示、条例、规定、通报、通知等文件。

（5）本单位的请示与上级单位的批复、下级单位的请示与本单位的批复。

（6）本单位反映主要职能活动的报告、总结。

（7）本单位与有关单位协商工作的来往文书。

（8）本单位的各种工作计划、统计报表。

（9）本单位党委、团委、工会的工作计划、报告、请示、批复、会议记录、重要的统计材料及简报。

（10）信访工作材料。

（11）本单位与有关单位签订的合同、协议书等文件材料。

（12）本单位干部任免的文件材料以及关于职工奖励、处分的文件材料。

（13）本单位职工劳动、工资、福利方面的文件材料。

（14）本单位及下属单位成立、合并、撤销、更改名称、启用印信的文件材料。

（15）本单位的历史沿革、大事记及反映本单位重要活动的剪报、照片、录音带、录像带等。

（16）本单位财产、物资、档案等的交接凭证。

（17）本单位编辑的出版物。

（18）本单位外事活动中形成的材料。

（19）同级单位和非隶属单位颁发的非本单位主管业务，但需要贯彻执行的条例、规定、通知等文件。

（20）下级单位报送的各种报告及统计报表。

2. 归档时间

所谓归档时间是指文书部门将需要归档的文件向档案室移交的时间。一般来说，办理完毕的文件应该由文书部门或业务部门立卷后，在次年的 6 月底之前向档案部门移交。对于某些专业方面的专门文件、特殊载体的文件，或者办公地点比较分散的单位所形成的文件，其归档时间的确定可以灵活掌握。

3. 归档手续

单位文书部门或业务部门将立好的案卷向档案部门移交时，交接双方要履行签字手续，以作凭证。签字前，档案部门要根据移交目录认真地对案卷进行清点。清点核对后，目录和案卷无差错即可履行签字手续，由交接双方在案卷目录上签名盖章，经签名盖章的案卷目录由双方各保存一份备查。

4. 归档案卷的质量要求

（1）归档文件要收集齐全，遵循文件的形成规律，按照文件之间的历史联系、文件的特征和价值分类立卷，全面、真实地反映本单位的历史面貌。

（2）案卷封面的各个项目应填写清楚；要根据《档案保管期限表》注明每个案卷的保管期限；需要永久和长期保存的案卷，卷内文件应按一定次序排列好，并逐页编号，填写卷内文件目录和卷末备考表。

（3）案卷要按照一定的次序进行系统排列；案卷目录按规定格式编制一式三份，其中一份经档案部门核对签收后退回移交单位。

8.2.2　做好档案收集工作应注意的事项

1. 严格执行文件的立卷归档制度及收发文登记制度

要把账内、账外文件材料一起纳入登记、清退和归档范围。秘书、档案人员要督促、指导文书立卷人员通过各种渠道，把好各种关口。如按登记如数清退文件；对于发文，不交定稿不予编号，底稿、附件不齐不予盖章等，尽一切可能把应归档的文件材料全部收集起来。

2. 加强对零散文件的收集

一个单位即使建立、健全了归档制度，也有可能遗漏一些文件，特别是未经收发登记的文件，往往不能按规定及时归档。如上司及有关人员外出学习、考察、参加各种会议带回的有价值的文件材料，本单位内部机构产生的文件，都往往容易分散在个人手中，再加之机构调整、员工变动等因素，也都有可能导致归档文件不齐全、不完整。因此，在正常的归档工作以外，档案部门和文秘人员需要采取一些相应的控制措施。如将文件材料的形成、积累工作，纳入有关部门及有关人员的岗位责任制和奖惩制度中；同时，结合保密检查、节日或年终清理文件、机构调整或人员变动等机会，把应该归档保存的文件全部集中起来，以补充归档制度的不足。

3. 平时收集工作要落实到人

收文环节中，要由文书人员把好阅办关，文件办完后要及时收回；在发文环节中，要由文书人员把好印发关，凡是经过文书部门盖印发出的文件，无论是定稿、存本还是附件，一律由文书人员收全；外出人员带回的各种会议文件、会议记录，由秘书或办公室主任负责收集，或由文书人员按规定及时收集；本单位召开的会议，由本单位秘书、文书、档案工作人员和参加大会秘书组的成员负责收集；内部文件（本单位形成的计划、总结、各类统计报表和规章制度、政治活动中形成的文件材料），由文书人员随时收集。

8.2.3　档案装订

档案装订非常重要，它不仅关系到档案的保管，而且还关系到档案的开发利用。

> 某公司是一家中型公司，档案室有三人。年底，他们在装订本年度档案时从市场上买来了糨糊和胶水，在装订档案时采用了粘接法。第二年，公司领导要调用去年的一份文件，当档案人员找到那份文件时，大吃一惊。因为那份文件经糨糊粘接后，经过一段时间，糨糊已经浸到了文字部位，文件早已面目全非了。

如果上例中的被破坏的文档是一份重要的机密文件，没有备份的话，公司的损失会很大。因此，秘书人员必须了解档案装订工作的步骤和方法。

1. 整理归档文件

归档文件以“件”为整理单位。一般以每份文件为一件，文件正本与定稿为一件，正文与附件为一件，原件与复制件为一件，转发文与被转发文为一件，报表、名册、图册等一册（本）为一件，来文与复文可为一件。

分类方案的“最低一级类目”是指分类时所确定的类目体系中设在最低一级的类目，例如：按照“年度—机构—保管期限”分类时，“保管期限”即为最低一级类目。在最低一级类目内，按事由结合时间、重要程度等排列。会议文件、统计报表等成套性文件可集中排列。

2. 修整归档文件

（1）修裱破损文件。修裱是指使用黏合剂和选定的纸张对破损文件进行“修补”或“托裱”，以恢复文件的原有面貌，增加强度，延长寿命。其中，修补主要针对一些有孔洞、残缺或折叠处已被磨损的文件，包括补缺和托补；托裱则是指在文件的一面或两面托上一张纸以加固文件。

（2）复制字迹模糊或易褪色的文件。对字迹模糊或易褪色的文件，一般采用复印的方式进行复制。如传真件字迹耐久性差，须复制后才能归档。但复印件本身也存在耐久性差的问题，如易粘连等，需要采取一定措施加以防范。为减少复印件粘连的几率，复印时墨粉浓度不宜太大，颜色不宜太深，并且最好采用单面复印。

（3）超大纸张折叠。在实际工作中，某些特殊形式的文件，如报表、图样等，纸张幅面大于 A4 型和 16 开型，而档案盒尺寸是按照 A4 纸张的大小设计的，这就需要对超大纸张加以折叠。折叠的操作要求比较简单，但要注意尽量减少折叠次数，同时折痕处应尽量位于文件、图表字迹之外。文件页数较多时，宜单张折叠，以方便归档后的查阅利用。

3. 装订归档文件

（1）线装式。从档案保护的角度看，线装无疑是最好的选择。但除了较厚的文件，“三孔一线”的装订方法已不再适用于文件级管理。现有的常见做法是使用缝纫机在文件左上角或左侧轧边，但这种方式存在针角过密、易造成纸页从装订处折断的问题，设备成本也相对较高。如在文件左上角或左侧穿针打结，操作比较烦琐。如果装订器材能够有所改进，线装仍然是最好的装订方式。

（2）变形材料。使用变形材料装订，方法简单，但对材质必须有较高的要求。金属制品，如不锈钢夹、燕尾夹等，必须采用质地优良的不锈钢制品，而且必须同时考虑所在地区的气候条件以及库房保管条件，谨慎使用；塑料制品则必须有足够强度，以免年久断裂。要注意，使用金属装订材料的归档文件材料，不能使用微波设备进行消毒，否则可能引起火灾。

（3）粘接式。一般采用糨糊及胶水粘贴的办法，成本较低。但这种方式存在可逆性差、复印及扫描时不能拆除的缺点，材料的可靠性也有待进一步认证。还有热熔胶封装的办法，但由于成本较高而不易推广。

另外，穿孔式和铆接式方法由于对档案破坏较大，因此不宜用于归档文件的装订。

8.3 档案整理

档案整理工作的一般途径和程序有区分全宗、分类、立卷、排列案卷、编目等。这些也可称为档案整理工作的内容。

8.3.1 区分全宗

档案整理工作一般是从区分文件所属全宗开始的，只有把属于一个全宗的文件集中在一起，才能根据全宗的具体情况进行下一步的系统整理工作。如果不先区分全宗，将不同全宗的文件混在一起，就不可能或者不能正确地作进一步的整理。全宗是由一个国家机构、社会组织或个人形成的全部档案所组成的有机整体。如一个公司所形成的全部档案可包括：党群、行政、财务和产品、基建、设备、科研等方面的各种门类的档案。一个科学家、文学家、艺术家、教育家、企业家、金融家、社会活动家以及其他知名人士，在其一生活动中所形成的著作手稿、讲话稿、日记、文电、信函和音像材料等均属个人全宗中的内容。

8.3.2 分类

对一个立档单位所形成的档案按统一标准分成若干层次和类别，使档案实体形成有序的结构。

1. 常用档案分类法

一般意义上的档案分类，即全宗内档案分类，就是把立档单位所形成的档案，按其来源、时间、内容和形式的异同，分成若干层次和类别，构成有机体系的工作。最常用的档案分类方法有下述三种：

（1）年度分类法。就是根据形成和处理文件的年度将全宗内档案分成若干类别。

（2）组织机构分类法。就是根据文书处理阶段形成和处理文件的承办单位进行分类，即按照立档单位的内部组织机构将全宗内档案分成若干类别。

（3）问题分类法。就是按照文件内容所反映的问题（或称“事由”）将全宗内档案分成若干类别。

2. 现实分类中常采用复式结构分类法

在实际的档案分类过程中，单纯采用一种分类方法的情况是较少的，多为几种方法的结合运用。这种结合也称复式结构分类法。传统的复式结构分类法主要有：组织机构—年度分类法，年度—组织机构分类法，年度—问题分类法，问题—年度分类法。但是，根据目前国家有关规范的要求及现行立档单位的实际情况，许多单位多采用下述方法：

（1）年度—组织机构—保管期限分类法。即先将立档单位内的档案按年度分开，然后在每个年度内再按内部组织机构进行分类，再在组织机构下面按保管期限分类。此种方法适用于立档单位规模较大，年立卷量较多，且内部组织机构虽有变化但不复杂的全宗。例如某城市建设集团全宗档案按年度—组织机构—保管期限分类法分类如下：

1997 年　经理办公室　永久、长期、短期

1998 年　经理办公室　永久、长期、短期

（2）年度—问题—保管期限分类法。即先将立档单位的档案按年度分开，然后在每个年度内按问题进行分类，再将保管期限放在年度内。在实际工作中，有些单位组织机构变

化复杂，或者文件很难区分所属机构；有些单位内部未设分支机构或者虽然内部也设一些机构，但机构职责不明确，加之各机构形成档案的数量差别很大，有的机构（如总经理办公室）形成档案较多，而有些机构（如工会）形成档案很少，难以按年度—组织机构—保管期限分类。在这些情况下，就可以采取此种方法。例如某生产性企业全宗档案按年度—问题—保管期限分类法分类如下：

1997 年　行政事务类　短期

1998 年　行政事务类　短期

（3）年度—保管期限—机构分类法。如：

1996 年　短期　办公室

（4）保管期限—年度—机构分类法。如：

永久　1997 年　办公室

（5）机构—年度—保管期限分类法。如：

办公室　1998 年　永久

（6）机构—保管期限—年度分类法。如：

办公室　永久　1996 年

（7）保管期限—年度—问题分类法。如：

永久　1996 年　业务类

（8）问题—年度—保管期限分类法。如：

行政类　1997 年　永久

3. 档案分类的注意事项

（1）分类时如何正确判定档案文件所属年度。一个立档单位的档案，无论是采用年度—组织机构分类法，还是年度—问题分类法，都要首先涉及正确判断文件材料所属年度问题，这是档案分类中一个很重要的问题。对于下面几种情况的文件，应该准确地判定其所属年度：

● 文件上有两个以上日期但又不是同一个年度的文件。对此类文件要根据文件的特点，确定最能说明该文件特点的日期作为分类的根据。如法律、法令和条例等法规性文件，以批准日期为根据（公布生效的文件，以公布日期为根据）；指示、命令等领导性文件以签署日期为根据；会议记录以开会日期为根据；计划、总结、预算、决算、统计报表以内容针对时间为根据。

● 文件上没有准确日期的文件。对此类文件应运用多种方法去判定和考证文件的准确日期或接近日期。其方法是，分析文件的内容，研究文件的制成材料、格式、字体和各种标记，或者通过与已有准确日期的同类文件进行比较、对照来判定该文件的日期。

● 跨年度的文件。此类文件有两种情况：一是一份文件内容跨了两个以上年度。如前一年的工作总结和后一年的工作计划，内容针对两个年度。对此，应以主要内容为根据，判定其所属年度；内容不分主次的，应归入形成文件的年度。五年计划、三年总结、十年规划等文件，属于计划的，归入计划开始的一年；属于总结的，归入总结针对的最后一年。二是一组有密切联系的文件，形成于两年以至于两年以上，如一次会议，前一年年底开会后一年年初结束，此种会议形成的文件，应归入会议开幕年。专门案件形成的跨年度文件放在结案年立卷。

（2）分类时如何正确判定档案文件所属机构。按组织机构分类时，对涉及几个机构的文件，在一个立档单位内应有一个统一的规定，以便将文件合理而有规律性地分入相应的类别，以便查找起来有规可循。如经本单位党委、党组讨论而以单位行政名义发出的文件，一般应归入行政某机构类；业务机构起草而以单位行政名义发出的文件，一般归入单位的中心机构，也可归入业务机构；几个机构联合办理的，一般归入主办部门，也可归入批示“退存”的部门或最后承办部门。

（3）采用问题分类法应注意的问题。

● 按文件内容中最基本的问题设置类别，如实反映立档单位的主要面貌。通常要参照单位的职权范围和基本工作职能，根据文件的实际状况而设类，不可随意设类和设虚类。

● 类目体系力求简明，合乎逻辑。类目设置应按全宗大小、立档单位工作任务的繁简和文件的多少来决定。层次不宜过多，类别概念的外延不应与全宗名称的外延等同。同一级各类之间应是平等的并列关系，不能互相包容，彼此交叉。为解决全面性、综合性文件的归类，通常应设总类或综合类。

● 要按文件的主要内容有规律地归类。在实际分类过程中，如遇到既可归入甲类又可归入乙类的或归属不明确的文件，应认真研究并认定文件内容的主要问题，归入相应类别。

8.3.3　立卷

案卷是具有密切联系的若干文件的组合体，是档案的基本保管单位。所谓立卷，就是将单份文件组合成案卷的工作。文件立卷有利于维护文件的安全，方便文件的管理，有利于保持文件之间的有机联系，便于查找利用。

案卷的组合方法，一般是根据文件不同的特征，将具有某方面共同特点和联系密切的文件综合在一起组成一个案卷。根据文件不同方面的特点，适应不同检索途径和日常管理的需要，人们通常按问题、作者、文种、时间、地区、通讯者六种特征立卷。

1. 按问题特征立卷

按问题特征立卷，即将反映同一问题的文件一同组卷，将反映不同问题的文件分别组卷。例如，××公司将“关于员工薪金、福利问题”的文件材料组合成同一案卷，便是采用此种立卷方法。按问题特征立卷，可以保持文件在内容方面的具体联系，反映出一个问题处理的全貌，便于利用者按问题进行查找和利用。所以，此种立卷方法是运用得最为广泛的方法。

2. 按作者特征立卷

按作者特征立卷，即将属于同一作者的文件一同立卷，不同作者的文件分别立卷。此种立卷方法便于从作者角度查阅利用档案。同时，由于作者的职能和地位不同，按作者特征立卷又能适当区分文件的重要程度和保存价值。因此，该方法也是采用较多的一种立卷方法。

3. 按文种特征立卷

按文种特征立卷，即将种类名称相同的文件一同立卷，将不同种类名称的文件分别立卷。例如，××公司“一九九八年董事会会议纪要”，就可以按文种特征立卷。文件的种类反映了文件的效能和作用，也能较好地区分文件的重要程度和保存价值。因此，此种立卷方法同样是不可缺少的立卷方法。

4. 按时间特征立卷

按时间特征立卷，即将属于同一个时期或时间阶段的文件一同立卷，将不同时期或时间阶段的文件分别立卷。

5. 按地区特征立卷

按地区特征立卷，即将内容涉及同一地区的文件一同立卷，将内容涉及不同地区的文件分别立卷。此种方法多用于下属单位的某些行文、调查材料或下属单位的来文。

6. 按通讯者特征立卷

按通讯者特征立卷，即将本单位与某单位就某个问题或几个问题的来往文件一同组成案卷。例如，“××公司与××公司就产销问题的来往文书”。需要指出的是，按通讯者特征立卷与按作者特征立卷不同，按通讯者特征立成的案卷，卷内应是两个单位就特定问题相互往复的文件，不应包括这两个单位各自的其他行文。

上述六个特征从不同方面反映了文件的内容和有关联系。但在实际立卷工作中，人们又不能只从文件某一方面的特征去考虑如何组卷，而应该灵活地采取多种立卷方法，做到几种特征的综合运用。例如，题为“北京市××厂 1999 年厂务会议记录”的案卷，就运用了作者、时间和文种等多个特征。

8.3.4 排列案卷

案卷的系统排列，只能在立卷之后才可能进行。立成的案卷，为案卷排列提供了实际对象，而排列又确定了案卷的位置。

8.3.5 编目

案卷目录的编制，在案卷排列之后进行。案卷排列为编制案卷目录提供了具体内容，而案卷目录又最后固定了案卷的排列顺序。

8.4 档案价值鉴定及保管工作

档案鉴定工作包括鉴定档案的真伪和鉴定档案的价值两个方面。但档案界通常所说的档案鉴定工作指的是档案价值的鉴定工作，是指档案部门或档案人员按照一定的原则、方法、标准，判定档案的价值，确定档案的保管期限，剔除失去保存价值的档案并予以销毁的一项档案业务工作。所谓档案的保管工作，简言之，就是指档案的存放管理和维护档案完整与安全的活动。

8.4.1 档案价值鉴定工作的主要内容

制定档案价值的统一标准及各种类型的档案保管期限表；具体分析档案的价值，划分和确定不同保存价值的档案的保管期限；剔除无保存价值或已失去保存价值的档案并予以销毁，以及围绕这些工作而开展的一系列鉴定组织工作。

档案价值鉴定工作的意义在于它是解决档案庞杂和精练之间矛盾的主要途径。鉴定工作开展得好，可以节约档案保管成本，提高工作效率，一旦遇到天灾人祸，还可以有所主次，保证重点档案的保护和抢救。

8.4.2　档案保管工作的主要内容

1. 凭借柜具或库房对档案实施的日常管理

主要包括档案库房的使用与安排，档案及其柜具的有序化摆放和与档案检索、提供、利用等环节密切相关的档案移出、收进等。

2. 对一切可能损毁档案的社会的、自然的因素采取必要的措施

(1) 防止档案的损坏。要研究和掌握档案损坏的原因和规律，通过经常性的具体工作，采取专门的技术措施和方法，最大限度地消除各种可能损坏档案的不利因素的影响，把档案的自然损坏降低和控制在最小的范围内。

(2) 延长档案的寿命。档案保管工作不应只是一味地防止档案的自然损坏，还要从根本上采取更积极的措施，最大限度地延长档案的寿命。如在文件制作阶段，选用耐久的载体和书写材料；在档案保管阶段，对文件进行复制、修补和采取其他处理措施等。

(3) 维护档案的安全。一方面要从物质上保证档案不损坏，最大限度地延长其寿命；另一方面，不因档案保管不当造成档案丢失或内容的泄露而使档案的所有者乃至国家蒙受政治或权益上的损害。

8.4.3　确定保管期限

根据有关规定，我国现行的档案保管期限规定为永久、长期和短期三种。所谓永久保管，就是将档案无限期地永远保存下去；长期保管，一般指保存 16～50 年左右；短期保管，一般指保存 15 年（含 15 年）以下。保管期限的计算，通常是从文件产生和形成后的第二年算起。

(1) 凡是反映本单位主要职能活动和基本历史面貌的，在本单位工作和国家经济建设、文化建设、政治斗争、科学研究中需要长远利用的档案，应列为永久保管。它主要包括两部分：一部分是本单位工作中制成的重要文件，如指示、命令、决议、决定、各种会议的重要文件、工作计划和总结、重要的请示或报告以及有关机构演变、人事任免的文件材料等；另一部分是上级单位颁发的属于本单位的主管业务并需要贯彻执行的重要文件，如指示、命令、批复等，还有下级单位报送的有关方针政策的和重要问题的请示、报告、总结等文件材料。

(2) 凡是反映本单位一般工作活动，在相当长时间内本单位需要查考的档案，应列为长期保管。主要包括两部分：一部分是本单位工作中制成的，在相当长时间内需要查考的文件材料；另一部分是上级单位颁发的和下级单位报送的比较重要的文件材料。

(3) 凡是在较短时间内本单位需要查考的各种文件材料，均应列为短期保管。它主要包括本单位一般事务性的文件材料，上级单位和同级单位颁发的非本单位主管业务但要贯

彻执行的文件材料，下级单位报送的一般工作总结、报告和统计表等文件材料。

8.5 档案检索工作

8.5.1 概念和意义

档案检索工作是指存储和查找档案或档案信息的过程。档案检索工作是由档案信息存储和档案查找两部分构成的。档案信息存储是档案查找的基础和前提，档案查找是档案信息存储的起因和目的。

档案检索工作的意义主要在于它是档案提供利用工作的先决条件。一个单位的档案文件达到成千上万卷并不是稀罕事。面对大量的档案，档案提供利用工作并不只是依靠简单的取和放完成的，而是先要通过检索这一关。档案能否及时、准确地提供给利用者，充分发挥其作用，在很大程度上取决于检索工作。检索工作是衡量档案工作水平的一个很重要的尺度，有经验的文秘、档案工作者总是不惜时间和精力，认真编制各种检索工具。

在企事业单位的档案部门，所存档案形成时间不长，利用者又基本为内部员工，在利用档案时，能够提供一定的查找线索。因此，这里的检索工具，并不必像档案馆那样详尽完备。只要有案卷目录、全宗文件目录、人名目录和全宗指南等常用档案检索工具就能够满足需要。

8.5.2 常用档案检索工具的编制和使用

1. 案卷目录

案卷目录是以案卷为单位，按照档案整理顺序组织起来的档案检索工具，它是档案部门最基本的、使用较为频繁的一种检索工具（见表8—1）。

表8—1　　案卷目录

案卷号		题　　名	年度	页数	期限
档案室编	档案馆编				
	140				

案卷目录在档案管理中有广泛的用途。但是，由于它的查检对象是一组有密切联系的文件组合体，人们对于单份文件的查准率受文件立卷质量制约较大。

2. 全引文件目录

全引文件目录又称案卷文件目录，是将全宗内文书档案或其一部分卷内文件目录按一定的排列方法（分年度或分保管期限）汇编在一起而形成的检索工具。它是案卷目录与卷内文件目录“合二为一”的产物。其形式有两种：一种是先列出案卷号、题名、年度、页数、期限，随之就在下面标出此卷内文件目录（见表8—2）。

表 8—2 **全引文件目录**

案卷号		案卷标题		起止日期	卷内张数	柜号
顺序号	文件作者	文件字号	文件标题	文件日期	所在张号	备注

此种方法的缺陷是不能使用已有的卷内文件目录，需要重新填写卷内文件目录。另一种是指明案卷号（在卷内文件目录的右上角），下面再列出这个案卷内的卷内文件目录（见表 8—3）。

表 8—3 **卷内文件目录**

案卷标题						
件号	责任部门	文号	题名	日期	页号	备注

此种方法简便易行，将已使用的卷内文件目录（标有案卷号），复制一套，按照一定的规律装订成册即可。但此种方法未列出案卷标题，检索有一定局限。

全引文件目录的优点是，揭示档案的内容和成分比较具体，无论查找案卷或单份文件都很方便，编制也比较简单，但不便按专题查找档案。

3. 人名索引

人名索引是揭示档案中所涉及的人物并指明其档案出处的检索工具。人名索引一般由人名和档号两部分组成。利用者借助人名索引，可以查到记载某一人物的材料。

人名索引从体例上可分为综合性人名索引和专题性人名索引。综合性人名索引是将档案中所涉及的人名都编成索引；专题性人名索引是根据所列专题范围（如任免、奖惩等），对涉及该专题的人名编制索引。人名索引，一般按姓氏笔画、汉语拼音字母顺序或四角号码等方法排列。

4. 全宗指南

全宗指南是以文章叙述形式介绍和揭示档案室所保存的某一个全宗档案内容和成分及其利用价值的一种书本式检索工具。其体例包括以下内容：

（1）立档单位和全宗的历史概况。此部分简要地叙述了立档单位成立时间、人数、机构设置情况，主要领导的配备，立档单位的性质、任务及主要职能活动情况，隶属关系以及全宗历史的沿革等。

（2）全宗内档案内容和成分的介绍。这是全宗指南的主体部分。首先，介绍全宗内档案的构成及数量；其次，以档案内容或以组织机构为主线分别介绍档案情况，突出有价值的内容；最后，介绍全宗内档案的整理（分类、编目）及保管情况。

（3）全宗指南的辅助材料。此部分内容主要包括：关于利用全宗内档案材料的说明（利用方式、服务手段、利用效果），有关立档单位的历史和全宗历史的参考资料情况（自编参考资料的种类、数量）等。

8.6 档案利用工作

8.6.1 档案利用的概念

开发和直接提供档案，为社会各项事业服务的工作，称为档案利用工作。从严格意义上讲，档案利用工作又可以区分为“提供档案利用”和“利用档案”这是两个既有密切联系又有相对区别的概念。“提供档案利用”针对档案管理者而言，是指档案管理部门和人员以所藏档案信息资源为基础，通过一定的方式和途径，直接提供档案，为前来了解查询问题的利用者提供服务的工作。“利用档案”针对利用者而言，是指利用者以阅览、复制、摘录等形式使用档案的活动。

8.6.2 档案利用的意义

1. 提供利用是档案工作的根本目的和中心任务

任何一项事业的生存和发展都有它的特定原因，这就是社会需要。我们党和国家之所以重视档案工作，国家和各省、市、县之所以普遍设置档案馆，社会各机关、企事业单位之所以普遍设置档案室和专、兼职档案管理人员，关键是因为档案对各项事业有用。因此，便于社会、各项事业和单位内各个部门对档案的利用，是档案工作的出发点和归宿。而整个档案业务工作中的利用环节便是这一根本目的和中心任务的直接体现。

2. 档案利用工作对整个档案工作的发展有决定性影响

档案工作的发展，取决于两个因素：一是外部因素，即社会及本部门决策层的重视程度，包括经费的投入和各部门的协调支持、积极参与。二是内部因素，即各项档案业务工作是否健康、协调地发展。就第一方面而言，利用工作是最实际、最富有说服力的宣传。通过提供的档案实际发挥作用，就能使人们深刻认识档案的价值和档案工作的重要性。从而扩大档案工作在社会上的影响，赢得各方面的支持。就第二方面而言，利用工作对整个档案工作有着检验和带动作用。例如，一旦在利用工作中遇到具体困难，就可以顺藤摸瓜，发现档案工作的薄弱环节和不足之处，或者收集不齐全、整理不系统、鉴定不准确，或者保管不科学、检索工具不完备、参考资料不丰富，等等。发现问题，对症下药，就可以提高整个档案工作水平。

8.6.3 档案利用工作的主要方式和途径

企事业单位开展档案利用的方式和途径有很多，这里择其要者做些介绍。

1. 开设阅览室，直接提供档案原件或复制件借阅

阅览室是机关、企业、事业单位专门为利用者设置的阅览档案材料的场所。设置阅览室是由档案的特点决定的。档案材料往往只有一份，有的还有一定机密性。因而，就档案部门的普遍情况而言，它一般不宜像图书一样外借。借阅者在阅览室利用档案则有许多优点：首先，便于保护档案材料的物质安全，不仅可避免档案的丢失，而且能减少档案的辗转、磨损，从而使其延长寿命。其次，便于及时周转，提高档案利用率。最后，有利于维护党、国家和一个机构内部机密的安全。

阅览室是联系档案的保管者和利用者的纽带，是档案工作发挥作用的主渠道，是社会各界了解和认识档案事业的窗口，它的水平反映着管理者的思想水平、业务水平，因而，做好阅览室工作十分重要。一般应注意以下几点：

（1）阅览室的设置需兼顾优质服务和严格管理两个方面。阅览室要求明亮、宽敞、安静、舒适、清洁和方便。一般应有服务台、阅览桌和存物处等设施。阅览桌以无抽屉为宜，以便于管理人员必要的监护。为方便利用，还应准备历史、地理、政治、经济、文化和语言等方面的工具书以及与所藏档案密切相关的参考材料。

（2）为维护阅览室的秩序和档案的安全，阅览室应建立必要的规章制度。其内容包括：阅览室接待对象、档案材料的阅览范围、批准权限和入室手续、档案索取和归还手续，以及利用者应爱护档案的若干具体规定等。

（3）接待人员需具备良好的工作作风和扎实的业务基本功。工作人员既要主动热情，急利用者之所急，又要熟悉政策，懂得业务（如熟悉室藏和各种检索工具等），善于对外接待，同时还要有认真、负责的精神，注意提醒利用者遵守有关规定，在借出和收回档案时，仔细检查材料状况，维护档案的完整与安全。对于档案的利用工作，为简化手续，方便科技人员迅速地大量查阅，在某些企业、事业单位，可以有条件地实行内部开架阅览。

开架阅览的基本做法是：

- 可供阅览的是档案副本。
- 开架的档案是非密级的或密级较低的。
- 提供专门的开架阅览场所。
- 编写开架部分档案的检索工具，注明存放位置，并在每个阅览架上编制《档案检索图表》，以免利用者盲目寻找。
- 有资格进入开架阅览室的应是本单位内部的有关人员，在其间能自由阅览。

2. 档案外借

这里的档案外借，是指按照一定的制度和手续，将档案携出档案馆或档案室阅览、使用。档案馆档案一般不借出馆外使用，在个别情况下，为照顾某些工作岗位的特殊需要或必须用档案原件作证等特殊需要，才可以将档案暂时借出馆外。在机关和企业内部，尤其是企业，档案携出档案室使用，包括到科研、生产一线现场使用，则相对多些。但特别珍贵和易损的档案，是禁止借出的。

对档案外借使用，须建立严格的制度。经一定的审批手续，档案材料方能外借；借出期限不宜过长；数量也应有所限制；借用单位和个人要负责档案的安全，不能将档案转借和私自摘录、复制、翻印，更不能遗失、拆散、调换、抽取和污损档案材料，并保证按期交回。多年来，企业的档案人员在组织档案外借工作中，本着既方便服务，又严于管理的思想，摸索出许多行之有效的工作方法和制度，如借阅者身份审查手续、借阅登记手续、借阅清点手续和借阅证制度、催还续借制度、调离认可制度等。

3. 制发档案复制本

根据档案原件制发各种复制本，是开展档案利用工作的一种重要方式。在企业、科研部门的档案利用服务中，这项工作通常又被称为复制供应。它包括内供复制和外供复制。外供复制又是实现科技档案有偿交流的一个途径。档案复制本分为副本和摘录两种。副本反映档案原件的某些部分，复制方法主要有复印、手抄、打字、印刷和摄影等。

这种服务方式有较多的优点，既可以提高档案利用率，缓和供需矛盾，又便于保护档案原件。这种服务方式也有一定缺点。第一，利用者查阅档案，总想看到原件，尤其用作凭证时，一般的档案复制本往往不令人满意。对此，一方面，要努力提高复制技术水平，尽可能使复制件十分近似于原件；另一方面，应在档案文件空白处或背面注明档案保管单位名称、档案原件编号，必要时，还要加盖公章，以示负责。第二，由于现代复印技术的快速发展，尤其静电复印机的广泛应用，可能使复制本失控，造成多处、多份复制，随意公布档案的事情发生，不利于档案保密和维护技术、知识产权等方面的权益。为此，必须对档案复制本制发范围和批准权限严格管理。单位秘书人员在有关事务中要切实负起责任。

4. 出具档案证明

档案证明是档案保管单位向申请询问、核查某种事实在所藏档案中有关记载的利用者出具的书面证明材料。在社会生活中，有些机关、企事业单位或个人，为处理和解决问题往往需要档案部门提供证明材料。例如，公安、司法、检察部门在审理案件过程中需要证明材料；公证机关或个人在确认工龄、学历、财产方面需要证明材料等。

出具档案证明是很严肃的工作，档案人员只有在利用者正式申请下才能进行这项工作，而且对申请的审查和证明的拟写，都必须认真对待。申请书应写明要求出具证明的目的以及所查证问题的发生地点、时间和经过。档案证明一般应根据档案的正本或可靠（如经过认真校对）的副本来拟写。在没有正本或副本的情况下，也可利用草稿（草案）。不论根据什么材料，都应注明其出处。同时还应注意，档案部门和档案工作人员在这方面的职责仅是对某一问题在所藏档案中有无记载和怎样记载的情况加以证明。因而，在证明中不能妄加评论和总结，只能对有关材料进行客观的、如实的叙述或摘录，尤其对所要证明的问题起关键性作用的内容应做到与原件的字、句甚至标点完全吻合。加盖公章后，拟写的档案证明才能生效。

5. 提供咨询服务

这种服务形式是档案人员以档案为依据，以自己所掌握的业务知识和专业技术知识为基础，对查询者提出的问题进行解答，或指导利用者获得有关某一方面档案的线索。档案利用工作搞活后，档案人员会接触到各种情况的咨询业务，有一般性咨询，也有专门性咨询；有事实性咨询，也有知识性咨询；有专题研究性咨询，也有情报性咨询。

6. 印发目录

这种方式多用于科技档案的利用服务工作，是将档案目录印制分发到有关部门。它包括内部印发（向内部各机构和下属单位印发）和外部交流两种。其目的是为了交流情况，互通信息。

7. 举办档案展览

档案展览，就是根据某种需要，按照一定主题，系统地陈列档案材料。档案展览的作用突出地表现在以下两个方面：

（1）大力宣传档案和档案工作的重要意义。参展的档案材料一般是经过精心挑选的，其中有的还属于档案的珍品，因而它能以原始性、可靠性和丰富的内容，给观众留下深刻的印象，进而引起人们对档案和档案工作的进一步重视。

（2）广泛发挥档案的作用。举办档案展览本身就是一种提供利用的方式，而且这种形式能在一定时期、一定范围内满足较多观众的参观要求，服务面广泛，尤其是对那些有普遍宣传教育意义的档案材料，这种形式会使档案的宣传教育作用得到充分发挥，取得其他任何形式都达不到的广泛、深刻、生动的教育效果。

8.6.4 开展档案信息的深层次开发

档案信息深层次开发的途径和方式有很多。这里只介绍其中的综合档案内容，编写档案参考资料。档案参考资料，是档案部门或档案人员依据一定题目，根据所存档案综合而成的一种可供人们参考的档案材料加工品。档案参考资料不同于档案原件和复制件，它已改变了档案原来的形式，具有问题集中、内容准确、文字精练、概括性强的特点；档案参考资料也不同于档案检索工具，它不仅能起到一定的介绍和报道档案情况的作用，而且更重要的是，可以直接为利用者提供有实际内容的档案材料。参考资料的最大优点在于利用者不必翻阅大批档案，便可简明地得到所需的材料。下面介绍十种常见的档案参考资料：

1. 大事记

大事记，就是按照时间顺序，简要地记载一定时期发生的重大事件的一种参考资料。它可以向利用者提供某一问题的历史梗概，便于人们研究史实的演变及其规律性，是总结工作、编写资料、考证历史的重要依据。

大事记也有许多种，需要秘书人员编写的大事记主要是持续反映本单位情况的机关（单位）大事记。编写大事记应按照历史唯物主义的观点，坚持实事求是的原则，尊重历史、尊重史实，维护事物的本来面目，客观地加以记述。其具体要求有三个：

- 观点正确，用材真实。
- 大事突出，要事不漏，小事不要。
- 系统条理，简明扼要。

大事记的内容，主要由大事记述和大事时间两部分组成。

（1）大事记述。大事记述是大事记的主要组成部分，通过许多重大事件的记述，反映历史发展的概貌和规律。大事的合理选择是撰写这部分内容的关键。如何选择和确定大事，要考虑如下三方面因素：

- 要立足于本单位，突出本身的活动。属于全国或其他较大范围内的大事，只有与本单位密切相关的大事才记，否则，不予记述。记述的目的在于说明大事的背景和由来。
- 要根据本单位的性质、任务和主要职能活动选择大事和要事。一般情况下，反映主要职能活动的重要事件，才能列入大事记的范围。
- 要体现本单位的特点，突出一定时期的中心工作、重大事件和主要事件。

（2）大事时间。大事时间，一般要求记载准确日期，每件大事年、月、日齐备。对时间不确切的事件，应尽力进行考证，大事记条款应严格按照大事发生的先后顺序排列，先排有确切日期的大事，后排接近准确日期的大事，日期不清者附于月末，月份不清者附于年末。

2. 组织机构沿革

组织机构沿革是系统记载一个单位或专业系统的体制、组织机构和人员编制变革情况的一种文字材料。内容大致包括单位（系统）概况、机构名称改变、地址迁移、成立、撤销或合并的时间、隶属关系、性质和任务、职权范围、领导人员变动、编制扩大与缩小以及内部机构设置等方面的变化情况。

组织机构沿革可以采取文字叙述或图表的形式，也可图文并茂。其主体结构的体例通常有两种：一种是以时期（年度或阶段）为主线，先将材料分成若干阶段，然后在每个时期下面再分别叙述其内容；另一种是以题目为主线，先将材料按其叙述的内容分成若干题目，然后在每个题目下面逐年或逐阶段叙述。

3. 统计数字汇集（基础数字汇集）

统计数字汇集，就是反映一个单位、系统或某一方面基本情况的一种数字材料。由于这种材料简单明了，形式灵活，因而是了解情况、研究问题、制定计划、指导工作和总结经验不可缺少的依据和参考。

统计数字汇集按其内容可分为综合性和专题性两种。综合性的统计数字汇集记载和反映一个单位、系统的全面情况，包容性强，篇幅较大。专题性的统计数字汇集则记载一个单位或系统某方面的基本情况。

4. 会议简介

会议简介，是简明扼要地记述会议基本情况的一种文字材料。召开会议和民主协商问题，是单位管理活动中的一个重要方式。广大机关、企事业单位的干部经常需要查考会议的档案材料。筹备一个会议之前，先行查阅以往有关会议的档案材料，许多程式性的内容便可延用旧例，以收到事半功倍之效。因而会议简介颇受欢迎。

会议简介的主要内容应包括会议届次、召开的时间、地点、主持人、参加人（代表名额、分配情况、列席范围）、会议议程、讨论与会议决策事项以及选举结果等。

5. 科技成果简介

科技成果简介，是科技档案的编研成果之一，是指对获得成果的科研设计项目的档案资料，扼要摘录其内容，汇集编印成册的一种参考资料。其内容一般包括：项目名称、项目内容、投资费用、主要技术经济指标或主要技术参数、经济效益、应用推广情况、鉴定评审情况、获奖情况、转让方式和费用等。

科技成果简介有多种功效：能起到促进学术和技术交流，推动科技成果推广的作用；能起到检阅和考核获取科技成果能力和水平的作用；能起到推动技术成果转让的媒介作用。科技成果简介，有用简明文字叙述的，也有采用表格形式的。它根据所汇集成果数量的多寡，可以编印成一册，也可以编印成多册。

6. 企业年鉴

企业年鉴，是记录和汇集一个企业一年间的生产、经营、基本建设、科学研究等各类大事的有关文献、照片和统计数据等的综合性的参考资料。

企业年鉴的特点是，利用年度的各种文字总结、数据报表、照片和说明文字等，记述和反映一个企业的综合发展状况，它一年编制一个卷册，年年更新，但又前后连贯。

企业年鉴对于了解企业的综合情况和数据，进行工作总结、预测未来、计划决策，以及进行科学研究和编史修志等，可以提供比较系统和全面的档案材料。所以，它受到企业领导、职能部门和有关人员的欢迎，被誉为办公桌上的档案数据库。

7. 企业史志

企业史志是依据企业档案信息撰写的史料性质的编研成品。从内容上划分，有就企业全部生产经营活动编写的综合性史志，有针对某项专业活动撰写的专门性史志。企业史志史料性强，是以客观反映和系统阐述企业生产经营、科技工作及其各项管理的发展历史与发展规律为目的的，因此一般具有较高的和长远的利用价值。

8. 科技图册

也称科技图集，是以图样为主体，配以必要的文字和数字说明的编研成品。图样可以是设计图，也可以是简图或示意图等。图册主要用来表示产品或设备的规格、结构、性能、技术参数等，或表示基建工程设施的规模、布局、走向、结构、数据等。图册根据用途不同而有所区别，有为产品研制服务的图册，有为设备管理或工程设施管理服务的图册，有为技术交流或产品加工订货服务的图册等。

9. 科技手册

科技手册是以科技档案信息为依据，简明、扼要地概述特定范围的科技活动或专业基础知识与规范的资料性工具书。所谓基础知识，是指专业性的基本数据、常用的计算公式和测试方法等。这些基础内容多是经过实践验证的成果和经验总结，带有一定的规律性，具有某种规范意义，是从企业档案中筛选出来，为企业各级领导、各种业务管理部门和科技人员、管理人员经常使用的，在形式上是可以随身携带备用的一种工具书。

10. 科技简报

科技简报是连续地报道科技档案信息的活页式编研成品。为了提高档案部门的信息反应速度，近年来许多档案部门分别创办了《档案信息》、《档案信息快报》等，以及时、定向地传递科技档案信息为主要目的的刊物，受到科技档案利用者的好评。科技简报是这类刊物的代称。科技简报可分为定期与不定期两种。

本章小结

本章主要介绍了秘书档案管理的一般工作内容。档案工作的一般程序包括：档案收集、整理、鉴定及保管、检索、利用。其中关键程序是档案收集和整理。档案收集包括档案室的档案收集工作和档案馆的档案收集工作。这里介绍的是档案室的档案收集工作，具体指将分散在单位内部有保存价值的文件、材料向单位档案室移交、集中的工作。档案整理工作就是将已经收集的档案进行分类整理，整理工作的一般途径和程序有：区分全宗、分类、立卷、案卷排列以及编制案卷目录等。

档案价值判断包括鉴定档案的真伪和鉴定档案的价值两个方面。但档案界通常所说的档案鉴定工作指的是档案价值的鉴定工作。档案检索工作是指存储和查找档案或档案信息的过程。档案检索工作是由档案信息存储和档案查找两部分构成的。最后，是关于档案利用。开发和直接提供档案，为社会各项事业服务的工作，称为档案利用工作。从严格意义上讲，档案利用工作又可以区分为“提供档案利用”和“利用档案”这是两个既有密切联系又有相对区别的概念。

关键术语

档案收集　档案整理　档案分类　档案立卷　档案鉴定　档案保管　档案利用　档案检索

复习思考题

1. 简述档案归档制度。
2. 档案收集工作中应注意什么？
3. 简述档案整理工作的程序。
4. 常用的档案检索工具有哪些？
5. 简述档案利用的主要方式和途径。

实务训练题

某公司总经理指示行政部季主任查一下去年给锻接车间的“批复”件中规定他们今年减少生产WWH-6组件的具体数字是多少。季主任吩咐文档室查找，结果管文档的工作人员查了去年的所有文件也未找到，仅查到锻接车间“要求减少生产WWH-6组件”的请示。经工作人员回忆，当时移交文书时，就曾提出过未见“批复”件，但时间一长，也就不了了之。因该文件最后一直未能查到，有关人员，包括办公室主任，都受到了应有的处分。

训练题：

上述文件失踪的问题出在哪一个环节？

年初，某公司对上一年的归档文件进行整理。负责整理工作的秘书发现不少部门拿复印件归档，且没有盖公章。经过询问，部门人员说当时收的就是复印件。

训练题：

复印件有归档价值吗？为什么？

参考文献

1. 廖金泽．秘书标准．深圳：海天出版社，2004
2. 陆瑜芳．秘书学概论．上海：复旦大学出版社，2001
3. 胡鸿杰等．办公室管理．北京：中国人民大学出版社，2001
4. 周振华．文件学概论．兰州：甘肃人民出版社，2002
5. 范立荣主编．秘书国家职业资格培训教程．北京：海潮出版社，2003
6. 赵国俊等．机关管理的原理与方法．北京：中国人民大学出版社，1999

人大版公共管理类教材

公共管理类专业教材——学科基础课教材

书名	作者
现代管理学原理（第三版）（“十一五”国家级规划教材）	娄成武　魏淑艳
一般管理学原理（第四版）	张康之　周　军
管理学基础（第三版）	方振邦
管理学教程	方振邦
政治学原理（第三版）	景跃进　张小劲
现代政治学原理（第四版）	石永义　刘玉萼　张　璋
政治学教程	舒　放　刘琼莲
公共管理学（第二版）	陈振明
公共管理学——一种不同于传统行政学的研究途径（第二版）	陈振明
公共管理学（第二版）（“十二五”国家级规划教材）	蔡立辉　王乐夫
公共管理学（精编版）	王乐夫　蔡立辉
公共管理学（第二版）	张康之　郑家昊
公共管理概论（第二版）	朱立言　谢　明
公共管理学概论	曹现强　王佃利
公共管理学导引与案例（第二版）	王丛虎
公共管理案例	中国人民大学公共管理学院
公共政策导论（第五版）（数字教材版）	谢　明
公共政策概论（第二版）	谢　明
公共政策学——政策分析的理论、方法和技术（“十一五”国家级规划教材）	陈振明
公共政策学	杨宏山
政策科学——公共政策分析导论（第二版）	陈振明
公共政策学导引与案例	陈季修
公共政策案例	中国人民大学公共管理学院
公共经济学（第三版）（“十二五”国家级规划教材）	高培勇
公共经济学教程	秦立建
政府经济学（第四版）（“十一五”国家级规划教材）	郭小聪
政府经济学（第四版）	潘明星　韩丽华

公共管理类专业教材——方法课教材

书名	作者
行政学研究方法与应用案例	萧鸣政
管理定量分析：方法与技术（第二版）	刘兰剑　李　玲
公共管理的方法与技术（第二版）	魏　娜
公共管理实用分析方法	汪明生　胡象明

公共管理类专业教材——行政管理、公共事业管理专业教材

书名	作者
行政法学导论	姜晓萍
行政法学	朱新立　唐明良　李春燕
公共部门人力资源管理（第四版）	孙柏瑛　祁凡骅
公共部门人力资源开发与管理（第五版）（“十二五”国家级规划教材）	孙柏瑛　祁凡骅
公共部门人力资源开发与管理（第三版）	孙柏瑛
公共部门人力资源管理（第三版）	滕玉成　于　萍
公共部门人力资源管理	方振邦

书名	作者
公共部门人力资源管理概论	方振邦
公共部门人力资源管理案例	周均旭
公共人事制度	刘俊生
行政管理学（第五版）	郭小聪
公共行政学（第五版）	彭和平
公共行政学	张康之　张乾友
行政学导论（第三版）	齐明山
行政管理学导引与案例	陈季修
管理心理学（第二版）	范逢春
公共组织行为学（第三版）（“十一五”国家级规划教材）	孙　萍　张　平
公共组织学（第三版）	李传军
行政组织学（第二版）	张　昕　李　泉
公共组织理论	陆明远　冯　楠
公共事业管理概论（第三版）	朱仁显
公共事业管理概论（“十一五”国家级规划教材）	娄成武　李　坚
公共组织财务管理（第三版）（“十一五”国家级规划教材）	王为民
国家公务员制度（第四版）（数字教材版）（“十二五”国家级规划教材）	舒　放　王克良
国家公务员制度概论（第二版）	刘碧强　郗永勤
公务员制度概论	李如海
公务员制度导论	孙德超
行政领导学（第三版）	朱立言　李国梁
领导学（第五版）	邱霈恩
领导学	王自亮
领导学：理念、行为与艺术	祁凡骅
领导学	孙　健
现代市政学（第四版）（数字教材版）	王佃利　张莉萍　高　原
市政管理学（第四版）（“十一五”国家级规划教材）	杨宏山
市政学导引与案例（第二版）	李燕凌
社区管理（第三版）	汪大海　魏　娜　郇建立
社区管理原理与案例	魏　娜
电子政务教程（第三版）（“十一五”国家级规划教材）	赵国俊
电子政府与电子政务（第二版）（“十一五”国家级规划教材）	张锐昕
电子政府概论（第二版）	张锐昕
管理信息系统	张维明　黄金才
行政伦理学教程（第三版）（“十二五”国家级规划教材）	张康之　李传军
公共危机管理导论（“十一五”国家级规划教材）	肖鹏军
公共危机管理概论（第二版）	王宏伟
公共危机管理	唐　钧
公共危机与应急管理：原理与案例	王宏伟
行政决策学	许文惠　张成福　孙柏瑛
非营利组织管理	吴东民　等
非营利组织管理（第二版）	康晓光
非营利组织管理导引与案例	崔向华　张　婷
当代中国政府与政治	景跃进　陈明明　肖　滨
当代中国政府与行政（第三版）	魏　娜　吴爱明
当代中国政府（第二版）（“十一五”国家级规划教材）	吴爱明
地方政府学概论（第二版）	方　雷
地方政府管理（第二版）	陈瑞莲　张紧跟
管理秘书实务（第三版）	赵锁龙
行政秘书学	唐　钧
公文写作与处理	赵国俊
机关管理的原理与方法（第三版）	赵国俊　陈幽泓

书名	作者
公共部门绩效管理	方振邦
政府绩效管理	方振邦　葛蕾蕾
政府绩效评估	蔡立辉
公共关系概论（第二版）	邹正方
政府公共关系（第二版）（“十一五”国家级规划教材）	廖为建　张　宁
社会管理	汪大海
社会管理——理论、实践与案例	陈振明
西方行政学理论概要（第二版）（“十一五”国家级规划教材）	丁　煌
公共行政学史	何艳玲
公共行政学经典理论导引与案例	付小均
西方公共管理名著导读	汪大海
管理思想史教程	方振邦　葛蕾蕾
文化管理学（第三版）（“十二五”国家级规划教材）	孙　萍
文化创意产业导论	魏鹏举
卫生事业管理（第二版）（“十一五”国家级规划教材）	李　鲁
教育经济与管理（第二版）（“十一五”国家级规划教材）	娄成武　史万兵
现代公用事业管理	崔运武

公共管理类专业教材——劳动与社会保障专业教材

书名	作者
社会保障概论（第六版）（数字教材版）（教育部推荐教材）	孙光德　董克用
社会保障管理（“十一五”国家级规划教材）	邓大松　刘昌平
劳动经济学（“十一五”国家级规划教材）	董克用　刘　昕
劳动法与社会保障法	黎建飞　李　静
人力资源管理	彭剑锋
社会保险学（第三版）	孙树菡　朱丽敏
社会保障基金管理	李春根
社会保险精算原理与实务	王晓军
社会保障国际比较	仇雨临
国际社会保障制度教程	穆怀中
员工福利概论（第二版）（“十一五”国家级规划教材）	仇雨临
医疗保障	王虎峰

公共管理类专业教材——土地资源管理专业教材

书名	作者
土地经济学（第八版）（“十一五”国家级规划教材）	毕宝德
土地法学（中国人民大学“十三五”规划教材）	严金明
土地法学	王守智　吴春岐
土地科学导论	叶剑平
土地资源管理学	张正峰
国土空间规划学	张占录　张正峰
土地利用规划学	张占录　张正峰
不动产估价（第二版）（“十一五”国家级规划教材）	叶剑平　曲卫东
土地信息系统	曲卫东　韩　琼
地籍管理（第五版）（“十一五”国家级规划教材）	谭　峻　林增杰

公共管理类专业教材——城市管理专业教材

书名	作者
城市管理学（第三版）	杨宏山

书名	作者
城市管理法	王丛虎
城市总体规划原理	郤艳丽　田　莉

公共管理硕士（MPA）教材——核心课教材

书名	作者
全国公共管理硕士（MPA）核心课程教学指导纲要	全国公共管理专业学位研究生教育指导委员会
社会主义建设理论与实践（第三版）	李景治　蒲国良
公共管理英语（修订版）	顾建光
公共管理学（第三版）	张成福　党秀云
公共管理学原理（修订版）	陈振明
公共管理导论	竺乾威　朱春奎　李瑞昌
公共政策分析	陈振明
公共政策分析导论	陈振明
公共政策分析概论（修订版）	谢　明
政治学：基本理论与中国视角	任剑涛
公共部门经济学（第三版）	高培勇　崔　军
公共经济学	唐任伍
行政法学（修订版）	皮纯协　张成福
行政法学概论（第三版）	胡锦光
非营利组织管理概论（修订版）	王　名
非营利组织管理	王　名　王　超
公共管理伦理学（修订版）	张康之
社会研究方法	陈振明
定量分析方法（第三版）	谭跃进
电子政务理论与方法（第五版）	金江军
电子政务	吴爱明　何　滨
公文写作概论	高永贵
信息技术及其应用（第三版）	张维明

公共管理硕士（MPA）教材——专业方向必修课、选修课教材

书名	作者
公务员制度教程（第六版）	舒　放　王克良
比较政府与政治（修订版）	卓　越
当代中国政府与政治（第三版）	吴爱明　朱国斌　林　震
公共部门人力资源管理及案例教程（第三版）	陈天祥
领导学	祁凡骅　刘　颖
领导学教程	常　健
领导理论与实践	邱霈恩
西方公共行政管理理论精要	丁　煌
社会管理概论	唐　钧
公共部门绩效评估（修订版）	卓　越
公共危机管理（修订版）	王宏伟
公共部门危机管理（第三版）	张小明
公共部门战略管理（修订版）	陈振明
城市管理理论与实务	杨宏山
公共冲突管理	常　健
MPA 学位论文写作指南	汪大海

图书在版编目（CIP）数据

管理秘书实务/赵锁龙编著. —3 版. —北京：中国人民大学出版社，2011.9
（21 世纪公共管理系列教材）
ISBN 978-7-300-14295-1

Ⅰ.①管… Ⅱ.①赵… Ⅲ.①秘书学-高等学校-教材 Ⅳ.①C931.46

中国版本图书馆 CIP 数据核字（2011）第 190808 号

21 世纪公共管理系列教材
管理秘书实务（第三版）
赵锁龙　编著
Guanli Mishu Shiwu

出版发行	中国人民大学出版社		
社　　址	北京中关村大街 31 号	**邮政编码**	100080
电　　话	010－62511242（总编室）		010－62511770（质管部）
	010－82501766（邮购部）		010－62514148（门市部）
	010－62515195（发行公司）		010－62515275（盗版举报）
网　　址	http://www.crup.com.cn		
经　　销	新华书店		
印　　刷	北京昌联印刷有限公司	**版　　次**	2004 年 12 月第 1 版
规　　格	185 mm×260 mm　16 开本		2011 年 9 月第 3 版
印　　张	17 插页 1	**印　　次**	2021 年 5 月第 13 次印刷
字　　数	383 000	**定　　价**	32.00 元

教学支持说明

（教学课件）

中国人民大学出版社政治与公共管理出版分社秉承“出教材学术精品，育人文社科英才”的出版宗旨，多年来，出版了大批高质量的公共管理、教育学、政治学、政治理论公共课教材和学术著作。

我们为本教材制作了相应的 PPT 教学课件，任何一位采用本书作为授课教材的教师均可免费获得该课件。为了确保该课件仅为授课教师获得，烦请您填写如下材料，并将相关信息通过 E-mail 发送给我们，我们将在收到相关信息后通过 E-mail 给您发送该课件。欢迎您加入我们的 QQ 群（全国政管教师交流群，群号为 236159213），或登录我社官方网站（www.crup.com.cn），注册并认证成为教师会员，以获得更好的服务。

我们的联系方式：

地址：（100872）北京市中关村大街甲 59 号文化大厦 1202 室

中国人民大学出版社政治与公共管理出版分社

电话：（010）82502724　62514775（传真）

E-mail：ggglcbfs@vip.163.com

QQ 群：236159213

兹证明__________大学/学院__________院/系__________专业__________学年第__________学期开设的__________课程，采用中国人民大学出版社出版的____________________（书名、作者）作为本课程教材。授课教师为__________，授课班级共______个、学生______人。授课教师需要与本书配套的教学课件。

联 系 人：____________________

通信地址：____________________

邮　　编：____________________

电　　话：____________________

E-mail：____________________

系/院主任：__________（签字）

（系/院办公室章）

______年_____月_____日